U0539322

巨浪後
國安法時代的香港與香港人

策畫者　中央研究院社會學研究所香港主題研究小組
　　　　國立清華大學當代中國研究中心

主編　梁啟智　吳介民

作者　吳介民
　　　孔誥烽
　　　陳健民
　　　陳玉潔
　　　李立峯
　　　梁啟智
　　　鄭祖邦
　　　鄭樂恒
　　　周竪峰
　　　馬嶽

目 錄

本書用表⋯⋯⋯⋯⋯⋯⋯⋯⋯⋯⋯⋯⋯⋯⋯⋯⋯4
本書用圖⋯⋯⋯⋯⋯⋯⋯⋯⋯⋯⋯⋯⋯⋯⋯⋯⋯4

序論｜巨浪、餘生、火種⋯⋯⋯⋯⋯⋯⋯⋯⋯5
吳介民

第一部：地緣政治經濟視野

[1] 破解香港經濟發展的三個迷思⋯⋯⋯⋯⋯29
孔誥烽

[2] 中國帝國方略下的香港危機⋯⋯⋯⋯⋯⋯59
吳介民

第二部：政治社會與公民社會

[3] 香港公民社會滄桑變化⋯⋯⋯⋯⋯⋯⋯⋯117
陳健民

[4]「雙重國安」下的執法、恫嚇與寒蟬效應⋯⋯⋯151
陳玉潔

[5] 民主倒退中的香港社會韌性⋯⋯⋯⋯⋯⋯187
李立峯

第三部：專題分析

[6] 香港社區報熱潮的前世今生 231
梁啟智

[7] 2019年後香港獨立書店的微光 261
鄭祖邦

[8] 港人跨國離散媒體——新聞或倡議？ 295
鄭樂恒

[9] 溫哥華六四紀念的演變與香港離散政治 331
周堅峰

[10] 新政治環境下的香港研究 363
馬　嶽

本書用圖
2.1 香港主要進口國占比：1960–2022年
2.2 香港主要出口國占比：1960–2022年
2.3 遭解散之香港公民組織的類型分析
2.4 遭解散之香港公民組織的成立年份
2.5 遭解散之香港公民組織的解散年度月份
7.1 2007年至2023年獨立書店開業趨勢
8.1 「敏感」議題報導次數大減
8.2 海外港人的社會運動動員架構
9.1 對2023溫哥華六四晚會出席者而言，哪一環節最為重要
9.2 2023溫哥華六四晚會出席者參加燭光集會的原因

本書用表
2.1 歷次立法會選舉地區直選與超級區議會得票率：2004–2021年
2.2 歷次立法會選舉泛民派與建制派席次分配：2004–2022年
5.1 反修例運動參與者適應政治轉變的程度
5.2 香港市民的次級控制能力
5.3 遊行參與意欲的迴歸分析
6.1 2019年至2022年期間社區報的創辦數目
6.2 三份主要社區報於2020年以來的出版頻率
附錄7.1 2007至2023年香港獨立書店名單
附錄7.2 訪談記錄一覽表
8.1 純文字、純數碼海外香港媒體列表
8.2 《棱角》聲明中用字及其支持／批判框架分析
8.3 追新聞與棱角報導示威日程表之用字分別，以及支持／批判框架
9.1 2018–2024年間溫哥華六四燭光晚會的出席人數

序論｜巨浪、餘生、火種

吳介民

一、延續火種

　　2019年9月，反送中（反修例）運動如火如荼進行。自稱「只懂得寫字」的中大政治系教授馬嶽，義無反顧放下手頭工作，著手寫作《反抗的共同體》——這本往後研究香港政治史的學者必讀的「抗爭日誌」，記錄了瞬息萬變的緊急事態，也刻畫出抗爭日常性。香港從行動中淬鍊新認同，讓一場「反送中運動」意外變成「反中的運動」。

　　政權鎮壓和一場世紀大疫終結了這場抵抗。從北京觀點看來，國家「平定」了一場具顏色革命傾向的「動亂」。接著，中共在新征服的社會實施了一套嚴苛管控的國安體制，並著手改造香港政治與公民；一國兩制傾倒的瓦礫堆中，迅即豎立起天羅地網的情治機構。於是，被統治當局指摘為具「港獨」色彩的新政治身分認同遭到壓制，反抗行動撤離到隱蔽的社會空間。不少港人選擇出走，遠赴異鄉再創生活或行動機會，在海外延續抗爭火種，在全球營造了大大小小的離散社群。而許多人則選擇留港，

繼續她們心目中未完成的功課。今天的香港，即便處在高壓環境下，仍有團體與個人堅持救援關懷，或不妥協地進行公開活動，例如社民連仍上街開講。

香港進入「國安法時代」，不止公民社會（自主結社的公民組織的社會空間）被摧毀，政治社會（政黨賴以自由活動的政治空間）也遭剷平。香港社會元氣大傷，如同劫後餘生。回顧歷史，香港不享有國家主權，因此即便在英殖後期的有限度政治開放，爭取民主直選仍困難重重。九七之後，民主化進程更是節節後退，直到國安體制將立法會改造為橡皮圖章。過去研究指出：沒有主權，就沒有民主（Linz and Stepan 1996; 吳介民 2009; 鄭祖邦 2022; 陳健民 2024）。而目前香港處境則進一步凸顯：沒有主權，就會失去自由（見本書第二、三、四章）。香港淪陷的故事警示世人，自由何其脆弱，自由與民主實乃一體兩面。

香港巨浪來襲，台灣沒有缺席。2019 年港人奮起，台灣公民團體隨即展開聲援與救助。當年的總統大選適逢巨大中國壓力，台灣民眾激昂上街撐港；人們從香港看見自身命運，多數人對中國（一國兩制）投下否決票。台灣政府對香港危機的人道援助差強人意、時招怨聲，一方面固然是因為台灣能量有限而準備不足，另一方面則顯示港台同處在中國因素氣旋的地緣政治格局下，台灣的行動侷限。除了台灣，東亞幾個同情香港遭遇的民主國家，提供的支援都相當有限；而世界上唯一可以制衡中國的美國政府（從川普到拜登）其作為根本不足以約束北京政權。難怪北京在動盪期間敢厚顏對西方學者說：中共因為自信牢牢掌控香

港而表現出「克制」。全球對香港淪陷的反應，力道遠不如1989年天安門事件。中國經濟崛起、軍力現代化之後，西方民主大國囿於現實、貪婪與忌憚，對北京多所容忍，不願出手實質制裁。

香港這場「未竟的革命」（何明修 2024b）凸出了台灣作為中小型國家的結構約束，更何況它的主權未被列強承認，且朝夕處在圍城狀態。台灣的「在場」主要由公民團體帶頭，政府搭配救援方案，試著與香港走向互為主體之路，此願景如同「立志」。如今，香港危機漸淡出世界輿論焦點，我輩志向安在？這個質問一直縈繞在胸中。因此，中研院社會所設立了「香港主題研究小組」並建構「香港研究資料庫」，[1] 學界朋友們也發起「臺灣香港研究學會」。[2] 透過這些點滴積累的努力，我們嘗試連結上全球香港尋求延續自由民主火種的社群，串起一條跨地域的知識網絡。

華語和外文學術界已出版許多重要著作解釋香港抗爭運動、中港政府回應、與政治社會變化。本書在既有基礎上，針對新情境提出幾組議題。第一組問題：香港對中國發展是否仍具有價值？中國如何看待這塊「新回歸」的領土與人民？第二組問題：國安體制劇烈破壞了香港政治社會和公民社會，它們是否在短期內難以重生？或者相反地，北京的改造工程有其極限，中國的帝

---

[1] 中研院社會所於2023年3月設立香港主題研究小組，旨在連結台灣與全球之香港研究社群，並將研究成果國際化。小組透過舉辦研討會、建立學術網路、編輯專書，積極支援香港研究學者。此外，亦建置「香港研究資料庫」，收集圖書、社區報、檔案文件、選舉數據、歷史物件等，以館藏資源服務學界。

[2] 臺灣香港研究學會於2025年2月成立，致力在台灣推動香港研究，並與國際學界合作。學會定期舉辦講座與研討會，並設立獎學金以鼓勵從事香港研究的學生。

國計劃可能遭遇抵制,而讓香港民主運動重啟?第三組問題:如何發現、詮釋國安法時代的抵抗行動?設若公民社會的概念不再能有效描述國安法時代的香港社會行動力,那麼替代概念是什麼?本書分成三部,分別回應這三組提問。

二、香港危機的歷史重負

首先,孔誥烽(本書第一章)破除關於香港的三個迷思:(1)英國人抵達之前,香港是個荒島;(2)香港繁榮是因為英殖民政府的自由放任政策;(3)中國崛起之後香港對中國重要性快速遞減。破解第三個迷思特別有助於解答第一組問題。

孔誥烽指出,早在改革開放之前,中共即利用國企在香港獲取資源和外匯。後毛澤東時期,香港成為中國對外連結最重要的口岸。中國加入世貿組織(WTO)之後,香港連同其他東亞製造業資本輸出國,幫助中國成為世界工廠;同時,香港也是中國資本輸出海外的第一站,中資包裝為香港資本後再轉投海外。總體而言,中國善用香港同時作為「境外」和「境內」的靈活特性,視情況選擇對其有利的領域,用香港這個樞紐來連結中國國家資本主義與世界自由貿易體系。1997年主權交接之後,香港仍繼續扮演中國的離岸金融中心。通過此一離岸市場,北京得以推動人民幣自由化,卻又能持續管控中國的金融體系。

然而,美中對抗與中國國內政治變化影響了中國利用香港進行「全球主義戰略」的進程(吳介民,本書第二章)。習近平政

權的「安全化」政策侵入經濟領域，鞏固個人獨裁與黨國權力，同時推行「國進民退」與「共同富裕」。因此，「中共寧可冒險破壞香港作為中國離岸金融中心的功能，也要推出《國安法》以除去香港可能帶來的對中共政權的安全威脅」(本書52頁)。

孔誥烽論證，儘管國安法並非直接取消一國兩制，美國制裁也非全面否認香港的獨立經貿地位，但香港對中國的「特殊作用」正在悄悄轉變。2020年之後，因為金融活動風險增加，中國財富與外國資金從香港撤離，新加坡等地取代了部分香港金融業務，而俄羅斯入侵烏克蘭後則利用香港繞過國際制裁。於是，俄羅斯和伊朗等國在香港的商業和金融擴展，填補香港資本流失的空缺，甚至有可能讓香港成為中國顛覆美國及西方全球金融體系的前線。孔誥烽從地緣經濟角度，清晰呈現了中港關係與香港對中國價值的歷史性變化。

香港為何走到今天這一步？吳介民（第二章）從中國作為一個重建中帝國的角度，追溯香港長期政治危機起源。本章延伸孔誥烽（2022）對一國兩制制度起源的解釋，將中國的全球主義戰略加入中國帝國方略之中，也拓深了李靜君以博蘭尼「反向運動」解釋全球對中國資本擴張與干預的社會反撲。其實，早在這波中國崛起之前，中共已鋪排了將來處理香港與台灣問題的方略。

吳介民指出當代中國帝國方略的主軸是「收復失土」和「吸納利用」。前者是「國土復歸戰略」，後者屬於「全球主義戰略」。中共在建國之後，並不急於從英國手中收回香港，但卻執著宣稱擁有對港主權。有很長一段期間，北京刻意維持香港（殖民地）

現狀，利用它來調度資源，寓統一於經濟吸納。中華人民共和國1971年加入聯合國之後，迅即提案把香港（與澳門）從擁有自決權利的「非自治領土」（non-self-governing territory）名單中刪除，也就是排除其殖民地身分。北京一步步緊縮香港的未來政治空間，並且在中英談判時確定了97大限。這個「帝國行事曆」綁定了香港前途，卻又保留執行過程靈活調度的空間。因此，北京為了安撫港人，可以允諾某個年度實施普選，但後來卻又變卦。

港人從英殖民後期逐步建構起香港人認同，並要求實施選舉民主，中國卻抱持國土復歸主義，因此97之後兩者摩擦難以避免。另一方面，香港是美中兩強短兵相接之地，2012年習近平掌權之後的再極權化與安全化波及香港，使得局勢一觸即發。然而，即便客觀局勢如此，它並不必然導致反抗行動出現，也無法決定反抗行動何時爆發。歷史過程充滿人的能動性與不確定性。2014年的雨傘運動和2019年的反送中運動，是多層次與多方力量主導與互動的結果。

中華帝國重建，造成「中國難題」，但它不只是香港的問題，還涉及中華帝國周邊地區與少數民族，包括新疆、西藏、台灣等地；同時也在全球範圍帶來麻煩。中國崛起之後與美國（及其西方盟友）的摩擦衝突，國際輿論場上關於修正主義或維持既定秩序的爭辯，這些都是中華帝國復返過程的產物，也是地緣政治平衡被改變的後果；在地緣政治的上一個週期，美中和解共榮，而如今東亞區域情勢已進入新的週期。

從中華帝國的歷史角度觀察當代中國帝國方略，有助於理解

中國與周邊關係的長期問題。根據濮德培（2021）對17-18世紀清朝征伐準噶爾國的研究，清帝國與西北周邊的關係，一向結合安全和貿易之雙重目標。清帝國以軍事方略為主軸，其長期目標在於消除西北遊牧民族邊患，同時，亦透過國家嚴格控制的朝貢體系，將貿易納入階序與禮儀規訓，以增進國土安全。自清代以來，中國一向用「平定」的敘事來描述「征服」，彷彿西北邊疆自古就是中國領土。

今天，中共政權將清代的領土擴張，轉換為「收復失土」論述；朝貢貿易置換為由黨國資本控制的全球主義策略。世界局勢雖已丕變，但對照前後的帝國方略，可以透視北京中心主義下之帝國領土觀的歷史淵源。

三、從「死寂」中發現韌性

中共對香港社會的改造，如同蘇聯在二戰結束後對中東歐的佔領作為，其幅度與速度令人咋舌。陳健民（第三章）追溯了在中共統治力直接伸入之前，香港的樣貌，描繪香港公民社會的歷史輪廓、國家與社會互動下的公民團體面貌、以及國安法所造成的極大破壞。在英殖下，香港民間組織發揮了一部分現代公民組織的功能。由於殖民政府未能提供完善的社會福利，因此傳統社會組織承擔了許多市民或新湧入難民的生活需求。1966年天星小輪暴動後，港府資助社會團體來提供社會服務。在此階段，社區、教會、教育等倡議和維權組織（當時被稱為「壓力團體」）

興起,香港出現了現代意義的公民社會。1980年代中英談判香港前途,催生了太平山學會、匯點、民促會等要求民主選舉的組織,這些組織一部分在1990年代轉型為政黨參與立法會選舉,是香港當代政治社會的濫觴。八九天安門事件後,七一遊行一直由民陣主辦。2003年反基本法23條立法(國安條款)的百萬人遊行,徹底改變了香港公民社會的抗爭動能。2000年代帶有解殖意味的保育運動蓬勃發展。直到2010年代,雨傘運動、魚蛋革命、和反送中三波抗爭,將社會動員推到高峰。這個階段香港公民社會組織和政治組織呈現爆炸式成長,同時中國影響力亦長驅直入香港,中國因素和本土主義交相激盪。香港已然成為「抗議之都」。

陳健民提問,香港公民社會原本「會員基礎」薄弱,為何能激發大型社會動員?按其分析,動員主要依靠人際關係以及網路;雖然民陣等組織的正式會員結構並不堅實,但透過都市中緊密的人際關係,以及網路時代的組織成本降低,運動得以激發大量群眾參與。以2003年的遊行為例,傳統的公民社會組織提供了論述和後勤支援,而網際網路則喚起個人的集體認同與自發參與,展現出兩者的完美整合。這樣的動員模式,支撐著香港此後一連串大型社會運動,包括雨傘運動與反送中運動,成為香港現代公民社會不可忽視的重要特徵。

而香港公民社會組織蓬勃,則有賴於寬鬆的法律環境與自由以及有利的資源環境。「在財政資源方面,民間組織因承擔了大量教育、醫療和社會服務的工作,成為政府在公共服務上的

伙伴,因此獲政府大量撥款,造成不少服務機構依賴政府」(本書133-134頁)。儘管如此,在2010年代的抗爭潮中,部分民間組織對政府的依賴,顯然並未減損公民社會的抗爭性。而在國安法實施之前,香港與全球公民組織也高度連結。因此,斬斷香港與「境外勢力」的連結成為國安法的目標之一。

國安法最厲害之處是引進中國式監控手段,對公民組織實施分類管控、鎮壓、擠壓與收編,尤其清除打壓境外勢力毫不手軟。鎮壓手段包括大量逮捕異議人士、消滅自由媒體、解散自由性的公民團體。至於對政權不具威脅性的組織,則予以擠壓,限定其行動範圍與規模。對工商界及社福組織則採行收編。經過這波改造,香港由抗議之都變成一個沒有遊行示威的「死寂城市」。

中共在鎮壓香港之後立即著手部署新的國安架構。2020年6月中國人大常委會制定「(港區)國安法」;2024年3月,香港立法會通過了「國安條例」。陳玉潔(第四章)指出,這兩部國安立法其實反映了北京政權的不安全感:「《國安法》是為了鎮壓2019年反送中運動,2024年的《國安條例》則在於進一步預防類似的港版『顏色革命』再度發生」(本書第155頁)。一語道破中共統治者心虛的防衛心態,但兩部法律的立法過程和結果,卻展現出極權體制對社會的高度侵略性。

陳玉潔細緻描述了中共如何利用法律工具來改造香港。由北京的中央政府和香港特區分別立法的兩部國安法律,構成「雙重國安」體制。兩部法律的共同點包括立法過程違反正當程序、罪名模糊寬泛、執法權力過度擴張、司法程序不公、以及域外效

力無限延伸等。這兩部法律甚至創設了膨脹的國安警察與司法權力,以及無限延伸的長臂管轄,幾乎可能有朝一日以此干涉外國民主體制的運作。即便港府宣稱這套國安體制只用來對付「一小撮港獨分子、暴力分子、和危害國家安全的人和組織」,但事實上是用來逮捕和審判民主運動者,並打壓民主政黨和公民社會(參見第二、三章),中共運用這套法律工具將國家安全無限上綱,遂行改造香港。於是,恫嚇和寒蟬效應已在香港社會普遍發酵;甚至在境外都造成自我審查、與離散團體內部或之間的信任難題。它的運作機制是:「政府用法律劃定出的『紅線』經常刻意模糊,存在許多灰色、不確定的地帶,被規範者被迫自行摸索,被迫自我審查。另一方面,寒蟬效應在公民社會之所以發酵,或可用『法律風險』的概念加以理解,無論是組織或個人在採取社會行動時,勢必會評估、管理相關法律風險,並做出適應行為」(本書第172頁)。最後,雙重國安體制揭示了法律與政治之關係:真正的法治無法獨立於民主政治而存在。

儘管「死寂」與「寒蟬」這兩個意象糾纏著香港,然而上述兩章的作者都認為國安體制無法消滅港人的理念與希望。李立峯以實證調查搜尋民主韌性存在的跡象(第五章)。在一個民主倒退而受創傷的社會,我們如何確定這個社會的個人與社會組織仍然具有韌性?首先需釐清概念定義。在個人層次,他給出一個簡潔而直觀的界定:處在民主倒退的社會中的個人,若具有韌性,不只能在困境中維持一定程度的情緒健康,而且仍能堅持既有的價值理念。就社會組織而言,韌性是指公民團體、專業組織和獨

立媒體,如何周旋於民主倒退的環境而仍能調適並生存。

在個人層次,根據針對反修例運動參與者的追蹤研究,多數人對自我和生命仍保持正面態度。另一方面,適應能力愈高的人,對香港警察的信任度就愈低,愈強調自由平等價值、愈認同「香港人」的身份,並且愈強調反修例運動的記憶傳承。迴歸分析也發現,愈年輕、個人效能感及集體效能感愈高、以及新聞使用愈頻密的香港市民,愈傾向願意參與遊行。

但從組織層次觀察,呈現的圖像較為複雜。在媒體方面,原先具批判力的媒體(蘋果日報、立場新聞、眾新聞等等)被封殺,但出現不少新的網媒。因此,「香港的媒體領域不能說是一潭死水」(本書第209頁)。一部分媒體工作者在高風險下願意堅持新聞專業,顯示了媒體領域的韌性。然而,無法否認整體媒體環境已迅速惡化。另一方面,國安法實施後,尚存的公民組織「大都回歸自己專注的議題」,不再如過往組成聯盟去爭取更廣義的人權和社會公義。換言之,跨議題領域的行動串連消失了。

總之,在威權政府軟硬兼施下,多數港人仍維持相當健全的心理狀態;仍有餘裕進行個體化、分散化、隱蔽化的抵抗行動(呂青湖2024),但香港社會整體究竟表現出多強的韌性,尚待長期觀察。然而,李立峯指出,以「韌性」作為研究題目,即是在翻轉問題意識,不再只從負面角度觀察香港的民主倒退,而是探索「人和社會的價值理念在多大程度上能夠抗拒政治轉變帶來的壓力」(本書第221頁)。

四、日常抵抗與離散社群連結

中共強力改造香港社會，社會卻浮現出民主韌性，兩者之間的拉鋸，顯現出個人化行動空間仍保有相對自由，遠勝於公共領域；同時也揭示，行動或許發生在新生的社會空間和新群體，並以新穎的形式與全球建立連結。在政治環境巨變下，對香港內部的關注或許可以從「公民社會」（civil society）轉向「社群」（community），[3] 以此挖掘更多富有意義的的行動。當我們把焦點從公民社會轉向社群，這意味著我們追蹤的社會連帶方式也將有所不同：從公開、抗爭性的公民組織，轉向較為親密、直接的人際關係連帶。事實上，由於社交媒體的廣泛應用，在反送中期間網路社群已經成為資訊流動和動員的主要媒介。而在運動歷經鎮壓進入休整期之後，公共領域亦大幅收縮，使得具有抗爭意涵的行動潛遁到隱蔽社會空間、小規模社群、甚至是私人場域──中港當局指稱這類行動為「軟對抗」。在海外，更可以發現另類廣闊的行動空間。隨著移民與離散現象，行動從香港轉換到全球，並經由離散港人與在地支持者的協力，打造新的跨國行動、遠距抵抗、與離散社群連結。以下四個個案提供我們不同的視角來觀察香港內外的轉型過程。

社區報提供我們觀察香港社會變化的管道。梁啟智（第六章）描繪了社區報與公共領域在地方層次的發育。雖然社區關懷不必

---

[3] 李靜君曾在 2023 年 12 月中研院社會所主辦的全球香港研討會上提出此觀點。

然牽涉社會抗議,但數十年發展脈絡卻與香港共同體感受有著微妙的呼應,與地區政治、數波本土思潮、社會運動、以及特定民主派政治行動,都產生連帶關係。梁啟智從豐富而繽紛的社區刊物中,釐清了幾波社區報發展脈絡:第一,區議會選舉所帶動的社區發展、重建、服務、以及各種社區政治力量拉動的社區動員。這些社區力量包括親建制的「蛇齋餅糭」以及對建制力量的反思,本土思潮和保育行動,以及對跨境水貨客的抗爭行動相關的社會動員。例如,2003年灣仔利東街重建爭議,後續便出現灣仔區議會贊助的《灣仔街紙》。社區逐漸演變為一個政治動員場域。

第二,在雨傘運動及其後續期間,曾有一波社區報高峰,這是所謂「傘落社區」的社區參與的其中一種模式,例如,南區的《南圖》和西貢的《貢想》都在2017年成立;在菜園村反高鐵中帶頭的朱凱廸,2012–14年間在八鄉和錦田一帶以月報形式出版《八鄉錦田地區報》,以及在2014–15年間主編大埔社區報《埔紙》。此外,2018年由《獨立媒體》發起「社區新聞計劃」,試圖通過社區新聞對區議會進行監督,本章作者梁啟智也是發起人。

第三波,2019–2021年間社區報大爆發。以地區身份發起行動動員,是反送中的一大特色,強調社區認同和保衛家園。2019年也是區議會選舉年,在運動高峰中,民主派一舉突破390席,而親北京政團只獲得89席,帶來創辦社區報的衝勁,可以想像當年公民參與的盛況。自2019年6月至2022年12月,共紀錄最少42份社區報的創立。在反送中運動期間(2019年6月到12月)有5份創刊。2020年上半年(Covid-19疫情開始)有10份創立,

疫情中不少社區報擔當起社區內疫情發佈和鄰里支援的角色。在中國政府施行國安法後的2020年7月到年底，有15份創刊。2021年6-8月，公民社會急速收縮，那年只有7份創辦。到了2022年只剩下2份新創。

有些社區報會報導參與抗爭居民的故事，甚至鼓勵讀者到法庭旁聽，但到了2022年中已不復見，而支持「黃色經濟圈」的商號以往會在社區報刊登廣告表達政治立場，如今也消失無蹤。國安法後，移民潮帶走專業人才和資源，加上區議會直選名額被大量縮減，也讓社區報加速退潮。儘管如此，有些社區報團隊還是轉入社媒持續耕耘。近年來，隨著社區報的式微，香港出現「地方書寫」出版的新趨勢，而不少「傘／散落社區」組織者也走上經營獨立書店之路。

香港一向有代表獨立文藝空間的「二樓書店」。國安法後，一個意外發展是獨立書店的開業潮。鄭祖邦（第七章）指出，獨立書店不只是商業行為，更是一種集體情感與社會記憶的回應，在極權陰影下微弱卻堅定的抵抗。國安法不經意地為獨立書店創造了「商業空間」。隨著圖書館與連鎖書店下架大量被認定為「敏感」的書刊，獨立書店轉而販售這些作品，成為市民表達立場的替代場域。對許多仍選擇留下的人，開書店不僅是創業選項，也是實踐個人理念、繼續參與社會的方式。它們既是生計工具，也是象徵性的「抗爭空間」。兼顧生計與抵抗，讓人想起十九世紀初期英國工人運動的地下刊物傳銷（湯普森 2001）以及台灣1980年代販售黨外雜誌和抗爭錄影帶的生態圈（房慧真 2024）。

獨立書店在模糊不清的審查紅線下運作，經營者需不斷在風險與可能性之間試探界線。極權社會往往藉由人們內化的恐懼、對權力的儀式性配合，使規訓滲入日常，從而維繫其統治；然而書店人的微小調整與選擇，也構成了一種底層實踐。這種自我審查並非屈從，而是為了在生存中爭取最小限度的自由與真誠。獨立書店成了替代性公共空間，舉辦各式活動、聚集社群，甚至在無法紀念六四的年代，成為市民默默悼念的場所。在社會「原子化」與孤立成為常態情況下，書店如同一座座孤島上閃爍的微光。

然而，這樣的空間並不穩固。隨著政治審查進一步收緊與政府加強指控「軟對抗」，一間間書店也面臨潛在的打壓與歇業風險。2024年3月，見山書店因難抵投訴與政府壓力而歇業，引發了許多市民「悼念潮」。獨立書店如何在惡化環境下生存，成為迫切的問題。無論如何，獨立書店的持續存在，即是香港社會韌性的見證。

在國安法下，海外港人建立了豐富而多樣的「國際戰線」與離散社群連結，成為遠距抵抗的基地（何明修 2024a）。海外成為自由媒體的一個替代場域。鄭樂恒（第八章）調查三家海外香港人創辦的媒體，分析它們如何在新聞專業與政治抗爭倡議之間取得平衡。這些媒體由離散香港記者或社運人士創辦，承擔起雙重責任，一方面要延續香港言論空間，另一方面則要維繫港人身份認同與連結散居社群。

藉由框架與內容分析，鄭樂恒比較三家媒體的不同策略與立場。《追新聞》堅守新聞專業倫理，具備明確的新聞守則與記者

行為準則,為了因應國安法風險編採團隊大部分都匿名,但深入的調查報導仍具公信力。雖然強調客觀中立,但它在涉及敏感議題如《基本法》23條、港人示威等時,也會採用具有情感張力的語言與措辭,以吸引讀者共感並傳遞立場。該媒體一方面避免公開倡議行動,另一方面亦默認自身報導可促進身份認同與社群凝聚,形成一種冷靜倡議式的新聞實踐。

《棱角》則自我定位為倡議媒體,強調傳媒的政治參與角色。由抗爭背景濃厚的創辦人主持(包括社運人士「攬炒巴」),該媒體積極參與政治論述、聲援抗爭行動,並提供平台給遭香港政府通緝的流亡人士,發表批判性極高的評論與專欄。其創刊辭與社交媒體內容經常採用鮮明犀利的語言(如「白色恐怖」、「強烈譴責」等),明確動員海外港人參與抗議,呈現出將媒體轉化為社會運動工具的實踐方向。《棱角》的風格類似台灣戒嚴後期批判風格強烈的黨外雜誌。

相較之下,《光傳媒》採取相對內斂的策略,主打人物專訪與深度特寫,專注以文化語言與歷史記憶承載港人身份認同。其報導較少涉及具爭議的政治議題,也明言不觸碰「香港獨立」等紅線(此立場與《棱角》鮮明對照),避免將媒體平台捲入高風險對抗中。儘管如此,《光傳媒》確實希望透過新聞重構被噤聲的港人視角,並以「文化香港」為媒介保存本土語言、情感與記憶,實現一種非直接動員但有潛在倡議性的新聞實踐。

這三家媒體都面對幾組張力:拿捏新聞專業與政治立場,平衡公信力與倡議,以及自我審查與言論自由之間的矛盾。即使身

處海外，法律風險及中國跨境鎮壓的恐懼仍籠罩著這些媒體。但無論如何，它們正實作著一種「跨國離散倡議型新聞」，為全球離散媒體提供具參照性的樣本。

自從1989年天安門事件以來，香港持續舉辦紀念六四活動，直到2021年9月支聯會宣布解散。海外一向也有相關活動。周豎峰（第九章）以記憶研究與離散研究為理論框架，聚焦溫哥華港人社群對六四紀念活動的再詮釋，如何重構六四記憶，並為香港離散政治注入新意義。

與香港過往的維園六四晚會相比，溫哥華的紀念活動自起始即不同。香港的支聯會長期以「建設民主中國」為目標，具大中華情感，因此遭本土派與年輕世代質疑其與香港本土抗爭脈絡脫節。反觀溫哥華的溫支聯創會會員認同加拿大人身份，他們支持中國民主運動是從普世價值出發。自2014年雨傘運動以來，溫支聯逐步淡化「建設民主中國」的綱領，在組織理念與儀式內容上，已與香港支聯會產生分野。

2020年後，大批因政治流亡或尋求自由的港人移居溫哥華，為當地六四晚會注入新血。六四紀念儀式於場景與象徵意涵上主動「重現維園燭光」。不過，儘管形式延續，紀念內容則發生質變。活動現場充滿象徵反送中運動的展品與旗幟，如「願榮光歸香港」、「光復香港，時代革命」等語句，遠多於傳統的「平反六四」。主辦者與參與者皆將反送中視為「六四2.0」，並主動融合兩場運動的創傷經驗與抗爭記憶。這種融合不僅讓新移民能在他鄉尋求身份與情感安頓，也為分歧多元的港人離散社群創造了合

作與互解的空間。在紀念活動中,各世代與不同政治立場的港人可以共同參與,彼此尊重立場差異,實踐「兄弟爬山、各自努力」的原則。同時,溫支聯更以六四紀念為契機,組織社區行山、電影放映等文化活動,強化離散港人的社群連結,讓政治動員與日常生活結合,鞏固港人身份。

溫哥華的六四紀念不僅延續了被迫終止的香港儀式傳統,更透過「香港化」與情感再構,轉化為當地港人離散社群的政治實踐場域。「哪裡有燭光,哪裡就是維園」,在全球化與離散情境中,六四不再只是記憶1989,更是承載香港近年抗爭歷史的情感載體,並成為一種新的文化象徵與民主想像。

上述四個故事只是幾件案例,映照出無數的香港社會韌性與離散港人行動,而更多未被紀錄的實踐仍在各地持續發生。儘管如此,這些案例還是讓我們看見港人的日常化抵抗以及跨國遠距抵抗和連結。在台灣、日本、英國、加拿大、美國、澳洲以及全球各地,都可以發現離散港人社群與在地社會多元型態的互動。

五、為餘生延續火種

國安法高壓體制下,寒蟬效應與社會韌性是一體兩面的日常。香港不再享有自由,法治受到破壞,而民主派長期追求的民主普選更加遙不可及。香港的人文社科學術往何處去?這是馬嶽(第十章)這篇壓軸作的前提。

馬嶽累積數十年政治學功力,提出在1997主權移交之後,

香港政治研究的主流範式是「自由專制」。該範式認為香港雖非全面民主，但擁有高度自由、法治與公民社會；反對派雖無執政權，但可透過選舉、輿論與社會動員制衡政府。這種制度張力帶來豐富的研究題材，包括選舉、政黨政治、社會運動、新聞自由、法治與民主化等。然而，2020年國安法實施後，研究者面對紅線模糊、資料匱乏與寒蟬效應，難以進行原有的研究取徑。香港政治鉅變使得過往「自由專制」範式不再適用，香港學界正面臨研究主題、方法與倫理的全面重構。

馬嶽提出一個近年來困擾香港研究的倫理問題：雖然，在James Scott概念架構下的日常抗爭與隱蔽文本仍然經常發生，但，學者是否還應該將這些行為紀錄與書寫，並且命名為「抗爭」或「抵抗」？一旦這些觀察被當作學術研究發表出來，將使得隱蔽的社會空間被揭露，讓統治當局可以順藤摸瓜，等於協助他們「發現」轉進的社會陣地，也讓當局可以將該等行為視為「軟對抗」來取締。馬嶽擔心，如此一來這些研究對象將不再能夠被研究。或者，更嚴重的情況是學者的作品幫助統治者「破獲」對抗專制的基地。

馬嶽的提醒應該被充分討論，因為學術研究本身即是社會行動。學術應該考慮研究對象的權利、自主性與安全。但從另一角度，我們也可以提問：統治機構對於隱蔽社會空間的認識與偵查，是否那麼「無知」與「無能」？學者對日常抵抗的學術發表，是否只會單方面增進統治者的控制技術？或者反過來看，藉由研究，是否能讓抵抗行為被社會看見，使得抵抗者可以看見彼此而

增長力量?這個問題很艱難,沒有確定解答,然而,如同李立峯描述的一位受訪者的證言:

> 國安法下的香港就像一個黑暗大海裏的孤島群,島上都有人在耕耘,但他們彼此看不見對方,需要偶而有船經過,發出亮光,讓島上的人看到彼此,船經過後,大家又各自默默地工作。

或許如此,我們能不斷回返馬嶽當年義無反顧寫作「反抗的共同體」的初心,為餘生延續火種。我們努力工作,點燃一抹知識微光,讓更廣域的學術社群看見彼此。

致謝

我們感謝中央研究院社會學研究所、國立清華大學當代中國研究中心、以及國科會對本書出版計劃的大力支持。感謝左岸文化總編輯黃秀如和特約編輯王湘瑋;湘瑋的耐心編校和辛勤付出使得這本書的可讀性大大提高。兩位匿名評審的修改建議對我們完成此書無比重要,在此一併致謝。

參考書目

孔誥烽著、程向剛譯，2022，《邊際危城》。新北：左岸。
何明修，2024a，〈海外香港人的國際戰線〉。頁303-344，收錄於何明修編，《未竟的革命》。新北：左岸。
──編，2024b，《未竟的革命》。新北：左岸。
吳介民，2009，〈中國因素與台灣民主〉。《思想》11: 141-157。
呂青湖，2024，〈國安教育與留港家長的反抗〉。頁117-216，收錄於何明修編，《未竟的革命》。新北：左岸。
房慧真，2024，《夜遊：解嚴前夕一個國中女生的身體時代記》。台北：春山。
陳健民，2022，《受苦與反抗》。新北：聯經。
──，2024，〈香港民主的未來〉。頁391-446，收錄於何明修編，《未竟的革命》。新北：左岸。
馬嶽，2020，《反抗的共同體》。新北：左岸。
湯普森（E. P. Thompson）著、賈士蘅譯，2001，《英國工人階級的形成》。台北：麥田。
鄭祖邦，2022，〈香港民主運動的困境──一種「國家性」觀點的解釋〉。《臺灣民主季刊》19(4): 43-82。
濮德培（Peter Perdue）著、葉品岑、蔡偉傑、林文凱譯，2021，《中國西征：大清征服中央歐亞與蒙古帝國的最後輓歌》。新北：衛城。
Lee, Ching Kwan, 2022, *Hong Kong: Global China's Restive Frontier*. New York: Cambridge University Press.
Linz, Juan J. and Alfred C. Stepan, 1996, *Problems of Democratic Transition and Consolidation: Southern Europe, South America, and Post-Communist Europe*. Baltimore, MD: Johns Hopkins University Press.

第一部

地緣政治經濟視野

1　破解香港經濟發展的三個迷思

孔誥烽

摘要

　　本章概述了香港經濟如何從殖民地的轉口港演變為出口製造中心，再成為全球金融中心，重點介紹了相關文獻，尤其是在全球資本主義經濟轉型及中國與之連結的背景下，香港經濟角色從十九世紀到二十一世紀的變化，特別關注主權移交後的時期。此外，內容還涵蓋了不同經濟部門和企業間的權力平衡、就業結構、收入分配模式的變化，以及針對經濟重組中自由放任政策角色的迷思與現實。最後，探討了在美中對抗和脫鈎加劇背景下，香港經濟未來的可能走向。

關鍵詞

　　自由市場、工業化、離岸金融中心、人民幣國際化

對香港經濟發展的傳統看法

如何詮釋香港從殖民前到後殖民時期的經濟發展？這個問題始終充滿政治張力。英國殖民政府與中國官方學者，皆依其政治利益，分別解讀香港的經濟歷程。多年來，圍繞著香港發展，產生了三個流行迷思，與他們各自的政治利益不謀而合。

第一個迷思：香港在英國人來臨之前，不過是「荒島」，頂多是個「小漁村」。這種觀點認為，香港的經濟繁榮與中心地位，要完全歸功於英國的殖民統治。第二個迷思：香港的經濟繁榮是源自政府的自由放任政策。這個迷思將香港描繪為純粹自由市場資本主義的典範。第三個迷思：因為中國自1980年代以來經濟快速成長，所以香港對中國經濟的重要性已經迅速下降。多年來，一代又一代的學者挑戰了這些迷思。

這些觀點，應該說這些迷思，禁不起近年嚴謹學術研究的證據檢驗。本章將透過近年學術研究重新探討香港的發展路徑。我將說明，首先，在英國人到來之前，香港地區早已是繁榮的農業與商業中心。其次，香港的英國殖民政府從未採取全面自由放任政策，而是深度介入某些社經領域，但並非所有領域。這種不均衡的干預確實促成香港經濟起飛，此外，其動機並非出於意識形態，而是來自菁英與階級政治的實際考量，以及地緣政治的影響。第三，中國經濟繁榮，並未使得香港對中國經濟的重要性下降，只是形式有所改變。近年來，對於北京將人民幣國際化的計劃，香港扮演了重要角色。北京希望人民幣成為全球貨幣，削弱

美元霸權,而關鍵在於香港必須繼續充當中國的離岸金融中心。然而,我們越來越難以肯定香港未來能否繼續擔此重任。一切取決於2019/20年的抗爭與鎮壓後,北京能否找到香港政策新的平衡點;美中競爭的發展也是決定性因素。

從農業經濟到貿易經濟:二戰前的香港

雖然主流史觀稱香港地區在英國人到來之前是「荒島」,然而,已有大量文獻顯示,自十一世紀,甚至更早,當地的農業與商業活動就相當繁榮。公元973年左右宋朝時期,鄧氏先民在香港西北地區(今錦田地區)定居(見Faure 1984)。接著,又有各族相繼遷入該地區,包括侯氏和彭氏於十二世紀南宋時期前來,廖氏於十四世紀元末前來,文氏於十四世紀明初前來,他們是廣東既有宗族的分支,講粵語,人稱「五大宗族」。之後,約在十九世紀,來自更北邊的客家人湧入,建立村莊。五大宗族在當地能夠呼風喚雨,尤其是鄧氏;通常稱他們為新安本地人(Watson 1983; Baker 1966; 蕭國健 1985)。

鄧氏佔據了今天香港西北平原最肥沃的土地。侯氏和廖氏在北部地區定居,土地亦相對肥沃。在經常淹水的上水邊緣地區耕作的彭氏則算是最清貧(Grant 1962)。氏族不僅擁有他們村莊周圍的土地,像新界東部、香港島、甚至連離島等可耕地,都是在鄧氏定居香港時以敕令授予。

相比之下,其他氏族擁有的土地通常離他們的核心聚居地較

近。繼五大氏族之後遷入的客家人，只能在水源不足的山丘和貧瘠土地上建立村莊，而他們的農田往往由大氏族所有，尤其是鄧氏；大氏族會按客家人的收成向其徵收地租。鄧氏和其他大宗族也在他們所控制的市鎮裡壓榨農民，要求較弱的宗族提交部分土地稅，又勒索保護費（見Kamm 1977）。有了充滿活力的農業經濟，加上沿海蜑民的漁業經濟，使得香港在殖民時代以前就發展出明顯的城市商業生活。

1842年後，隨著清政府正式割讓香港予英國，不少客家人被香港的新機遇吸引而移居城市，並從事苦力和石匠的工作，當中亦有人透過創業致富。香港的城市發展也吸引更多來自逐漸衰落的滿清帝國的客家人，在當地建立村莊。1819年至1899年間，香港建立了300多個客家村落。1850年至1864年間，內陸的太平天國起義使客家人大量湧入香港地區。隨著客家人的財富和人口不斷增加，他們結成鞏固的聯盟對抗鄧氏地主，抵抗租金運動亦漸增（Faure 1984）。

1842年英國管治香港後，英方視本地大族為敵，客家和蜑家則為盟友（Eitel 1895）。第二次世界大戰之前，英國之所以要香港作直轄殖民地，主要用途在於貿易，而非農業或初級資源開採。1898年時，新界的農村對英國人而言不過是與中國大陸的緩衝區，並沒有直接經濟意義。然而，英國人仍在新界設立殖民政府，並重組了土地關係，以制衡大宗族的權力（陳奕麟1987）。

1899年，英國第一次奪取新界的控制權時，鄧氏率領的大氏族擔心英國人會沒收他們的土地而發動武裝起義（Groves

1969)。英國政府在成功鎮壓後,開始改革土地業權和稅收制度,以遏制鄧氏等大族的勢力。1900年6月至1903年6月期間,殖民政府在新界進行了廣泛的土地調查,召集村民向殖民官員提交土地契約,並發出「集體官契」,任何未登記的土地都被轉換為官地。為了瓦解大氏族對客家人的統治,英國將大部分客家人耕種的農地授予客家佃戶。如此,英國剝奪了大氏族的大部分土地。土地改革為客家佃農解除鄧氏地主的束縛,客家人終於可以在自己的土地上耕作(陳奕麟1987)。

英國佔領香港是為了將其打造成貿易轉口港,連接中國、亞洲和歐洲等多個地區,以取代傳統港口城市廣州的地位。英國建造的維多利亞港更是大型船隻停泊和裝卸的港口,發展成商業活動中心,成功吸引歐洲和中國商人到此營商,同時,維港也吸引了農民出身的勞工,他們投身於欣欣向榮的建造業和運輸業。隨著1910年九廣鐵路建成,轉運業務更為蓬勃;該鐵路連接了維多利亞港與廣州及珠江東岸廣闊的農業腹地。

歐洲人主要住在香港島太平山山頂和中部,來自中國的新移民則定居在山腳,卻漸漸發展成受傳染病、賭博和大量孤兒人口困擾,萎靡不振的貧民窟地區。中國商界菁英遵循儒家兼愛的傳統,聯合成立東華醫院,為廣大華人社區提供公共衛生和其他社會服務。很快,東華醫院的領導人成為英國人眼中華人社區的代表。殖民政府開始吸納這些華人領袖成為間接統治的代理人,以管治華人社區(Sinn 2003; W.-K. Chan 1991)。

香港的轉口業取代了1839至1842年鴉片戰爭之前中國唯一

對外貿易開放的港口廣州，在十九世紀末蛻變成亞洲內部和亞歐美洲貿易的樞紐（Hamashita 2008: Ch. 8）。儘管大多數有關戰前香港的歷史著作集中探討其商業和金融活動，較新的研究卻表明，香港在二十世紀之交見證了工業的興起，包括由英國公司經營的煉油廠和造船廠。1930年代起，世界經濟被劃分為由關稅區分的帝國勢力範圍，香港落入英國關稅陣營。這吸引了許多中國製造商遷往香港，以便其產品在大英帝國地區自由銷售。由此，從事紡織品、醃製食品、機械、工具和其他產品的中國商家在香港興起。然而，這些商家並沒有與東華圈內以粵語為主的華商融為一體，卻處於殖民合作權力結構之外（Ngo 1999）。

以上的發展在1941年12月至1945年8月二戰期間因日本侵佔香港而被打斷。這段時間，大多數英國和歐洲的菁英逃離香港或被監禁。一些中國菁英與日本人合作，另一些則逃到抗戰運動基地——中國的西南地區。1945年日本投降後，英國恢復殖民統治，許多戰前菁英和中國定居者遷回香港（Snow 2004: Ch. 6; Tsang 2007: Ch. 9–10）。

戰後的工業起飛

自1980年代以來，新自由主義經濟學家們一直稱讚香港是自由放任經濟的典範，認為香港經濟成功的關鍵在於政府不干預自由市場。對於香港戰後發展的這種死板詮釋，已受到大量研究的挑戰，這些研究表明，殖民政府在戰後時期並非完全不進行干

預。相反，對於香港工業起飛的關鍵，即是勞動力的社會再生產（social reproduction of labor）相關領域——從住房到食品供應——殖民政府深度干預，而在其他領域則保持不干預（Schiffer 1991）。其干預之所以不均衡，原因在於當時的菁英政治、階級政治及冷戰下的地緣政治格局。

雖然英國在英中商業菁英之間的間接統治和合作基礎上重建戰前的殖民制度，但是1945至1949年的國共內戰以及1949年共產中國的成立，為香港帶來大量逃避共產黨的中國難民，包括勞工和上海或廣東的商家。1950年代開始，香港的工業因為急增的內地資本和勞動力而開始騰飛。

一些移居香港的中國商界菁英在航運業立足（例如董氏家族，其繼承人董建華成為香港主權移交後的第一任行政長官），其他則繼續工業生意，例如唐氏家族（其繼承人唐英年在香港回歸後成為北京的盟友，並一度有望成為行政長官）。另一個例子是廣東潮州的李嘉誠，他於1950年創辦了自己的塑膠廠，後來涉足房地產開發、公用事業、能源、零售等多個行業，創立了亞洲甚至全球最鼎盛的商業帝國之一。中國企業家在來自中國的貧困難民自發形成的寮屋區附近建造了他們的工廠。1950年韓戰爆發後，國際社會對共產中國實施禁運，扼殺了香港的轉口貿易，香港開始轉變為以出口為主的工業經濟（Tsang 2007: Ch.11–12; Chiu 1996）。

戰後初期，殖民政府延續戰前的吸納政策。英國商界菁英，包括金融家和著名商人代表參加行政局（由殖民總督、高級官僚

與總督任命的菁英組成的決策機構）和立法局，後者包括政府官員和被委任的菁英。少數來自東華圈子的華商菁英受總督任命參加立法局。剛從中國大陸遷出的新興工業家，從一開始便被排除在殖民權力結構之外。商業和金融業菁英反對殖民政府資助工業發展，以防政府支出和稅收增加（Chiu 1996）。由於被殖民權力結構排擠，中國的製造商成立協會以支持同業。部分協會建立於方言群體的基礎上，例如有李嘉誠等潮州實業家組成的潮州商會，部分則與共產黨接管中國大陸後逃往台灣的國民黨政府有關聯。以中華總商會為代表的「紅色資本家」則是香港中共地下統一戰線的一部分。蜑家企業家霍英東便是這些紅色資本家的代表。他的生意因韓戰期間幫助中國打破禁運節節上升（Smith 1997）。

英國與北京剛成立的共產黨政府有默契，中國不會收回香港，英國政府則需容忍中共地下黨活動。在英國的監視下，中共暗中維持銀行、學校、電影院、粵劇團、出版商、報紙、商業協會和工會等體制。新華社則擔任中華人民共和國政府在英國殖民地的代表（Loh 2010; 江關生 2012）。

除了與知識份子和一部分中國企業家組成統一戰線外，中共還通過工會和基層社區組織不斷擴大工人階級。這些中共組織為不斷擴大和擁擠的寮屋區居民提供殖民政府漠視的社會服務。1950年代和1960年代初期，不少香港基層社區和知識份子開始支持中共。親中的電影製片人製作了不少受歡迎的電影。「紅色資本家」霍英東擁有殖民地最熱門的足球會。中共工會成功發起了幾次罷工，令香港陷入停頓，逼使僱主在工資和福利方面讓步

(周奕2002, 2009)。

英國政府深明中共的擴張將對其管治構成威脅,它在1956年有關香港狀況的報告中坦承,「以移民為主的定居點」中「仍留有怨聲載道的種子」,而且「中國共產黨政府正迅速鞏固其地位,致力增取〔在香港〕海外華人的支持⋯⋯並取得了一些成功」(Hong Kong Government, 1956)。英國政府意識到必須為不斷擴大的工人階級人口提供基本社會服務,方能抵消共產黨的影響力。然而,在香港政治佔主導地位的金融和商界菁英擔心額外的稅收負擔,於是極力阻止任何增加公共支出的方案。如此,共產主義組織在香港深耕細作,將城市中的貧困工人變成了殖民現狀的挑戰者(Scott 1989: Ch. 3-4)。

美國因香港可能成為共產主義的溫床而警覺,於是利用各種槓桿向英國施壓,要求英方更積極地滿足基層居民的需求。美方施壓在1950和1960年代開始見成效。美國威脅將在聯合國提出中國難民在香港的悲慘生活條件,作為人道主義問題。香港政府擔心在聯合國丟臉,主動啟動公屋計劃,改善移民的生活條件,又將寮屋區的居民安置到衛生和設施更好的公屋。清空寮屋區同時亦破壞了中共在這些社區建立的組織網絡(Mark 2007; Smart 1992)。

自1950年代開始,殖民政府還大力干預農業和漁業生產,通過政府主導的農村和漁業合作社,確保能為香港日益擴大的工業經濟體提供充足且便宜的食品(Schiffer 1991)。政府如此干預住房和食品供應,壓低了工資水平,促使香港成為出口導向製造業的重鎮。

除了公共房屋計劃，政府提供的教育和其他社會服務和援助在1960年代仍然不足，導致上述的階級分化和異化得以延續。日益尖銳的社會對抗在1966和1967年引爆激烈的衝突。1966年因渡輪票價上漲所引發的暴動屬於自發性。1967年的抗爭始於一家塑料廠工人和管理層之間的普通糾紛。當警察介入驅散抗議的工人時，勞資糾紛愈演愈烈。1967年春天正值中國文化大革命，中共在香港的工會接到北京激進份子的命令煽動暴動，試圖將爭端變成全面、持久的反英叛亂（Scott 1989: Ch. 3）。

殖民時代晚期的經濟重組

共黨份子的叛亂雖被鎮壓，但不少年輕人在叛亂初期自發支持運動，加上1966年沒有共產黨參與的九龍暴動，令殖民當局知道必須要安撫民眾，解決深層社會問題。暴動之後，殖民政府開始多項社會改革，例如通過公共援助計劃建立社會安全網。事實上，計劃在暴動之前已經開始醞釀，但被當權的金融商業菁英否決。騷亂凸顯貧困和社會兩極分化問題的緊迫性之後，政府才能克服商界菁英的抵制。有工黨背景的英國外交官麥理浩於1971年開始擔任總督，將殖民政府的積極介入提升到一個新的水平，並在1970年代將各項廣泛的改革予以深化。這些改革包括擴大免費教育、公共住房、政府醫療保健、基礎設施建設項目，強大而獨立的廉政公署更成功地在警察和公務員隊伍中清除貪污腐敗（Lui 2017; Scott 1989: Ch. 4; C.-K. Chan 2011: Ch. 9–10）。

殖民地改革的同時，香港的經濟亦經歷轉型。雖然香港在1970年代初期已經確立其作為出口導向型工業經濟的地位，但隨著1972年尼克森的訪華，中國與美國及其冷戰盟友關係正常化，中國與資本主義陣營的貿易亦重新啟動，而大部分貿易都途經香港。在港的美國企業與香港商界菁英合作，開始參加一年一度的廣州交易會，尋求對華投資和貿易機會。香港再次成為中國貿易的轉口港。轉口業務的復甦促進了1970年代香港商業和金融服務的興起（Hamilton 2018）。

香港經濟的改革和轉型深刻地重組了香港社會。社會改革推動公共部門的擴張，包括教育、醫療保健和社會服務，帶來新專業人士的崛起，例如教師、醫護工作者和社會工作者。商業和金融服務的蓬勃發展令管理階層擴張。這些在私營和公共部門受過高等教育的專業人士，以及不斷擴大、準備進入高技能勞動力的高等教育學生，構成香港方興未艾的新中產階級（Chiu and Lui 2009: Ch. 3; 呂大樂、黃偉邦 1998）。

香港和中國經濟改革

對於中國來說，從毛澤東時代的經濟閉關，到鄧小平推動的市場化改革，香港都是重要的貿易和投資門戶。1949年，中共已取得中國大陸絕大部分領土控制權，解放軍推進到香港以北，英國政府為防萬一已準備撤離。但中共決定採取「長期打算、充分利用」的香港政策，允許英國繼續治理香港。這一政策使毛時

代的中國獲益甚多，並延續到1970年代末期中國政府開始表態有意在1997年收回香港主權之時（Louis 1997）。

直到最近，學界才開始關注冷戰時期在香港的中國國企。對這一領域的研究逐漸增加，因此，我們現在更瞭解這些國企在冷戰高峰期如何將社會主義中國的經濟連接到全球資本主義經濟。從1950年代到1970年代，在香港的中國國企（最突出者包括中國銀行和華潤集團）均是中華人民共和國通過貿易和匯款攫取外匯的重要管道。中國在香港設立的貿易公司使中國得以運用有限的外匯儲備進口外國商品（見Schenk 2001, 2011; Chiu and Lui 2009: Ch. 2-3; 郭國燦 2009）。1960年代，隨著北京與莫斯科決裂，蘇聯停止對中國的援助，香港的角色變得愈發緊要。

1972年，尼克森訪問中華人民共和國，美國及其冷戰盟友恢復與中國貿易，原本在聯合國禁運中處於非法狀態的香港地下轉口貿易轉為公開，且蒸蒸日上。儘管1970年代中國總體上仍處於經濟閉關狀態，但毗鄰香港的廣東省政府已體會到粵港貿易的繁盛。在香港的華人企業家和美國公司開始參與在廣州舉行的中國進出口商品交易會（又稱「廣交會」）。香港那些與美國聯繫緊密的菁英華人家族，如董浩雲家族和唐翔千家族，與香港美國商會合作，遊說美國給予中國貿易最惠國（MFN）待遇（Hamilton 2018）。這一待遇能讓中國商品以低關稅進入美國。1979年，美國與中華人民共和國正式建交，貿易最惠國待遇也不再遙遙無期。

對於閉關鎖國的毛時代中國來說，香港是唯一的對外通路；但在中國市場化改革的不同階段，香港作為進出中國的通道角色

也愈發突出。位於香港北面的深圳經濟特區在1980年代成為加工出口區。香港的製造業資本開始在經濟特區投資,其他領域如飯店業和零售業的資金也開始進入中國大陸(主要是在廣東省)。到1990年代,在天安門鎮壓和蘇聯崩潰的背景下,北京開始將經濟轉向出口導向的成長,並推動城市國有經濟的激進私有化。美國在1999年歷史性地與中國簽訂自由貿易協定,為2001年中國加入世貿鋪平了道路。2001年後,中國真正成為「世界工廠」(Hung 2015, 2021)。

中國沿海地區的地方政府缺乏資本、技術和同國外消費市場的聯繫,為保證各地出口製造業的成長而不得不互相競爭。因此,對於東亞正在尋找低成本勞工的勞動密集和出口導向製造業資本來說,中國是理想的投資目的地。1990年到2005年,在投入中國的FDI中,香港、台灣、韓國、日本和新加坡的投資佔了71%,其中香港資本更佔了過半份額(Hung 2015)。

香港在1990年代的國企改革中也扮演了關鍵角色。正如本章稍後所述,許多中國國企通過海外上市,從國有企業搖身一變成為國家扶持的跨國企業。香港交易所(HKEX)擁有先進的金融體系和對外融資通道,成為中國企業海外融資的首選。以往中國國企以社會化形式提供的住房,也在1990年代私有化並形成私人商品房市場,香港的地產商是其中的關鍵推手(Han and Pannell 1999)。

中國國企通過接受國有銀行的低成本貸款,對於基建和資本密集項目建設扮演了重要角色。而當國企資本過剩,便開始向海外尋找投資機會。香港便是中國企業尋求海外市場與投資機會的

天然平台。2008年金融危機以後,中國在2009至2010年增發巨量貨幣刺激經濟,使中國資本更迫切尋求出海。在刺激經濟計劃中,中共政府要求國有銀行大開水閘,向國企和有國家背景的企業放款增加產能。這導致產能迅速過剩、利潤下降,營建業尤其如此。故此,自2010年以來,中國企業更熱切在海外尋找投資和商貿機會,而香港便是它們的第一站(孔誥烽 2022: Ch. 3)。

以往很長一段時間,許多中國觀察家、自由派經濟學者和中國國內的決策者都認定,中國將無可避免地蛻變成以私營部門為主導的完全開放經濟體。中國在2001年加入世貿時,承諾最終將放開所有資本領域限制;允許外國銀行進入本國金融體系;以及允許私營與國有、國內與外國企業公平競爭。若中國能完成這一轉型,香港作為商品和資本轉口港的角色亦將終結。

然而,中共顯然無意取消資本控制和對國企的優惠待遇(García-Herrero 2011)。中共認定,通過國有銀行控制信貸流和通過壟斷國企操控經濟,是維持政權的基礎。中國加入世貿後二十年,中共在中國經濟所扮演的戲份不僅沒有消散,反而更為吃重(Lardy 2019)。中國的金融體系仍然處於半封閉狀態,國企在中國式國家資本主義中仍為主導,而香港同中國一側的經濟邊界既有嚴格管控、也有許多開放通路,但香港又對世界經濟完全開放,這使香港成為連結中國國家資本主義與世界自由貿易體系的樞紐。

主權交接後的香港金融中心地位

　　1997年香港主權交接之際，恰逢亞洲金融危機，導致香港經濟陷入漫長的衰退。2003年嚴重急性呼吸道症候群（SARS）大流行，更將香港自1997年至2003年的經濟停滯推至最低谷。SARS之後，在中國大陸已經加入世界貿易組織（WTO）、香港被整合成中國的離岸金融中心這樣的背景下，香港金融市場和經濟整體方才復甦。北京推出了一系列政策，包括在2003年簽署的《香港和內地更緊密經貿關係安排》（CEPA）來促成這一整合；CEPA降低了香港和大陸之間的關稅和其他壁壘，使兩地的商品和資本能更方便地往來。

　　中國官員和官方媒體竭盡全力利用香港自2003年開始的經濟復甦，大肆宣揚香港經濟繁榮完全仰賴中國大陸的鼻息。鑒於2008年金融危機後中國經濟強勁復甦且達到成長巔峰，這一說辭看似說得通。還有許多論述以香港GDP佔全中國GDP的份額下降，來論證1997年後香港對於中國經濟的重要性逐漸下降。但這些關於香港經濟對中國來說逐漸無足輕重、香港經濟極度依賴中國經濟的論調，並未抓住要害。中國本來是低收入國家，而當中國GDP高速增長時，所有發達經濟體GDP相對於中國GDP的比率都會下降。這不過是說明了中國這一發展中國家的經濟成長迅猛，而無法揭示香港對於中國的經濟重要性（見孔誥烽 2022: 71-73）。

　　主權交接後，香港仍繼續發揮中國離岸金融中心的作用，這不僅有賴於英治時期的制度基礎和中國政府的政策，更奠基於

1997年後國際社會對香港的取態。英治香港曾幫助中國接入外國資本和全球市場。與此同時，1950至1990年代的中國繼續維持經濟上的閉關或半閉關狀態，既享受通過香港融入全球經濟的好處，又免受經濟開放帶來的風險衝擊。在英國治理下，香港在政治上與中國大陸切割，能輕鬆地擔當中國的離岸貿易和金融仲介角色。但1997年主權交接後形勢丕變。中共提出香港在主權交接後實行「一國兩制」的安排，初衷便是要安撫香港商業菁英和本土中產階級的信心危機。北京也試圖通過「一國兩制」延續香港在主權交接後繼續作為離岸市場運營的政策（Pauly 2011）。

若世界各國政府和外國公司不認可香港的自治，北京將無法延續香港作為中國離岸金融中心的地位，因此國際社會是否承認香港相對於北京擁有高度自治，至關重要。1992年，美國國會通過《美國—香港政策法案》（US-Hong Kong Policy Act），以規管1997年後美國與香港的關係。法案規定，美國政府應定期檢討1997年後的香港是否能保留中英聯合聲明中相對於中國大陸的高度自治、法治及原本擁有的各項自由。若能通過檢討，美國「將繼續在經濟和諸如進口配額和產地來源證明等貿易事項上，將香港視為獨立地區」。法案的公開目的是支持英國及香港人民在主權交接後仍保有香港的自治。這一法案成為各國處理香港作為獨立關稅區地位相關政策的標竿。各方意見均認為，在1989年的天安門鎮壓後，確有必要以類似政策保證香港的自由（U.S. Congress 1992）。

在捍衛香港自由這一公開目的背後，法案其實也有利於北

京。法案主張在貿易、投資和移民配額上視香港為獨立於中國大陸的地區,使中國在1997年後仍能在經濟上將香港作為離岸平台利用。例如,法案規定「美國應基於香港在關貿總協定(GATT)的成員地位,繼續給予香港出產的產品非歧視貿易待遇(即通常所謂「最惠國待遇」)」(U.S. Congress 1992)。這一規定在中國加入世貿前相當重要,且在中國加入世貿後依然如此。由於美國將香港和中國認定為兩個獨立的關稅區,世界各國也紛紛仿效,中國和香港便能在世貿框架中以不同條件擁有兩個獨立成員地位,而香港與世界經濟的貿易和資本聯繫比中國更為緊密。至於香港與中國(大陸)的經濟邊界,儘管也已開放,但仍受2003年CEPA協定的規管。

香港與中國在世貿中的雙重成員安排,有利於中國維持其半封閉的經濟政策。儘管處於半封閉狀態,中國仍能通過香港,在其選擇的領域全面而自由地連接全球市場、獲取全球資本。對於中國來說,這可謂一箭雙雕。例如,中國加入世貿已久,卻仍然禁止外國銀行全資擁有其中國業務,且嚴格監管資本流動,這使中共能以鐵腕掌控中國的金融體系。但中國個人和企業仍能通過香港使用外國銀行服務,並自由轉移財富。

對北京來說,國際社會認可香港自治地位的另一個好處是:註冊地為香港的投資,在世界各地(尤其是西方國家)享受的資本自由遠大於源自中國的資本。許多國家,包括美國、英國、澳洲等,對香港資本的國家安全審查遠比對中國資本(尤其是國企資本)來得寬鬆。這也使得中國大陸企業頗熱衷於註冊為香港公

司（如聯想集團）或通過香港分公司對外投資。中國輸出到香港的資本，絕大部分是先包裝成香港資本，再轉投海外（T. Huang 2019）。

　　國際社會認可香港自治還有另一重意義，就是假定香港將繼續實行普通法（Common Law）且不受中共控制，故而把香港的司法體系視為獨立於中國大陸。通過普通法原則或司法互惠協定，香港法庭的判決在其他許多國家的司法體系中獲得認可並具有執行力。香港與其他司法體系的互惠狀態在1997年後仍然延續，而中國的司法判決在其他許多司法體系不具有執行力。2011年，香港特區政府在亞洲國家和地區中頭一個修改了仲裁制度，以遵守2006年版本的《聯合國國際貿易法委員會國際商業仲裁示範法》規定。香港也曾經是《紐約公約》（《承認及執行外國仲裁裁決公約》）的獨立成員；在這一公約下，任何成員國的商業仲裁均在其他成員國有效力。

　　香港既長期參與這些國際仲裁體系，又在1999年與中國大陸簽訂了《香港與內地仲裁相互承認及執行協定》，這使香港成了國際仲裁中心。另一方面，中國的仲裁和司法體系並未完全跟隨國際準則，且與大部分主要經濟體不能相互承認和執行。因此，有意投資海外的中國公司和在中國國內投資的外國公司，就依賴香港的司法和仲裁地位，來克服中國市場所受的法律限制（Grimmer 2019）。

　　香港賴以鞏固中國離岸市場之角色的另一項重要制度，是其獨立的貨幣和金融體系。香港金融市場對世界經濟完全開放，港

元能在全球自由兌換,貨幣當局和金融監管體系獨立於中國大陸且至少表面上自主,故香港能繼續擔當中國與世界經濟之間的金融仲介。本章稍後將論述香港金融體系對於中國國有經濟體系的重要性。

香港在主權交接後仍保有其經濟中心地位,使中國的國家發展獲益良多。直到今天,進入中國的外資大部分還是源於香港,中國的對外直接投資也以香港為首要目的地。許多從香港輸入中國的資本並非香港本地資本,不過是第三方資本改頭換面而已。同樣地,許多從中國輸出到香港的資本也不在香港久留,而是以香港資本名義投向世界各地。因此,香港仍然是國際資本進軍中國和中國資本進軍海外的關鍵門戶。

另外,香港也是中國企業取得以外幣(主要是美元)計價的貸款和融資的主要平台。1997年後,中國企業的大部分外幣貸款都是在香港獲取(Khan and Saito 2019),中國企業的海外首次公開上市(IPO)也多在香港進行,香港是中國企業進行海外集資活動的首要管道。

香港更是中國權貴菁英向海外轉移家人和財富所不可或缺的跳板。中國政府官員通過「香港居民」和「香港投資」的幌子恣意向西方國家轉移資產甚至讓家人移民,已是公開的秘密(Z. Huang 2016; Yung and Page 2012; Stevenson and Forsythe 2020)。有別於中國大陸的資產,權貴菁英們在香港持有的財富可以隨時兌換成其他外幣,並在任何時候自由地轉移到別處。

由於1997年後香港對於中國經濟仍保有金融中心的地位,

中國企業在金融業中的影響力日益提升。大約2010年開始,在香港IPO市場上,中國企業的規模已超越外資和香港本地企業,成為最大群體。自2001年起,外國公司在香港設立的辦事處逐漸減少,而中國企業的辦事處則不斷增加(孔誥烽 2022: Ch. 3–4)。

香港和人民幣國際化

儘管官方宣傳指稱香港在中國經濟中的地位逐漸下降,但在過去二十年間,香港作為人民幣離岸中心的角色,對北京推動人民幣國際化的計劃而言,其實益發重要。中國大陸的政治經濟學者越來越關注這項議題。

中國資本在香港金融市場逐漸上升為主導者的同時,北京也在推進人民幣國際化的進程中,將香港指定為全球人民幣業務的批發中心。隨著人民幣逐步國際化,越來越多外國企業通過香港金融市場買入和持有人民幣。儘管香港本地銀行也垂涎人民幣業務,但在香港的中國金融機構因其與大陸的緊密聯繫而享有得天獨厚的優勢。典型例子如中國銀行,這家在港交所上市的紅籌公司於2003年被中國人民銀行指定為官方人民幣清算機構。

2008年,美國金融海嘯引發全球金融危機,中國政府對其外匯儲備中大量美元計價的資產(美國國債)開始產生擔憂。在金融危機達到高峰之際,坊間開始猜測美元是否會崩潰,以致危及中國的外匯儲備價值。北京開始推動人民幣國際化,以減少在貿易清算中對美元的依賴,削減積存美元資產的需要,希望增加

以人民幣計價的貿易量，逐步取代美元在中國對外貿易中的主要地位，進而降低美元和高風險的美國國債在中國龐大的外匯儲備中的佔比。增加人民幣國際流通也可以促使外國增持人民幣，增強中國的海外影響力（Eichengreen and Xia 2019; Bénassy-Quéréa and Capelle 2014）。

人民幣國際化計劃其中一個極大的障礙是，國際市場並不青睞難以兌換的貨幣，因此北京必須最終將人民幣推至全面自由兌換。如此，則北京將被迫放棄對資本帳戶（capital account）的控制，但這也意味著中共要拱手交出對銀行業的控制、對信貸創生（credit creation）的壟斷。這正中中共政權的要害，因其將信貸控制視為它控制社會和經濟領域的權力支柱。香港的離岸金融市場，正提供了方便之門，讓北京得以在不放開資本帳戶控制的前提下將人民幣國際化。中國大陸和香港的金融體系之間有管控的互通，使北京既可以向香港注入可自由兌換的離岸人民幣來推進人民幣國際化，又保持大陸在岸人民幣無法自由兌換。

香港的人民幣離岸市場是人民幣國際化的核心推手。這一離岸市場使北京得以在不放棄對中國金融體系的管控前提下，推動人民幣自由化。中國國內的智庫和金融學者一直大力呼籲鞏固香港的離岸金融中心角色，持續提升人民幣的國際貨幣地位。他們一致認為，要在不進行資本帳戶全面開放的前提下將人民幣打造成國際貨幣，唯一方法是將香港當成人民幣的離岸批發中心，而其他離岸金融中心（如倫敦和新加坡）可作為人民幣的零售業務中心。要達成這一點，便迫切需要深化香港交易所與大陸金融市

場的互通,在香港建設人民幣債券市場,並在香港發展中國國有銀行管理的人民幣計價理財產品(馬駿、徐劍剛 2012)。

IMF和國際金融體系認為,北京在香港和大陸金融市場之間予以有限度開放,不過是一個過渡階段,人民幣終將成為真正可自由兌換的貨幣。在這一前提下,香港在推進人民幣國際化進程中的離岸中心這一重要地位也是過渡性的,隨著人民幣蛻變成如同其他主要貨幣一樣可自由兌換,香港的獨特性也將消失。但這並非北京的目標。北京從未真心實意地推動金融系統和資本帳戶開放。與IMF的一廂情願相反,通過香港離岸市場將人民幣國際化是一項更遠期的規劃(Eichengreen and Kawai 2014; Cohen 2012; Frankel 2012; Minkins and Lau 2012)。2015年夏天,中國A股一場股災、人民幣突然貶值,引發資本外流,及市場動盪與貨幣貶值的惡性循環,使北京更加警惕金融開放的後果。北京迅速以高壓行政手段遏止資本外流,並加強了對金融市場的管控。

2015年後,人民幣國際化進程陷入停滯,中國國內對金融自由化的呼籲偃旗息鼓。中國的金融體系自由化改革遙遙無期,中國企業對外幣計價的融資和借貸需求又與日俱增,對中國企業和菁英來說,香港這一對接全球的自由金融通路愈發不可或缺。儘管北京繼續加強監控資本外流,中國資本仍持續通過香港向外輸出,香港作為中國離岸金融中心的地位也更加鞏固(Hung 2020; 孔誥烽 2022: 71–100)。

未來的不確定性和風險

在本章中,我們看到香港地區如何從殖民前的農業商業經濟,演變為十九世紀和二十世紀初的中國貿易全球轉口港,並在戰後時期成為出口製造中心,連結中國大陸低成本勞動力與全球經濟。接著,在1980年代開始的中國經濟繁榮時期,香港轉型為中國資本的離岸全球金融中心。多年來,香港以各種方式將中國連接到世界經濟。香港之所以有可能扮演這樣的特殊角色,是因為香港在地理上和社會上都接近中國,而在英國殖民統治下香港又與中國的制度和政治有所分隔。這種制度和政治上的分隔能夠發揮作用,前提是全球經濟中的主要參與者承認這種分隔,尤其是美國政府承認。1997年主權移交後,這種分隔得以延續,是依託於北京的一國兩制政策和華盛頓的《美國—香港政策法案》。過去十年,北京利用此一長久以來的分隔狀態,將香港打造成離岸人民幣中心,以推動其雄心,要將人民幣提升到全球貨幣的地位,挑戰美元。

然而,2020年北京在香港實施《國家安全法》,隨後,在美中對抗升溫之際,美國又開始對香港實行制裁,於是我們已經無法肯定這種分隔能否持續下去。在習近平時代,中共對中國國內的私人資本所採取的進路一改以往作風,由原先的鼓勵輔助、一切政策以經濟增長為中心,變成安全壓倒經濟,為了鞏固黨國體系安全,犧牲私營經濟動能和經濟增長也在所不惜。這趨勢在2020年之後加速。中共在疫情封城挑戰下仍不顧一切推出「共同

富裕」綱領，開始打壓某些私營企業，便是一顯著例子；這些企業主導了科技與網路領域，本來經營得十分成功，為年輕人提供大量就業機會（Hung 2024, 2025）。在這大背景之下，中共寧可冒險破壞香港作為中國離岸金融中心的功能，也要推出《國安法》以除去香港可能帶來的對中共政權的安全威脅，便不是那麼難理解。

儘管《國安法》並未直接取消「一國兩制」，美國的制裁也並不代表完全不再承認香港在貿易和金融事務上是獨立於中國大陸的實體，但香港相對於中國大陸的特殊性已變得益發模糊，不論是在北京的政策還是國際認可層面都是如此。據報導，各種資金和公司已開始從香港遷往新加坡等其他地區，因為那些地方相對來說更能保證與中國有所區別；包括源自中國大陸的資金和公司也在遷移（Kelter 2023）。這一趨勢在2024年《基本法》第23條通過後應該會加速；當時有報導稱，23條中有關國家機密的條款模糊而廣泛，讓外國企業感到擔憂（Hale 2024）。

與此同時，香港似乎出現了新型的離岸金融業務。俄羅斯入侵烏克蘭後，許多西方國家對俄羅斯實施制裁，許多俄羅斯企業無法再利用國際上的美元結算系統，於是俄羅斯在香港的業務量上升。其中一些企業利用香港去接觸國際金融體系，繞過西方制裁（Wong 2022）。美國政府還指控一些國際恐怖組織在多個金融中心進行洗錢活動，其中也包括香港（US Department of Justice 2024）。隨著美中衝突不斷加劇，而香港的金融體系仍然全面開放，它有可能成為一個離岸金融中心，受到美國及其他西方國家制裁的中國各友邦得以利用這個金融中心。

俄羅斯、伊朗及真主黨等國家與組織，為了反制西方國家制裁，逐步在香港擴展商業和金融活動。同時，隨著港中制度區隔逐漸模糊，正規國際金融活動的風險日增，中國財富與外國資金正從香港撤離。上述新型活動可能將填補流失資本的空缺，進一步讓香港成為中國顛覆美國及西方全球金融體系的前線。這種發展類似於17世紀英法等新興海權國家為挑戰西班牙帝國勢力，在加勒比海建立海盜據點，讓不斷襲擊西班牙商船的海盜得以補給、融資與買賣。北京如此的佈局，當然也引起華盛頓那些將中國視為美國頭號敵對力量的政治人物注意。2024年11月，美國眾議院「中國共產黨問題特別委員會」的民主共和兩黨領導，向美國財政部發出緊急信函，表示「香港已從一個受信任的全球金融中心，轉變為中國、伊朗、俄羅斯及北韓之間日益加深的威權聯盟中的關鍵角色。我們現在必須質疑，美國對香港長期以來的政策，特別是針對其金融和銀行業的政策，是否仍然適當。」預示美國對香港金融體系可能將會實行更嚴厲更全面的封殺（江穎 2024）。

究竟香港會走向何方，目前還難以斷言。但可以確定的是，我們無法再理所當然地認定香港未來一定會是中國的離岸金融中心，此事將取決於北京的香港政策走向及美中對抗的發展。

參考書目

孔誥烽，2022，《邊際危城》。新北：左岸。
江穎，2024，〈美國會「緊急」去信財政部長耶倫　要求重新評估美國與香港銀行關係〉。自由亞洲電台，11月25日。
江關生，2012，《中共在香港》下卷。香港：天地。
呂大樂、黃偉邦編，1998，《階級分析與香港》。香港：青文。
周奕，2002，《香港左派鬥爭史》。香港：利文。
———，2009，《香港工運史》。香港：利訊。
郭國燦，2009，《香港中資財團》。香港：三聯。
陳奕麟，1987，〈香港新界在二十世紀的土地革命〉。《中央研究院民族學研究所集刊》61: 1–40。
馬駿、徐劍剛，2012，《人民幣走出國門之路》。香港：香港商務。
蕭國健，1985，〈清初遷界前後香港之社會變遷〉。收錄於林天蔚、蕭國健，《香港前代史論集》。台北：台灣商務。
Baker, Hugh D. R., 1966, "The Five Great Clans of the New Territories: Based on a Lecture Delivered on 1st March, 1965." *Journal of the Hong Kong Branch of the Royal Asiatic Society* 6: 25–48.
Bénassy-Quéré, Agnès and Damien Capelle, 2014, "On the Inclusion of the Chinese Renminbi in the SDR Basket." *International Economics* 139: 133–151.
Chan, Chak-Kwan, 2011, *Social Security Policy in Hong Kong: From British Colony to China's Special Administrative Region*. Lanham, MD: Rowman and Littlefield.
Chan, Wai-Kwan, 1991, *The Making of Hong Kong Society: Three Studies of Class Formation in Early Hong Kong*. Oxford: Clarendon Press.
Chiu, Stephen, 1996, "Unravelling Hong Kong's Exceptionalism: The Politics of Laissez-Faire in the Industrial Takeoff." *Political Power and Social Theory*, 10: 229–256.
Chiu, Stephen Wing-Kai and Tai-Lok Lui, 2009, *Hong Kong: Becoming a Chinese Global City*. London: Routledge.
Cohen, Benjamin J., 2012, "The Yuan Tomorrow? Evaluating China's Currency Internationalisation Strategy." *New Political Economy* 17(3): 361–371.
Eichengreen, Barry and Masahiro Kawai, 2014, "Issues for Renminbi Internationalization: An Overview." ADBI Working Paper No. 454. Tokyo: Asian Development Bank Institute.
Eichengreen, Barry and Guangtao Xia, 2019, "China and the SDR: Financial Liberaliza-

tion through the Back Door." *Quarterly Journal of Finance* 9(3): 1–36.

Eitel, Ernest John, 1895, *Europe in China: The History of Hong Kong from the Beginning to the Year 1882*. Hong Kong: Kelly and Walsh Ltd.

Faure, David, 1984, *The Structure of Chinese Rural Society: Lineage and Village in the Eastern New Territories, Hong Kong*. Hong Kong: Oxford University Press.

Frankel, Jeffrey, 2012, "Internationalization of the RMB and Historical Precedents." *Journal of Economic Integration* 27(3): 329–365.

García-Herrero, Alicia, 2011, "Hong Kong as an International Banking Center: Present and Future." *Journal of the Asia Pacific Economy* 16(3): 361–371.

Grant, Charles J., 1962, *The Soils and Agriculture of Hong Kong*. Hong Kong: Government Printer.

Grimmer, Sarah, 2019, "Distinction and Connection: Hong Kong and Mainland China, a View from the HKIAC." Pp. 13–18 in *The Asia-Pacific Arbitration Review 2020*. London: Global Arbitration Review.

Groves, R. G., 1969, "Militia, Market and Lineage: Chinese Resistance to the Occupation of Hong Kong's New Territories in 1899." *Journal of the Hong Kong Branch of the Royal Asiatic Society* 9: 31–64.

Hale, Erin, 2024, "For Foreign Firms in Hong Kong, National Security Plans Bring Fresh Chill." *Al Jazeera*, February 14.

Hamashita, Takeshi, 2008, *China, East Asia and the Global Economy: Regional and Historical Perspectives*. London: Routledge.

Hamilton, Peter E., 2018, "Rethinking the Origins of China's Reform Era: Hong Kong and the 1970s Revival of Sino-US Trade." *Twentieth-Century China* 43(1): 67–88.

Han, Sun Sheng and Clifton W. Pannell, 1999, "The Geography of Privatization in China, 1978-1996." *Economic Geography* 75(3): 272–296.

Hong Kong Government, 1956, "Review — A Problem of People." In *Hong Kong Annual Report 1956*. Hong Kong: Government Printer.

Huang, Tianlei, 2019, "Why China Still Needs Hong Kong." *China Economic Watch*, PIIE.

Huang, Zheping, 2016, "China's Elite—Including Xi Jinping—Are Linked to Offshore Deals That Hid Millions of Dollars." *Quartz*, April 4.

Hung, Ho-Fung, 2015, *The China Boom: Why China Will Not Rule the World*. New York, NY: Columbia University Press.

——, 2020, "China and the Global South." Pp. 247–271 in *Fateful Decisions: Choices*

That Will Shape China's Future, edited by Thomas Fingar and Jean Chun Oi. Palo Alto, CA: Stanford University Press.

——, 2021, "The Periphery in the Making of Globalization: The China Lobby and the Reversal of Clinton's China Trade Policy, 1993-1994." *Review of International Political Economy* 28(4): 1004-1027.

——, 2024, "China's 'State Capitalism' in Comparative and Historical Perspectives." *Economy and Society* 53(3): 376-399.

——, 2025, "China's Long Economic Slowdown." *Dissent Magazine*, , February 6.

Kamm, John Thomas, 1977, "Two Essays on the Ch'ing Economy of Hsin-An, Kwangtung." *Journal of the Hong Kong Branch of the Royal Asiatic Society* 17: 55-84.

Kelter, Frederik, 2023, "China's Rich Flee Crackdowns for 'Asia's Switzerland' Singapore." *Al Jazeera*, March 27.

Khan, Natasha and Yasufumi Saito, 2019, "All About the Money: Why Hong Kong Matters So Much to China." *Wall Street Journal*, October 22.

Lardy, Nicholas R., 2019, *The State Strikes Back: The End of Economic Reform in China?* Washington, DC: Peterson Institute for International Economics.

Loh, Christine, 2010, *Underground Front: The Chinese Communist Party in Hong Kong.* Hong Kong: Hong Kong University Press.

Louis, Wm. Roger, 1997, "Hong Kong: The Critical Phase, 1945-1949." *The American Historical Review* 102(4): 1052-1084.

Lui, Tai-Lok, 2017, "'Flying MPs' and Political Change in a Colonial Setting: Political Reform under MacLehose's Governorship of Hong Kong." Pp. 76-96 in *Civil Unrest and Governance in Hong Kong: Law and Order from Historical and Cultural Perspectives*, edited by Michael H. K. Ng and John D. Wong. London: Routledge.

Mark, Chi-Kwan, 2007, "The 'Problem of People': British Colonials, Cold War Powers, and the Chinese Refugees in Hong Kong, 1949-62." *Modern Asian Studies* 41(6): 1145-1181.

Minikin, Robert and Kelvin Lau, 2012, *The Offshore Renminbi: The Rise of the Chinese Currency and Its Global Future.* New York, NY: Wiley.

Ngo, Tak-wing, 1999, "Industrial History and the Artifice of Laissez-Faire Colonialism." Pp. 119-140 in *Hong Kong's History: State and Society under Colonial Rule*, edited by Tak-wing Ngo. New York, NY: Routledge.

Pauly, Louis W., 2011, "Hong Kong's Financial Center in a Regional and Global Context." *Hong Kong Journal* (Carnegie Endowment for International Peace) 21.

Schenk, Catherine Ruth, 2001, *Hong Kong as an International Financial Centre: Emergence and Development 1945–1965*. London: Routledge.

──, 2011, "The Re-Emergence of Hong Kong as an International Financial Centre, 1960–1978: Contested Internationalization." Pp. 199–253 in *Financial Centres and International Capital Flows in the Nineteenth and Twentieth Centuries*, edited by Laure Quennouëlle-Corre and Youssef Cassis. Oxford: Oxford University Press.

Schiffer, Jonathan R., 1991, "State Policy and Economic Growth: A Note on the Hong Kong Model." *International Journal of Urban and Regional Research* 15(2): 180–196.

Scott, Ian, 1989, *Political Change and Crisis of Legitimacy in Hong Kong*. Hong Kong: Oxford University Press.

Sinn, Elizabeth, 2003, *Power and Charity: A Chinese Merchant Elite in Colonial Hong Kong*. Hong Kong: Hong Kong University Press.

Smart, Alan, 1992, *Making Room: Squatter Clearance in Hong Kong*. Hong Kong: Center of Asian Studies, Hong Kong University.

Smith, Craig S., 1997, "Once Eschewed, Henry Fok Secures Place in Hong Kong." *Wall Street Journal*, June 26.

Snow, Philip, 2004, *The Fall of Hong Kong: Britain, China and the Japanese Occupation*. New Haven, CT: Yale University Press.

Stevenson, Alexandra and Michael Forsythe, 2020, "Luxury Homes Tie Chinese Communist Elite to Hong Kong's Fate." *The New York Times*, August 12.

Tsang, Steve Yui-Sang, 2007, *A Modern History of Hong Kong*. London: I.B.Tauris.

US Congress, 1992, *United States-Hong Kong Policy Act of 1992*.

US Department of Justice, 2024, "Justice Department Announces Terrorism and Sanctions-Evasion Charges and Seizures Linked to Illicit, Billion-Dollar Global Oil Trafficking Network That Finances Iran's Islamic Revolutionary Guard Corps and Its Malign Activities."

Watson, James L., 1983, "Rural Society: Hong Kong's New Territories." *The China Quarterly* 95: 480–490.

Wong, Kiuyan, 2022, "Russian Firms Turn to Hong Kong in Bid to Avoid Sanctions." *Bloomberg.Com*, October 10.

Yung, Chester and Jeremy Page, 2012, "Bo Xilai's Brother Resigns From China Everbright Board." *Wall Street Journal*, April 25.

[2] 中國帝國方略下的香港危機

吳介民*

摘要

　　本文探討香港的長期政治危機,分析其歷史動力及演變過程。香港的政治危機源自三股力量的交織:首先,中華帝國復返,推動了國土復歸戰略和全球主義戰略,這兩種戰略的交互運用旨在鞏固中國對香港的控制,同時利用香港促進中國的現代化進程。其次,中華帝國作為一個專制帝國,其統治邏輯阻礙香港的民主化,並壓縮其自由空間。第三,地緣政治局勢由美中和解轉向美中對抗,對香港的經濟和政治角色產生了深遠影響。近年來國土復歸戰略凌駕於全球主義戰略之上,使得香港的自由和自主性進一步受到限制。本文分析了這些歷史力量在不同時期對香港政治演變的影響,試圖釐清香港當前困境的根源。

關鍵詞

　　地緣政治、帝國、全球主義、國土復歸主義、公民社會、政治社會

---

* 作者感謝林政宇、江旻諺協助收集整理資料;郭晴歡協助收集資料並提出重要修改建議。感謝兩位評審以及李靜君和郭銘松提出很有幫助的評論和修改意見。

2020年，中國政府在香港實施國安法，鐵腕控制這個「反抗共同體」，使之陷落為「受苦共同體」（馬嶽 2020; 陳健民 2022）。在極短時間內，香港的公民自由權和公民社會（civil society）盡遭剝奪，原先半民主的政治社會（political society）也被徹底改造。

本文目的不在解釋香港近期抗爭行動的動能和過程（見何明修 2019; 孔誥烽 2022; Lee 2022），而是在解釋香港長期政治危機的根源——中華帝國重建過程造成的問題——以及香港在2019年大抗爭遭到鎮壓之後，中國對香港的改造。

中華帝國重建是當代中國政治史的一個主要驅動力，涉及帝國與邊陲關係的重新確立，以及帝國本部的現代化。在此歷史脈絡中，孔誥烽（2022）指出中國對西藏政策是其「一國兩制」的原型，和北京對香港和台灣政策有一貫性。然而，深居內陸的西藏不像面向海洋的港台，對北京不具有促進經濟現代化的價值，中國無法利用西藏施行全球主義策略（globalist strategy）。因此，我們應該同時從國土復歸主義（irredentism）和全球主義的角度來解讀北京對香港和台灣的策略。然而，意圖本身無法解釋過程和結果。過去半個多世紀，北京政策的非意圖結果和突發事件也影響其國土收復政策的操作。

李靜君認為，當代香港抗爭是一種社會反撲，其對象是中國崛起後所推行的國家干預主義（Lee 2022）。她以博蘭尼的「雙重運動」架構來解釋這股全球抗爭對全球中國（global China）的反向運動（countermovement）。這個論點可以解釋中國近二十年來崛起後引發的全球性社會抵抗，也可以解釋台灣的抗中運動（Wu

2016）。然而早在這波經濟崛起之前，中國帝國方略就已經對香港（與台灣）的政治局勢產生作用。本文的時間範圍主要限定在1970年代到中國實施港區國安法之間，而香港長期危機的起源是本文主要關切之一。對危機起源更深入的歷史詮釋，可以幫助我們理解北京對香港政治前景規劃的意圖。香港的政治危機是長期的，至少可追溯至1970年代初期，聯合國將香港從擁有自決權利的「非自治領土」(non-self-governing territory) 名單中剔除，切斷香港民主自決的機會，也就是排除香港殖民地身分（詳下文）。但是，這長期危機並非歷史的必然結果，而是來自歷史進程中各種力量的互動，本文將具體呈現相關的經驗材料。

與台灣一樣，香港正在遭遇「**中國難題**」(China Problem)（吳介民 2023b）。中國難題是指：中國原本作為一個古老帝國，兩百年來承受著來自現代帝國的壓力，因此想要以重建中華帝國的模式來推動現代化；在這個模式底下，中國就將香港和台灣視為有待「收復」的失土。此一收復失土（或稱國土復歸）之政治原則不斷驅策中國民族主義情緒，並推動了對外擴張行為。於是，近年來中國嚴重威脅周邊國家及中國勢力範圍內人民，不斷升高外交與軍事姿態，使得美國及其盟友質疑中國正採取修正主義(revisionism)，亦即，意圖修改現有的世界政治秩序。中華帝國重建的另一使命是「富國強兵」，也就是追求現代化。中國不僅試圖收復其所認定的失土，而且嘗試利用這些已收復或「待收復」失土，作為現代化跳板。帝國的雙重使命造成了中國難題。中國難題不只為難周邊，也干擾全球秩序與安全。換言之，中國難題

就是中華帝國重建過程帶給世界的危機和挑戰。

香港自由的陷落是長達數十年的歷史過程,由三股力量交織而成。第一是**帝國方略**(imperial project)。中華人民共和國作為復返的中華帝國,內建一股強大動機,要控制邊陲(peripheries)與邊疆(frontiers),只要有機會它就會試圖主張其聲索領土的權利,例如南海、台海、和東海(釣魚台列嶼),並且強力鎮壓、監控其主權管轄下的領土與人民,例如西藏、新疆、和香港。本文稱之為國土復歸—擴張戰略(irredentist-expansionary strategy);下文為了簡潔,簡稱為**國土復歸戰略**。此戰略具有兩面性,包括聲索其認定的「失土」,同時也擴張到具有戰略價值的區域。

帝國方略的另一面,則是企圖借用邊疆與周邊以及全球的經濟能力來促成中國本體的現代化,例如利用香港的金融實力,吸納台灣的製造業實力,吸引東南亞華僑資本進入中國。這個對外經貿循環(所謂外循環)催生了中國四十年來經濟榮景,亦即以加工貿易為基礎的尋租發展模式(吳介民 2023a)。經濟快速成長讓中國政府獲取鉅額的財政能力和外匯儲備,使其有能力開展「一帶一路」,獲取原物料和國際影響力。這是帝國方略中的**全球主義戰略**。兩條戰略並行運用,主導了中國從1970年代到2010年代中期的帝國經營。然而最近十年情勢急轉直下,國土復歸戰略凌駕了全球主義戰略,因此也嚴重衝擊香港的處境。

第二是**帝國專制統治邏輯**:香港在1997年被納入中華帝國的直接統治。北京作為香港的新宗主國(主權者),勢必採取中央壓制地方的統治邏輯;帝國體制下的專制中央政權不允許其轄

下領土獲得民主,因為這將危害其統治正當性。而香港從2012年開始的抗中抗爭週期,剛好與習近平接任總書記、中國走向再極權的週期重疊,因而雪上加霜。習近平強調中共政權存續和國家安全,嚴控黨政軍機構和社會。內外安全需求相互攪拌,如此一來,中國政治經濟「安全化」已經上綱為最高政治原則。安全化在治理香港上極為凸顯。

第三個是**地緣政治邏輯**。港中關係深受地緣政治牽引。區域地緣政治的穩定或變動,既對區域內國家行為造成限制,也可能成為行為誘因。1970年代美國執行聯中抗蘇的大戰略,之後超過四十年期間,美國讓中國成為戰略夥伴,並逐步給予中國經濟發展的機會,而此政策對美國亦有利。這是美中和解的地緣政治週期,此時香港是中國快速吸引外資、進行金融操作的「境外」基地。然而,此長達近半世紀之地緣政治週期,在2018年劃下句點。美國為防堵中國軍事崛起及其對國際秩序的「修正主義」路線,對中國展開科技戰,並重新界定中國為戰略對手。在此關鍵時刻,香港在政治戰線上深受中國鎖國政策之害;美中對抗格局深刻模塑著香港的命運。[1]

總之,帝國方略包括國土復歸和全球主義兩種權力機制,而此二者又受到帝國專制主義和地緣政治塑造。本文將先界定中華帝國的特質;接著釐清上述三股力量,闡述其相互作用;最後描述香港被納入中華帝國統治迄今的政治社會後果。

一、中華人民共和國作為帝國

當代的中國（中華人民共和國）是不是一個帝國？一種見解是：當代中國尚未完成建構民族國家的過程，它游移在傳統帝國和現代民族國家之間。借用 Benedict Anderson（2001）的說法，中國共產黨仍在努力將「中國」從傳統帝國（「天朝」）轉型為現代國家。中華人民共和國是偽裝成民族國家的帝國（Dan Blumenthal，轉引自孔誥烽 2022: 141）。

最近幾部針對中國與周邊關係的研究，都將當代中國視為帝國（Westad 2012；Hung 2022; 孔誥烽 2022; 鄭祖邦 2022; 吳介民 2023b; 吳叡人 2024）。中華人民共和國在創建之後鞏固的領土範圍，大致上繼承了前清帝國在鼎盛時期的疆域。中共政權對清帝國部分失土採取收復領土的立場，例如香港和台灣；對領土範圍廣闊的少數民族地區採取同化主義；聲索它自認的歷史水域南海的主權，進行造島、建構軍事設施、並設置行政區；與彼此爭議領土的國家進行軍事對峙，例如在東海與日本的摩擦；對其歷史上的納貢國

---

1 一位評審認為：「帝國方略」與「帝國專制統治邏輯」已經能夠充份解釋香港自由的陷落，而「地緣政治」顯得是不斷在背景出現的 residual category。然而，地緣政治在本文論證中並非「殘餘範疇」。地緣政治這個因素在時間歷程中，與帝國方略和專制統治產生互動。作者借用了 William Sewell（1996, 2005）「事件的時間性」概念，將之運用到地緣政治層面。地緣政治變動展示了「轉化性事件」（transformative event）的作用——例如1971年中華人民共和國獲得聯合國席次和2019年反修例運動——在理解香港政治危機上極為關鍵。關於地緣政治週期變動在理解東亞戰後國際政治與國內政治的理論意義，參見 Wu（forthcoming）。

的主權歸屬提出具有爭議性的主張,例如對沖繩(琉球)問題提出「琉球地位再議」的說法(張海鵬2013)。目前,中國在新疆採取強制同化的文化滅絕措施,在香港採取類似內地城市的教化與監控,試圖將這些邊疆改造為內地,創造一種擬似民族國家的同質空間。此改造過程,恰恰揭露了中國的帝國性質。從2008年新疆集體抗爭遭到殘酷鎮壓,經過2019年香港人民奮起爭取民主反遭剝奪自由,**現在中華帝國連偽裝都不必了**,直接抬出習近平「中華民族偉大復興」的戲碼。[2]

帝國作為一種統治體系,它在核心和邊陲製造不平等關係。然而這種不平等關係並非均質分佈,邊陲地區少部分人口享有政治和經濟特權,作帝國的協力者以利統治。因此,我們可以觀察到,在英殖民時代香港有經濟和社會上的協力者,享有特殊利益(高馬可 2021b)。中國在收復香港之後,也急於建立起新的協力關係(Fong 2014);而在地社會不乏願意與殖民者合作的人。中心對待邊陲的方式很大程度上界定了帝國的性質。

歷史上有兩種帝國的理念型。[3]第一種是古代、古典的帝國,例如羅馬帝國和中國傳統帝國,所謂「帝國即文明」的典範。第二種是現代的帝國,自19世紀因應殖民情勢,歐洲國家分割殖民地勢力範圍(非洲為著名案例)而產生的多帝國系統。用社會

---

2 「中華民族偉大復興」作為中共的重要政治詞彙,已經出現在2002年中共十六大江澤民的報告(江澤民2002)。
3 以下關於帝國類型及其相關法律意涵的討論,得益於之前與英國華威大學(Warwick University)郭銘松教授的討論。

學語言，19世紀以來的帝國問題，跟現代性、民族國家、國際體系等問題關聯起來。我們今天仍然處在現代帝國的世界。

中華帝國的「帝國性」兼具上述兩者性質：作為復返的帝國，當今中華帝國繼承清朝鼎盛時期的大部分領土。中國學界將之連結到「天下」、「朝貢體系」、「政治儒學」、「中華秩序」等論述，具有復古傾向（汪暉 2008, 2010; 趙汀陽 2016; 王飛凌 2018），也可參考台灣學者杜正勝（2023）的著作。

但另一方面，中國官方對香港、台灣的論述，充斥著以血緣、種族、和固有領土為軸心的中華民族主義的想像模式。「中華民族」則是因應創建現代民族國家的產物。只要看一下中華人民共和國歷來對台灣的文書和宣傳，以及習近平和馬英九在2015年習馬會上的談話內容，就能夠認識中國式血緣民族主義的特色，不僅習近平，馬英九本人更可說是盤根錯節在台灣的「小中華帝國」的代表人物。[4]

在對外的法律行為上，中國繼承清帝國疆域部分，因國際法承認其疆界，中國得以將清帝國時代的中國內地（本土）與「邊疆」兩種帝國疆域皆轉換為現代主權國家的「領土」，圖博（西藏）和香港就是著名案例（Kuo 2023）。然而，在國際承認的疆界之外，中國目前對待周邊國家的態度，則呈現傳統中國中心的秩序觀（世界觀），充斥著前現代帝國的風格。

事實上，中國交互運用上述兩種模式，使用現代性的帝國技術來鞏固和治理帝國領土，同時使用大中華意識形態來合理化它的技術策略。[5] 中共從建國後到1980年代初期的中英談判，也採

取同樣的策略組合。香港被看成是遭到帝國主義佔領、有待收復的固有領土，其主權不容質疑；在國際法的戰線上，則善用現代法律戰封殺香港的自決權。

除了帝國理念型的特徵，中華人民共和國在意識形態上主張共產黨必須牢牢佔據統治地位、堅持社會主義優越性、官方國族主義、以及上述帝國傳統的價值觀；在組織基礎上以中共獨裁領導的黨國體制為核心；經濟上的支柱則是由黨和紅色貴族控制的黨國資本主義，並且善用此資本力量來連結核心與邊陲關係中的經濟權力紐帶。

---

4 在2015年習馬會上，習近平說：「不管兩岸同胞經歷多少風雨，有過多長時間隔絕，沒有任何力量能把我們分開，因為我們是打斷骨頭連著筋的同胞兄弟，是血濃於水的一家人。……兩岸雙方共同努力，兩岸同胞攜手奮鬥，堅持『九二共識』，鞏固共同政治基礎，堅定走和平發展道路，保持兩岸關係發展正確方向，深化兩岸交流合作，增進兩岸同胞福祉，共謀中華民族偉大復興，讓兩岸同胞共享民族復興的偉大榮耀。」馬英九說：「兩岸人民同屬中華民族，都是炎黃子孫，享有共同的血緣、歷史與文化，兩岸應該互助合作，致力振興中華」（中央社2015；馬英九2015）。習近平和馬英九同台演出了「中華民族偉大復興」戲碼，同胞兄弟、血濃於水、一個中國、九二共識、共謀中華民族偉大復興。這是中國定調的台統總戰路線，也是兩岸中國人權貴階級之間使用的通關密語。習近平2019年1月2日，在《告台灣同胞書》發表40周年紀念會的講話：「台灣前途在於國家統一，台灣同胞福祉繫於民族復興。……在中華民族走向偉大復興的進程中，台灣同胞定然不會缺席。兩岸同胞要攜手同心，共圓中國夢，共擔民族復興的責任，共享民族復興的榮耀。台灣問題因民族弱亂而產生，必將隨著民族復興而終結！」（習近平2019）

5 最近與郭銘松討論中，他提到Partha Chatterjee對empire as ideology/Weltanschauung vs. empire as technique的區分（Çubukçu and Chatterjee 2014）。但本文對技術概念的使用，偏向國際法秩序以及國際政治的治術，而非治理性的面向。

本文將習近平政權下的中國定性為「專制帝國」。國家對政治、經濟、社會及文化生活實施全方位控制，並透過「中華民族偉大復興」和「國家安全」等意識形態敘事，為這種控制提供正當性。習近平時期，權力高度集中，公民社會遭到壓制，審查和監控滲透至社會結構的核心，不僅限於政治層面。這個因素也影響到2020年後北京對香港的改造。相比歷史上的英法「自由帝國」曾允許部分自治與政治參與，中國的統治模式則著重於對各地進行絕對掌控，否定一切實質自治權利。

此外，中國也是一個新重商主義帝國。自1980年代以來，中國推行以國家主導的發展主義政策，引進外資、發展加工出口經濟，利用新自由主義全球化的外部經濟環境，實現經濟現代化。香港和台灣成為這一戰略的前線，其中，香港這個出海口使中國得以籌資、推動人民幣國際化、實行「一帶一路」戰略。

二、帝國方略

毫無疑問，北京（對香港）採取的是帝國視角。在帝國看來，本地菁英的自治不過是過渡期的權宜之計，方便帝國做好直接管治和完全同化本地人口的準備。這種從間接到直接管治的轉變，發生在明清帝國時期的西南邊陲，也發生在1951至1959年的西藏。毫不意外地，儘管北京在主權交接前以本地自治安撫香港民眾和國際社會，但北京的一貫計畫就是在收回主權後實施全面管治和同化。

以上是孔誥烽（2022: 188）詮釋帝國策士強世功的觀點。這段文字中「一貫計畫」很顯眼，意思接近帝國方略。孔誥烽從國土復歸主義觀點來模擬北京的帝國方略；但中國的帝國方略還有另一個面向：現代化進程（稍後討論這個問題）。

帝國方略指的是帝國中心對邊陲地區及全球其他區域進行治理與控制的行動原則。其目的是通過掌控領土、人口或資源，來鞏固帝國的權力和利益，並正當化帝國征服周邊地區、少數民族、支配異文化，以及推行文化同化的政策。這些方略通常伴隨著政治、經濟和軍事手段，加上以帝國為中心的文化或意識形態，藉此整合與控制被征服地區。

帝國方略是帝國發展的大輪廓與大方向的統稱，例如，十九世紀美國的「自明的命運」（manifest destiny）和歐洲的「文明化使命」（civilizing mission）；習近平年代強調「中華民族偉大復興」和「人類命運共同體」；日本在軍國主義時期的「八紘一宇」和「大東亞共榮圈」；近期，中國學者提出「天下」和「中華秩序」皆屬之。

過去部分學界傾向認為，中國的帝國方略取向，不同於歐美的文明使命或日本的解放亞洲被殖民國家的主張。歐美日是領土擴張和殖民；中國則是結合了國土安全和收復失土的防衛型帝國，[6] 然而，中國是否將（或正在）發展為對外領土侵略型帝國？南海和台海是試金石，值得密切關注：中國持續在南海擴張，是

---

6 關於中國的安全需求與其外交政策的關係，見黎安友與施道安（2018）；中國收復失土的動機與地緣政治環境上的國防戰略安全有關，參見華安瀾（2023）。

否會與周邊國家發生軍事衝突?中國對台海軍事威脅不斷升高,是否終將引發戰爭?歷史上,國土復歸主義與帝國擴張經常糾纏在一起,例如納粹第三帝國採取大德意志主義的領土立場,要求與奧地利合併,並兼併捷克的蘇台德地區,這是希特勒帝國擴張的起手式。因此,防衛型帝國與擴張型帝國的區別並非截然分明,而是在光譜的兩端。

帝國方略並非預先規劃的詳細藍圖,「大多數帝國方略的管理者極少具有整體眼光。然而,帝國並非漫不經心的產物,而是體現了社會科學家稱之為路徑依賴的現象,亦即謹守前人已經做出的選擇,而逆轉這些選擇似乎難以想像。帝國方略之得以維持,不是因為其鼓吹者總是能推動其前進,而是即便遲疑者也無法找到一種『負責任』的方式來終結它」(Maier 2007: 21)。路徑依賴的研究方法讓帝國方略的輪廓顯得更加清晰。Maier的說法呼應了柯志明在詮釋清帝國經略台灣過程發展出來的「彈珠遊戲」分析模式與「經權併用」原則(柯志明 2001, 2021)。

帝國推動大原則的過程總是伴隨權變,亦即「經權併用」之「權」:權宜性的策略部署。中國收回香港主權是大原則,最終實施全面管制可能是既定原則,但具體步驟和執行方法則視情況而調整。我將在下文中使用「帝國行事曆」的概念,來表述帝國歷史時間框架和當下情境的互動。帝國行事曆是個框架性的指導原則,這是「經」;它的具體實施則依情境而定,這是「權」。「經」之鋪陳,為將來「權」之運用預留了人的能動性,也埋伏了變動和意外的可能。因此,儘管帝國有其行事曆,然而帝國邊疆或屬

地及屬民的未來並非命定,但卻也並非得以無視帝國策略而享有高度行動自由。

例如,在基本法中承諾普選,極可能只是北京應付英國和港人,穩定主權回收過渡期的權宜之計。因此在香港主權移交之後,北京採取拖延戰術,一再將普選延後。然而,對於它念茲在茲的國家安全法制,一有機會即伺機前進。2003年港府試圖將基本法第二十三條立法,[7]遭到港人大規模上街抗議而暫時撤回,但港府從不死心。從2014年的雨傘運動到2019年反修例(反送中)運動(這兩個運動都是轉化性事件)的全面抗爭,讓中國決定採取毫不手軟的鎮壓。可能的決策思考是:港人抵抗,讓帝國經營者意識到深刻的統治危機,催動其迫切感,決定提早全面改造香港。此迫切感的底蘊,是對曾作為英國殖民地的香港人根本上不信任。帝國統治本部對邊陲屬地的懷疑是全面的,甚至也懷疑英殖民下孕育的建制派(詳下文)。

(一)國土復歸戰略:排除香港殖民地身分

中國很早就確定未來將收回香港(和澳門)主權,並按此原則預作準備。1971年中國加入聯合國;1972年3月中國駐聯合國代表黃華即要求聯合國將香港從殖民地名單除名,[8]因此預先排除英國讓殖民地香港自決獨立的選項。中國有帝國方略,但港人

---

[7] 《基本法》23條規定:「禁止外國的政治性組織或團體在香港特別行政區進行政治活動,禁止香港特別行政區的政治性組織或團體與外國的政治性組織或團體建立聯繫。」

沒有自主方案,雙方關係完全不對稱。

  1982年,英國首相柴契爾到北京與鄧小平就香港問題進行會談。英方向中方強調,香港繁榮的基礎是在英國行政管轄下發展出來、有別於中國的政治體制,包括有保障的法律制度以及獨立的貨幣。柴契爾提議在1997年歸還香港(包含港九和新界)主權但保留行政權,但立即被鄧小平拒絕。鄧表明主權問題(意謂中國對香港的完全控制)無法讓步,並已在準備接收方案。鄧對柴契爾說:「中國擔心的是如何確保未來十五年的過渡期順利,避免發生重大動盪。如果出現動盪,那將是人為的,而非自然的。」這句話暗指香港主權移轉過程若出現問題,一定有人搞鬼,警告英國政府的意味明顯。柴契爾回說:「香港在英國統治下經濟繁榮且管理良好。如果發生動盪,絕不會是因為英國當局」,極力撇清英國有搞爛香港的動機(UK Cabinet Office 1982: 11–12)。

  《中英協議》簽署不久,港英政府發布「白皮書」,擬於1988年在港啟動一部分議員直選,逐步擴大直選議席到1997年;中國深感懷疑不安。根據陸恭蕙的說法:「(北京)的結論是,英國希望建立一個代議制政府⋯⋯從根本上改變了殖民地政府架構,同時也違背了鄧小平指導起草《基本法》的綱領⋯⋯為以後的香

---

8 中國的說法是:「眾所周知,香港、澳門問題屬於歷史上帝國主義強加於中國的一系列不平等條約所遺留下來的結果。香港和澳門是被英國和葡萄牙當局佔領的中國領土的一部分,解決香港、澳門問題完全屬於中國主權範圍內的事務,根本不屬於通常所謂的『殖民地』範疇,因此不應被列入《關於給予殖民地國家和人民獨立的宣言》適用的殖民地地區名單之內」(Huang 1972)。

港特區政府在管治上製造大量麻煩。在中方官員看來,狡詐的英方打出『民主牌』來擾亂中國的如意算盤。它將分化香港社會,扶植親英勢力以作為英國的代理人,繼續治理九七後的香港,有如英國繼續存在」(陸恭蕙 2011: 184)。

1989年天安門鎮壓之後,港人對北京信心頓失,英國政府表明將加速在港推動直選,中共不同意。北京甚至認為在六四學運期間,「港澳某些人到內地、對內地動亂起了推波助瀾的作用」。因此,中共認為:「英國就香港問題改變了對中國的政策,而且準備利用香港動搖中共政權。⋯⋯香港已不再是一個中英之間的問題,它已成為西方反華陰謀勢力的一部分」(陸恭蕙 2011: 200)。

換言之,早在天安門事件之後,中共已懷疑香港人勾結外國勢力進行陰謀顛覆。這種看法幾十年來一直是中國對港政策的暗流。

如陸恭蕙所描述,中共本來就認為英國別有用心,而這種疑心也預示了中國近年如何指控香港受制於「幕後政府」(deep state,即英美殖民勢力仍在幕後實質統治)。收回香港主權之後,官方策士們一直主張仍存在幕後政府,[9]因此必須改造香港政治結構,包括實施「全面管治權」[10]和「二次回歸」與「撥亂反正」。

鎮壓了反修例運動之後,2020年5月21日,中國人大宣布即將審議「香港國家安全法」草案,將由人大常委會制訂國安法,

9　強世功(2020)批評匯豐銀行是英美等外國勢力 deep state 的一部分。
10　2014年6月中國政府發表《一國兩制在香港的實踐》白皮書,提出中央對香港擁有「全面管治權」(中國國務院新聞辦公室 2014)。

直接納入《基本法》附件三,由特區政府宣布實施,不需要經過香港立法會。這場「代位立法」的法律閃電戰,以迅雷不及掩耳之勢淹沒了香港,將國安體制——等同於政治戒嚴——強加在港人身上。「港區國安法草案」第2條規定:「決定闡明國家堅決反對任何外國和境外勢力以任何方式干預香港特別行政區事務,採取必要措施予以反制。」外國勢力干預,是中共政權最闇黑的恐懼;中共已經認定香港是西方顛覆中國的前哨站。

北京實施港區國安法的目的,短程上可以先發制人,在原訂2020年9月的立法會改選前,預先阻斷泛民選舉過半策略;過去港共政權靠DQ(取消資格)來對付泛民,國安法實施之後則可「沒收選舉」。中共更深的憂慮是香港成為具有示範作用的破口,對中國輸入自由思想、和平演變與顏色革命,因此要斬斷香港與西方民主勢力之間的聯繫。2021年3月,另一位帝國策士田飛龍寫道:

> 香港回歸以來,政改在本地等同於普選,這也是「民主回歸論」的內核。普選民主構成一條單調的抗爭性線索。這一線索拒絕理解「一國」,拒絕國家安全與國民教育,將民主武器化,作為對抗國家體制甚至援助西方反華戰略的一種技術手段。從非法佔中到反修例,民主的武器化用到了極致,向中央充分展現了香港民主與國家安全的對立性質及衝突強度。一種「不愛國的民主」正在香港以狂飆突進的方式侵蝕「一國兩制」底線和制度安全。這超出了「一國兩制」的初心範疇和制度極限,構成顛覆性政治風險。中央的回應策略

是檢討香港自治權的局限性及自身的憲制性責任，以國家安全和選舉安全為突破口，對「一國兩制」制度體系進行結構性更新。（田飛龍 2021）

此一說法將「一國」跟「國家安全」畫上連線；將民主選舉要求跟對抗國家和西方反華戰略畫上等號。中國政府的回應，就是在港實施國安體制，以保障「國家安全」和「選舉安全」。選舉安全此一提法，道破了中共決心沒收香港僅存的有限自由選舉的規劃。中共認定民主選舉絕對是不利主權回歸，而有打掉幕後政府，以利二次回歸的謀劃。

（二）全球主義戰略：利用港台重返資本主義世界

以上從國土復歸邏輯分析中國對港政策，但中共還有另一條並行的思路：富國強兵的基礎是經濟現代化和國家財政能力。早在革命時期中共即從香港獲取武器和資金。中共建國初期，雖然英國一度擔憂中國將攻佔香港，但中共決定不這麼做，而採行周恩來提示的「長期打算，充分利用」。周當時說：「我們進行社會主義建設，香港可以作為我們同國外進行經濟聯繫的基地，可以通過它吸收外資，爭取外匯」（熊華源、廖心文 2024）。外匯這個關鍵詞貫穿了革命戰爭時期到開放改革階段。

二戰後的冷戰期間，香港是中國對外經貿的主要窗口。大致從文革時期開始，香港即快速取代蘇聯成為中國最大出口市場（再從香港轉口），此地位一直維持到中國加入世界貿易組織

（WTO）前夕。香港逐漸成為中國執行四個現代化、向外獲取資金和技術的跳板。1978年以後，中國啟動改革開放，廣東珠江三角洲地區承接「加工貿易」的代工模式，開始與世界經濟接軌，香港製造業資本在這個階段扮演了架橋的角色，僑外資本包括台資也在此階段通過香港引介進入中國。

中國重回全球資本主義，一開始就是借用香港的國際經貿地位，在規劃特區開放政策時，參考了東亞四小龍經驗，特別是港台經驗，刻意模仿港台發展模式。谷牧1979年5月在廣州對省級幹部講話：「廣東從香港引進技術、搞來料加工，利用我們的廉價勞動力。」谷牧並提出（一年）50億美元外匯收入的目標（中共廣東省委黨史研究室 2008: 14）。中國鎖定香港作為引進技術與外資的中介點；挑明要利用中國廉價勞動力，從事來料加工；目標在創匯，中國當時亟需外匯。[11] 從這段談話已經十分清晰看到中國利用港台與全球接軌的戰略，具體呈現了中國帝國方略中的**全球主義戰略**，此一策略和上述國土復歸戰略成為配套的總體方略。

這個全球主義戰略，今天看來稀鬆平常，但對當時剛嘗試對外開放的中國，卻足以引發固守國家社會主義的保守派的憂慮：「廣東如果這樣搞，那得要在邊界上拉起7,000公里長的鐵絲網，把廣東與毗鄰幾個省隔離開來」（中共廣東省委黨史研究室 2008: 123）。前述谷牧的談話中，他還訂下外匯收入額度；趕超目標是香港，對手是台灣與日本。當時中國領導人的「心」尚小，不能

---

[11] 本段文字引用作者之前著作（吳介民 2023a[2019]: 80–82）。

與崛起後的中國相提並論。

周恩來和谷牧都明確指示利用香港來促進中國經濟現代化。但這兩個歷史案例顯示，歷史發展並非命定，中國在二十一世紀的急速經濟崛起，完全不在毛後改革開放初期決策者的預期之中，是一個非意圖結果。然而，中國決策者卻充分利用崛起來推動中華帝國重建的大目標。

無論如何，主張開放的全球主義觀點主導了中國將近四十年的發展軌跡。香港在這個新格局中為中國扮演世界窗口的角色，也改變了自身與中國和世界的經貿聯繫模式。香港成為中國對外離岸運籌樞紐，也是許多國家操作對中國經貿的門戶，例如大部分在華南投資的台商都是以香港作為安全而有效率的離岸操作基地。圖2.1顯示香港進口結構的長期變化趨勢。在1960年，香港主要的進口地包括中國和日本，美國和英國次之，兩者不相上下。當時台灣在雷達螢幕的邊緣。到1980年代中期，作為殖民母國的英國在香港對外貿易上的地位已一落千丈，不到4%；相對地，台灣能見度快速提升，甚至即將超過美國。也是從同一時期，中國成為香港最主要的進口來源，佔比極為凸出；香港扮演轉口的角色。從日本進口的份量也從此時期大幅減少。美中科技戰之後，港台貿易關係明顯升溫，主要是從香港從台灣進口大量高科技電子產品，特別是半導體製品，再轉口進入中國。

圖2.2顯示香港出口結構變化趨勢。在1960年，美國和英國是主要出口對象，歐盟有一定地位。美國的重要性持續提高，一直到1980年代中期才逐漸降低；中國加入WTO之後，美國佔

巨浪後

圖2.1｜香港主要進口國占比：1960-2022年

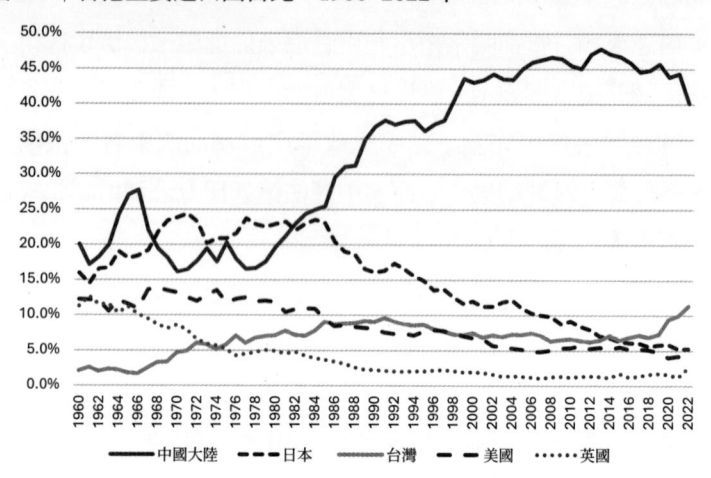

中國大陸　日本　台灣　美國　英國

圖2.2｜香港主要出口國占比：1960-2022年

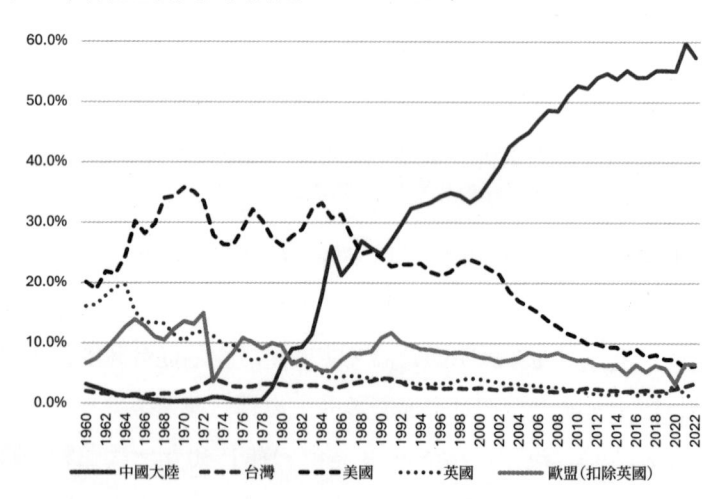

中國大陸　台灣　美國　英國　歐盟(扣除英國)

比持續大幅降低迄今。英國作為香港市場的地位從1960年代中期即快速衰落。對照之下,香港對中國出口變化極為顯著:在1978年之前,中國市場對香港微不足道,但之後增長趨勢如同搭乘直升機,急遽增加到近年60%上下。台灣作為香港市場的角色不若作為科技產品來源,佔比一向很低。

香港貿易結構關係變化,徹底將英國邊緣化。中國從1980年代中期開始超越各國一枝獨秀,香港成為中國對外經貿的樞紐。加上國際和本地金融資本蓬勃發展,以及大量中國資本在香港註冊和上市,於是1997之後香港成為國際金融中心。香港能夠穩定扮演金融中心的角色,除了英治時期遺留下來的獨立司法制度對私人產權的保障,背後的國際因素是美國的支持。早在1992年,美國國會即通過《美國—香港政策法案》,規範97年後美港關係,並持續給予香港最惠國待遇,這對美港台三邊皆有利。美國視香港和中國為兩個獨立關稅區,各國皆仿效,因此香港能夠與全球市場和資本維持密切聯繫(孔誥烽 2022: ch. 3)。深一層觀察,香港能夠在中國與世界之間扮演樞紐,背後是美中和解共榮所提供的地緣政治環境。這波美中和解的地緣政治週期長達將近半世紀,為中國崛起和香港角色奠定基礎,一旦地緣政治環境發生變化,即可能危及香港地位。

(三)帝國行事曆

中國帝國方略中的領土擴張和控制,與追求現代化的全球化戰略之間具有內生矛盾。中國的全球化戰略,前提是要利用現行

自由資本主義的國際政治經濟秩序來推進國家現代化。但是，一旦急於推行國土復歸政策，勢必衝擊既有的區域和全球秩序，例如中國在西太平洋的軍事行為引起美國發動對中國的科技戰，並部署印太戰略。美中對抗從2018年逐漸成局，之後美國加緊尋求盟友合作，如此一來對中國現代化進程更加不利。

然而，歷史並非一定如此發展。在美中關係良好的上一個地緣政治週期，中國只要小心經營，便有機會同時施展全球主義和國土復歸主義，發揮協同作用。1971-2年美中開始和解，東亞區域進入新的地緣政治週期。中國利用美國急於聯中抗蘇並從越戰泥淖脫身，與華府簽署《上海公報》，台灣（中華民國）的利益遭犧牲，美國「認識到」北京主張的一個中國的立場。[12]

北京也利用1971年進入聯合國的機遇，動員取消了香港和澳門的殖民地身分。冷戰年代，中共即一直在香港經營公司，賺取外匯。1970年代美中關係大幅改善後，情勢對北京更加有利。北京有機會擴大利用香港經濟，同時確定其收回香港主權的格局。1972年3月黃華在聯合國提出：香港和澳門乃中國領土，要求聯合國將港澳從殖民地名單除名（Huang 1972）。北京一向主張「不承認不平等條約」，因此它這個動作在當時被認為只是重申其一貫立場，港澳問題「當條件成熟時以適當方式解決」，聯合國無權討論這些問題。什麼是「條件成熟」的定義，北京並未明說，

---

[12]《上海公報》中提到：「美國認識到，在臺灣海峽兩邊的所有中國人都認為只有一個中國，臺灣是中國的一部分。美國政府對這一立場不提出異議。它重申它對由中國人自己和平解決臺灣問題的關心。」

或許真相是中國仍無能力或意願拿回港澳主權；重點是，北京宣稱港澳主權屬於中國，終有一天要收回，框定了港澳的未來。中國同時主張：香港未來地位由中國政府決定，英國不得參與，也不會有香港人參與此過程（也就是說，港人不享有自決權，因此被排除在決策過程之外）。[13]當時香港人輕忽此說法，或聽而不聞，高馬可認為是因為港人將之當成官方措辭，而當時香港榮景讓港人期待北京會持續原先的拖延政策；1974年北京還婉拒葡萄牙提早返還澳門，給港人樂觀氛圍（高馬可 2021a: 205）。

　　從另一個角度看，香港人沒有急切感，**時間感**不同於中國領導人。北京有一份「帝國行事曆」，不管將來能否確實執行，它都預先劃列它對某件歷史行動所宣告的時間點；或宣稱「讓下一代解決」，可以超越當代領導人的預期政治生命週期，例如當年仿若遙遙無期的1997、2047。但對港人而言，香港既是「借來的時間」，只會或只能夠關注當下。「償還欠債」則交給下輩子或下個世代。

　　中國的政治大原則一旦決定後很難變動，除非是遭遇大規模的政治動盪；但執行步驟和細節則可以靈活，容許機會主義式調整行為。總之，中共領導人敢於做承諾、開支票，但事後卻大剌

---

[13] 1983年7月中英第二階段談判，當時港督尤德（Sir Edward Youde）以英方代表團身分參加，而非代表港方，因為中國早已聲明港人由中方代表（高馬可 2021a: 208）。

賴不認賬。[14]近年來，中國說中英協議如今已是「歷史文件」，不具約束力。此乃最為詭詐之處。

對北京，帝國行事曆如同一架可以活用的政治鳥籠，它試圖鎖定國土復歸的框架，不讓時間的涓流侵蝕帝國的牢籠。這是香港蒙難對台灣和周邊國家最大的啟發。

（四）香港前途談判

時間來到1982-4年中英談判香港前途，正值中國在後毛時期改革開放的第一個高峰，國際形象良好，西方看好其發展前景，氛圍有利於中國執行其國土復歸與經濟現代化政策。97大限已在雷達的屏幕上。中英談判過程顯現了中國當時的信心和準備。1982年1月趙紫陽和英國掌璽大臣艾健（Humphrey Atkins）會面，趙強調香港繁榮，以及維持自由港和貿易金融中心地位不變的重要，他並表示：

> 去年（1981年）九月底，葉劍英主席明確提出了我們對台灣的九項方針（葉九條）。我們已在深圳設立了特區，並將實施特區的政策規定，讓香港社會和你們從這方面看到，中

---

14 例如，在中共革命時期，毛澤東曾經對斯諾（Edgar Snow）說中共支持台灣獨立。中共在革命成功前主張少數民族自治權和聯邦制國家體制，建國後立即更改為中央集權制，因為國民黨已被推翻，情況發生根本變化，無須再強調少數民族自決原則（孔誥烽 2022: 143-4）。中共執行政策的靈活和機會主義風格可見一斑。

國未來將解決香港難題。(Zhao 1982: 3-5)

這段話很重要：特區是中國在經過內部辯論後決定成立的特殊行政單位，用以處理對外關係。改革開放後，中國政府在東南沿海設立了幾個經濟特區，目的就是要和海外經濟關係對接，尤其是深圳特區對香港，廈門特區對台灣。趙紫陽還特別提到「葉九條」，這是中國對台提出「和平統一」的起手攻勢，改變之前「解放台灣」的說詞。其中，第三條「統一後的台灣可保留軍隊，作為特別行政區，享有特別自治權」，第四條「台灣社會、經濟制度、生活方式與同其他外國的經濟、文化關係不變；私人財產、房屋、土地、企業所有權、合法繼承權和外國投資不受侵犯」，第八條「歡迎台灣工商界人士到大陸投資，保證合法權益與利潤」。這次對台招手，背後戰略即結合國土復歸和全球主義（吸引台灣資本）。趙在這個談話脈絡中，先提葉九條，接著提深圳特區立法，再提解決香港問題。中共將三者結合在一起規劃，顯示其全球主義戰略的輪廓。

艾健前往北京會見趙紫陽，為柴契爾和鄧小平會談鋪路。在鄧柴會中，鄧小平展現樂觀態度，認為中國在收復香港的同時，又可從香港獲取經濟利益（高馬可 2021a: 207-8）。會談當時，英方深知中國極在乎香港未來（特別是在主權過渡期）的繁榮穩定，以及香港對中國現代化的作用。然而，鄧小平如此回應：

許多人說，如果香港的繁榮無法維持，這將影響中國的現

代化進程。這確實會有一些影響，但認為這會在很大程度上影響中國政策是錯誤的。如果（中國的）現代化計劃是基於香港繁榮的維持或衰退，那麼現代化的決策就不是一個合理的決定。至於外資撤離，只要中國採取適當的政策，撤離的外資將會回流。（UK Cabinet Office 1982: 10）

鄧刻意否認中國在現代化進程中需要香港。這固然表現了中方的自信，但鄧作為中國領導人也不得不否認之，因為牽涉談判籌碼和面子問題。鄧如果承認香港在中國現代化計畫中的關鍵地位，恐在談判上落居下風。再者，從中國政府角度，若高度讚許香港對中國經濟之貢獻，有失天朝顏面。基於同樣理由，中國也一向淡化台灣對中國經濟的作用。

上述歷史顯示，當中國處在有利的國內外情勢，全球主義和國土復歸兩個策略確實可以順暢併用：**寓統一於經濟吸納**。同樣的分析也適用在中國對台灣的政策，例如在馬英九擔任總統期間，中共在兩條戰線上都頗有斬獲。兩種策略在執行上的接合點是所謂給予其施力對象「放權讓利、優惠措施」，培育一批與中國有特殊利益的在地協力者，宣傳親中觀念，推進親中政策（Fong et al. 2021）。

最近十年，中國對港台的策略，明顯從全球主義偏向國土復歸，後者日漸凌駕前者，從而改變了中港關係的基調。為何發生這個轉向？首要原因是專制帝國統治的邏輯。

三、專制帝國統治的邏輯

所謂帝國統治邏輯，這裡指涉的是**專制帝國統治下局部自由民主不可能的這個魔咒**。一個專制主義的帝國不可能讓它轄下的政治單元進行民主化，甚至不能讓它長期享有比帝國本部更多的自由權利。這是香港面臨的最根本的中國難題。

2013年佔中運動的目標是特首與立法會普選，這是基本法賦予港人的權利，但中國一直拖延。佔中運動是在享有自由權利的基礎上，持續追求香港民主化運動的重要一步。這個集體行動爆發為雨傘運動，但普選最終仍被扼殺。到了2020年，中國在反修例運動後實施港區國安法，香港面臨了更深刻的危機：這一次不只是爭取不到民主，連自由權利都被剝奪。

(一) 沒有主權，沒有自由民主

首先，香港爭取民主為何如此困難？依照政治學者林茲（Juan Linz）和史特本（Alfred Stepan）的思路（Linz and Stepan 1996），香港因為缺乏國家條件（國家性），所以無法像台灣一樣順利走向民主政體（吳介民 2009; 鄭祖邦 2022）。林茲—史特本命題的精髓是：一個國家如果缺乏國家條件，也就是該政治單元的獨立政治邊界（公民身分、排他性領土界定、法律管轄權、國家認同等等）被否定，就很難確立民主體制。這個命題可簡化為：**沒有主權就沒有民主**。

從過去中國對港基本政治原則的決策過程，確實能觀察到這

一面。2004年4月,中國人大作出決定:香港若要修改選舉法律(舉行普選),必須先得到北京的批准;同一個月,中國人大表明不會推行2007年香港特首直選以及2008年立法會全部直選。到了2007年,人大常委主任吳邦國宣稱香港不享有「剩餘權力」:「中央授予香港特別行政區多少權,特別行政區就有多少權……不存在所謂的『剩餘權力』問題」(李凱、茆雷磊 2007)。換言之,香港享有的任何權力,都來自北京中央的施予。2014年的《白皮書》和「831決定」再度提及這個說法。但是北京在2007年曾做出部分承諾:最早在2017年可普選產生行政長官,隨後才舉行立法會普選(喬曉陽 2007)。

中國牢牢掌控香港主權,首肯普選的權力在北京。佔中三子解釋公民不服從運動的邏輯,是試圖通過施壓北京使其同意啟動普選。[15]因此,香港在2012–3年發起普選運動的時機點,就是針對中共2017年可舉行特首普選的承諾。但為何北京終究食言?在專制帝國統治邏輯下,北京本就採緩兵之計(孔誥烽 2022: 175-6)。此外,2007年人大作出承諾時,新疆尚未發生大規模抗爭,西藏情勢也尚未緊張。2009年之後,中共開始加強鎮壓新疆和西藏。香港局勢從2012–14年已經急轉直下,逐漸超脫中共的控制。情勢惡化,正給予北京強硬的理由。

香港作為一個政治單元,因為缺乏國家條件而無法民主化,而當這個單元歸屬於一個專制帝國統治之下,民主化更形艱難。

---

15 訪談戴耀廷和陳健民,2013年,香港。

從2020年迄今,香港遭遇更深刻的政治危機,不單無法爭取民主普選,原先存在的半民主制度也被剷除,甚至連自由權利也被剝奪泰半。所以,這不僅是**民主倒退**的問題,而是香港社會遭受全面鎮壓。因此,國家條件的解釋力便不足。事實上,在林茲和史特本的經典論述中,他們同時提出另一論點:威權帝國不可能容忍一個次單元進行民主化(Linz and Stepan 1996)。為什麼?因為這樣做,可能引起骨牌效應(domino effect),導致帝國崩解,例如1989-1992年之間,周邊衛星國的民主化和獨立要求,最後迫使蘇聯帝國解體。

因此,我將林茲—史特本命題進一步延伸:專制帝國也不容許它統治下的政治單元長期享有比帝國本部更多的自由,因為自由區的高水位會漫流到低水位的專制區,因此帝國核心勢必得將自由區的源頭堵塞掉。我們可以將這個命題稱為**自由倒退**。簡言之,在專制帝國統治下,**沒有主權就沒有自由**。香港今天的情勢就是自由和民主的雙重倒退。

進一步觀察,香港爭取民主和保衛自由的時機,又遭逢中國本部的政治緊縮期(再極權化週期),更加雪上加霜。從2012年的學民思潮反國教運動到2019年的反修例運動,都發生在習近平政權期間。中國本身正在鎮壓社會、從事政治清洗,很難想像這個中央政權會讓香港安然享受批評它、抗爭它的權利,更何況民主選舉。因此,中國愈是往極權的方向移動,就愈不可能讓香港步上民主,即便只是極為有限的民主;遑論這個前英國殖民地展現出敢與中央對抗的姿態?對北京而言,香港的運動目標若達

成,對其他轄區會產生示範作用,帝國之專制威信將遭受嚴重打擊。中共從蘇聯解體經驗中總結過教訓,認為自由化——放鬆對帝國周邊／衛星國的控制——會導致帝國本身解體。

自主而事實獨立的台灣能夠民主化而且迄今保住自由民主,與被納入中華帝國管轄的香港無法民主化(甚至自由倒退),構成鮮明對照。

(二)國家安全無限上綱

反修例抗爭在2020年1月,經過高度動員和承受鎮壓之後呈現疲憊;2019年12月中國爆發新冠疫情之後演變為全球大流行,港府獲得更多理由禁止集會遊行。多重因素下,抗爭在2020年春節之後即趨向平息。然而,同一時間,中國早已在醞釀著處理香港的新政策,包括部署新的治理香港團隊,也展開港區國安法的立法準備。

2019年中以來,舉世關注北京如何回應香港抗爭。香港發生了劇烈的抗爭運動,為何北京的反應不同於1989年以軍隊鎮壓對付學運的方法?2019年9月底,黎安友引述中國內線人士指出,中共因為自信能夠牢牢掌控香港而表現出「克制」:「中國的反應不是源於焦慮,而是源於自信。北京相信,香港的菁英階層和相當一部分公眾並不支持示威者,而真正困擾香港的是經濟問題而不是政治問題」(Nathan 2019)。這個中方說法,有安撫美國和西方國家的效果,暗示中國不會採取戒嚴、派出軍隊鎮壓;同時也有拖延時間的用意。但自我克制的同時,不就在籌劃壓制、

清洗的策略?

鎮壓反修例運動,給了中共在港部署國安體制的契機。其實早在「佔中運動」期間的2014年6月,《一國兩制在香港的實踐》白皮書,就強調「維護國家主權、安全和發展利益」,並提出中央對香港擁有「全面管治權」。白皮書被認為是中國中央擬自行對香港直接執行國安機制的先兆。中國政府隨即研議如何對香港施行管治。

2017年,另一名帝國策士北京大學陳端洪向中辦提交三份報告:《辯證地看待香港的政治權力之爭》、《一國兩制的名與義》、《論「香港問題」》。根據北京大學憲法與行政法研究中心(2017),第一份和第三份報告「被中辦調研室採納」,第二份「獲中央領導批示」。2018年,陳端洪向中辦提交《香港國家安全立法的兩難困境》,「被中辦調研室採納,並有領導批示」(北京大學憲法與行政法研究中心2018)。[16]

2018年1月,陳端洪論稱:「國家安全是存在意義的絕對憲法最基本的內涵。」他援引德國法學家施密特(Carl Schmitt)論道:「憲法律是固定的,而國家的存在性危機未必是制憲時可以預見的,因此,首先,國家安全觀必須根據生存環境而變化;第二,當國家處於極端危險中,即生死存亡之時,國家可以懸置相對憲

---

16 北京大學憲法與行政法研究中心為中國教育部人文社會科學重點研究基地。2018與2019年,全國人大任命陳端洪教授為第四任、和第五任全國人民代表大會常務委員會澳門特別行政區基本法委員會委員;陳端洪目前也是全國港澳研究會副會長。

法律的規範，特別是其中的公民權利條款，而採取一切必要的措施。……憲法律是白紙黑字固定的，而國家是活的，國家意志必須不斷對生存環境做出反應，從而在關鍵時刻做出決斷。」(陳端洪 2018)

陳端洪的論述符合前文引用孔誥烽詮釋強世功「收回主權後實施全面管治和同化」的說法，而且引用施密特的理論來支持其觀點。陳進一步將國家生存提升到至高無上的位置，活的國家面對生死鬥爭可以對憲法律的固定（死的）白紙黑字做出懸置的決斷。換言之，為了政權安危，中國中央政府剝奪香港公民權利是可欲的、必須的。這段話凸顯出在專制帝國統治下的政治邊陲，守護自由何其艱困。

（三）改造香港

改造香港包括三個環節：重組香港國家機器，將其安全化；消滅公民社會；徹底改造政治社會。歷史為我們提供了思考的線索。蘇聯在二戰後以勝利者和解放者的身分進入東歐地區，立即佈建秘密警察體系，收編媒體，摧毀公民社會，並解散非共政治力量，全面改組政治社會（阿普爾鮑姆 2024）。要言之，就是將新征服的社會進行列寧主義式結構改造。該地區被關進「蘇聯鐵幕」，從此經歷了長達半世紀的極權統治。

香港也以令人咋舌的速度被關入鐵幕。2019年鎮壓反修例抗爭時，港府動員龐大警察部隊，當時已有人懷疑警隊直接受北京中央監督指揮。中共打贏了一場對香港反抗者的勝仗，如同以

國家暴力對香港進行武力征服。征服之後，自然要對被征服社會進行政治清洗和改造，如同當年蘇聯軍隊以征服者之姿改造東歐。

2020年實施國安法之後，北京佈建秘密警察，迅速建構國安體制；關閉絕大部分自由派媒體；摧毀公民社會；大規模拘捕、檢控異議人士；全面改組政治社會（本來是半威權、半民主的混合政體），不但剷除了民主政黨，甚至連部分忠誠於中共的建制派政黨成員也遭到攻擊。

媒體方面的清洗，以「壹傳媒案」最受矚目。國安化的港府除了對壹傳媒與《蘋果日報》採取幾近「抄家」、全面逮捕高管、凍結資產的舉措，對其他傳媒的控制也是全面而系統性，凡是具有獨立性與批判性的媒體皆遭殃，包括電視台節目、平面媒體、網路媒體、具影響力媒體人等等。在國安法體制下香港媒體生態丕變，快速而大幅度偏向中國官方立場；親中建制派媒體更加肆無忌憚，極力打擊泛民與自由派人士（例如《大公報》、《文匯報》）。原先中間派或中間親泛民媒體，向建制親中立場調整（例如有線電視、《明報》）。原先打出中間立場的若干媒體，現出建制或親中立場（例如 South China Morning Post、《香港01》）。優質或有公信力節目停播或被裁（例如《鏗鏘集》、《新聞刺針》）。親民主派媒體遭嚴厲鎮壓、關停或縮編（例如《蘋果日報》、《壹週刊》、《852郵報》、《立場新聞》、《眾新聞》、D100）。儘管處在惡劣環境下，目前仍有少數小規模的自主媒體勉力運作，例如《獨立媒體》、Hong Kong Free Press、《集誌社》、《法庭線》、《庭刊》、《誌傳媒》、《大城誌》等網媒。自由媒體迄今持續遭受壓制，

最近香港記協發表聲明，譴責有人系統化的騷擾和恐嚇媒體記者、其家人及雇主（香港記者協會 2024）。

公民社會是抵抗極權統治的最後堡壘，共產黨知之甚詳。蘇聯進入東歐後極力清除不受國家控制的公民組織。中共在香港亦然，公民組織遭到斬草除根般剷除。在國安法體制下，公民團體遭受極大壓力，紛紛被迫解散或自行解散。作者團隊建構一份包含60個公民團體遭解散的清單。[17] 分析發現，依照團體性質分析，這60個團體中，以政治組織最多，高達12個；NGO（非營利組織）11個，工會組織10個，抗爭者組織8個，社區組織7個，媒體4個，教會組織3個，支援抗爭者組織和政黨各2個，大學生組織1個，[18] 幾乎涵蓋了香港最重要且最活躍的公民組織。見圖2.3。

圖2.4分析60個解散團體之成立日期，我們可以發現，時間跨度從1971年到2020年，最早的一波組織包括1971年成立的中

---

[17] 根據《立場新聞》的調查專題「解散香港」（當時這個專題的URL是 https://bit.ly/3yiniXD，如今早已移除），從2021年1到9月，總共有49個公民團體宣布解散。作者研究團隊以該專題為基礎，將其資料進行登錄整理，再加上從國安法實施起算就宣布解散的團體，以及9月之後迄2021年11月的團體，增加登錄10個組織，而建立一套包括60個團體的資料。

[18] 截至2024年7月，香港中文大學學生會為11間香港大專院校當中，唯一透過正式、公開的聲明，完成解散程序的學生會。11間大專院校當中，香港理工大學學生會原預訂於2023年3月底，啟動會員大會表決程序後解散，卻因人數不足流會。香港浸會大學學生會則於2024年7月啟動解散程序，至今尚未完成。香港大學學生會已停止運作。嶺南大學、香港樹仁大學、香港教育大學學生會幹事會則維持人事出缺。目前僅剩香港城市大學、香港科技大學、香港都會大學與香港恒生大學學生會保持運作。參見集誌社（2024）、香港理工大學學生會（紅磚社）學生報編輯委員會，https://www.facebook.com/hkpusupresscom。

圖2.3 ｜遭解散之香港公民組織的類型分析

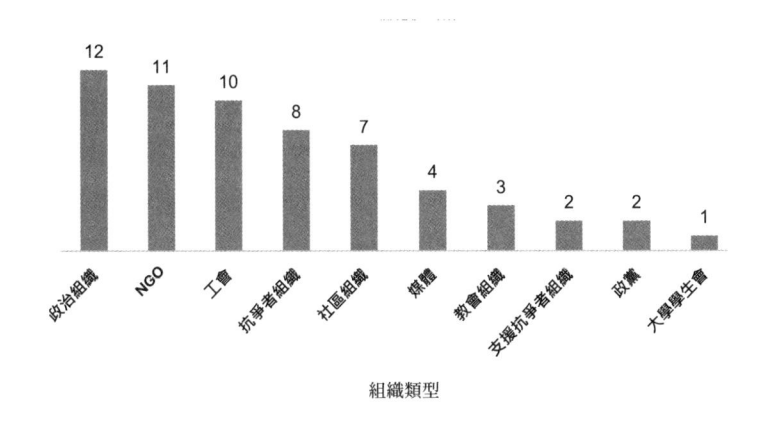

組織類型：政治組織 12、NGO 11、工會 10、抗爭者組織 8、社區組織 7、媒體 4、教會組織 3、支援抗爭者組織 2、政黨 2、大專學生會 1

圖2.4 ｜遭解散之香港公民組織的成立年份

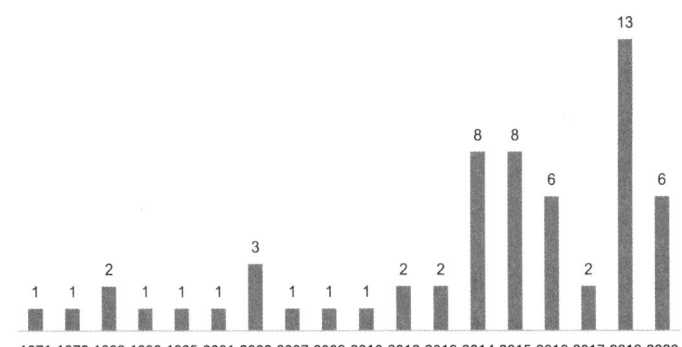

1971: 1、1973: 1、1989: 2、1990: 1、1995: 1、2001: 1、2002: 3、2007: 1、2009: 1、2010: 1、2012: 2、2013: 2、2014: 8、2015: 8、2016: 6、2017: 2、2019: 13、2020: 6

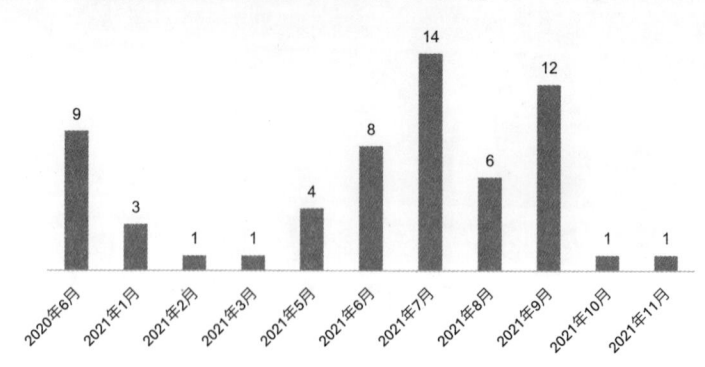

圖 2.5 | 遭解散之香港公民組織的解散年度月份

年月	數量
2020年6月	9
2021年1月	3
2021年2月	1
2021年3月	1
2021年5月	4
2021年6月	8
2021年7月	14
2021年8月	6
2021年9月	12
2021年10月	1
2021年11月	1

大學生會，1973年的教協，1989年的支聯會和基督徒愛國民主運動，1990年的職工盟，2002年的民陣，2007年的中國維權律師關注組；這一波組織在1989年天安門運動期間及其後成立。接下來的第二波在「和平佔中」和「雨傘運動」（2013-2014年）催化下的公民團體熱潮，包括政治組織、抗爭組織、專業者組織、和社區組織。第三波則是反送中運動催化出來的抗爭組織、工會、和支援組織。

圖2.5分析遭解散公民組織的解散年度月份，發現第一波解散潮在國安法完成立法公布執行的當天（2020年6月30日），以具有高度敏感性的政治組織和NGO為主。第二波解散潮發生在2021年5月到9月之間，尤其是7月和9月。7月以NGO和工會為主；9月則包含各種公民組織。

再對照國安處的逮捕起訴案件：2021年6月發生搜捕壹傳媒案，7月發生梁健輝案和羊村繪本案，9月發生支聯會案和賢學

思政案。這些案件對於公民團體都產生巨大的寒蟬效應。

國安法對香港公民社會破壞力深廣，將歷史悠久的香港公民社會基礎幾乎連根拔起。然而，港共政府並不以「解散公民團體」為滿足。《大公報》和《文匯報》聲稱：「不是解散組織就沒事」，意謂將持續追究。例如，《文匯網》稱教協解散是「假散檔、真毀證」：

> 「真正需要關注的是其變賣資產後的現金去向，馮偉華在記者會上宣稱為200名員工設立所謂『額外特惠金』，這並不合常理」，強調教協實有必要就解散及資金去向等事宜，更清晰地向會員交代清楚，負上基本責任。……教協去年先後兩次借出場地宣傳所謂「35+初選」，或因協助犯罪而觸犯香港國安法。教協在修例風波期間設立的「教協訴訟及緊急援助基金」，亦懷疑違反《職工會條例》有關規定。有法律界人士近日在回應事件時指出，不排除有人借「解散」為名銷毀證據，促請有關當局盡快採取行動，以免有人「毀屍滅跡」，逍遙法外。（姬文風 2021）

教協解散事件，除了面臨港共政府的威脅（持續追查其財產與法律責任），也遭到抗爭者的指責，例如有人認為「教協慌張解散，完全是因為恐懼而自己垮掉」。[19] 如今回顧，教協幹部主動解散組織，或許不得不然。

切斷香港公民團體與國際的聯繫（包括組織上、資訊與經費

等）是國安體制的鎮壓重點。許多團體都被列入重點清查對象，包括支聯會、華人民主書院（該組織已停止在港運作並申請撤銷公司註冊，但台灣部分仍維持運作）等團體，當局要求交出經費來源與支出資料，與其他組織和個人合作的資料，使得這些團體陷入兩難：「交出資料，等於出賣朋友；不交代，會受到嚴厲懲罰。」[20]

這個困境在支聯會（全名：香港市民支援愛國民主運動聯合會）的內部爭論上最為凸顯。2021年8月25日，國安處指支聯會為「外國代理人」，要其交出職員和會員名單、會議記錄、與其他香港和海外組織往來等資料。中聯辦、保安局和警務處聲稱，支聯會若拒交資料，是違反國安法第43條實施細則。是否將資料交付國安處，在支聯會幹部內部引起爭論。面臨國安處提交資料期限，支聯會副主席鄒幸彤在9月5日表示不會向國安處提交任何資料，並說：「國安處想透過逼迫公民社會團體交出大量資料，令所有公民社會網絡的人處於恐懼之中，你們的恐嚇，到我們為止。我們不會幫你散播恐懼！」（轉角國際 2021）9月9日前後警方逮捕鄒幸彤、鄧岳君、梁錦威、陳多偉、徐漢光、李卓人、何俊仁等7名常委，理由包括「沒有遵從通知規定提供資料罪」及／或「煽動他人顛覆國家政權罪」。

蘇聯對東歐國家的政治改造，利用了一大批在二戰期間留居

---

19 線上訪談202111-b。
20 同前。

蘇聯境內的共產黨幹部，蘇共最信任這批人，他們基本上也最聽命行事（阿普爾鮑姆 2024: ch. 3）。中共對香港作為情況則有差異，北京早已藉中聯辦與其他駐港機構佈建了「第二支管治隊伍」。2020年原本是立法會改選年，泛民派也在進行初選（35+初選）。國安法頒布後，港府藉新冠疫情停止選舉，並開始大規模抓捕民主派政治人物。其中幾個大案包括：

- 2020年8月10日，國安處以涉嫌違反《港區國安法》第29條的「勾結外國勢力」及其他刑事罪名為由，拘捕壹傳媒創辦人黎智英、其長子黎見恩、次子黎耀恩，以及四名壹傳媒高層，稱為「810大逮捕」。「壹傳媒案」後續有幾波逮捕，並將案情牽連擴大。

- 2021年1月6日，警務處國家安全處以涉嫌違反國安法「顛覆國家政權罪」為由拘捕參與初選的人士，共逮捕53人，結果有47人遭起訴，稱為「47人案」。這波逮捕涵蓋了仍在香港的重要泛民領導人物。

- 2021年7月22日：羊村繪本案，香港言語治療師總工會於2020-2021年出版三本以羊村為主題的兒童繪本，主題為反修例抗爭、12港人偷渡案、醫護參與反修例罷工。國安處根據建制派議員何君堯舉報，認定繪本合理化暴力事件及違法行為，逮捕黎雯齡等5人，逮捕理由為「串謀刊印、發佈、分發、展示或複製煽動刊物」，皆遭起訴。起訴罪名雖非依國安法，但此項控罪仍極為嚴重。

- 2021年9月9日，上述「支聯會案」。

大規模逮捕了香港民主運動人士之後，下一步是改變立法會的組成和選舉規則，並在此過程培育在地協力政治人物。新的辦法將地區直選名額從40席縮減為20席，功能組別維持30席，但新增一個選舉委員會界別40席。新的規則不只完全操控候選人資格，更讓北京可以全面主導立法會組成。2021年12月，舉行延後的第七屆立法會選舉，結果可想而知，但具體數據仍讓人驚駭。

　　表2.1統計了2004年以來的立法會選舉得票率。在直選選區，民主派一直可以穩定獲得55%以上的得票率。如果香港是一個正常的內閣制民主國家，民主派早就執政。但從英殖民時期延續下來的功能組別設計，使得建制派在席次上佔盡便宜。以2016年第六屆為例，民主派在直選選區得到55%選票，超級區議會選區獲得58%選票（表2.1），但只獲得29席，占總席次41.4%（表2.2）。2021年的立法會選舉，民主派已經無法參選，故得票率是0%，席次也是0。建制派囊括了90席中89席，只有1席能勉強算是中間派。

　　此外，2019年11月在反送中運動期間的區議會選舉，泛民在直選選區獲得57%選票，獲得389席，占總直選席次的86.1%；建制獲得41%選票，只獲59席。[21] 此次投票率高達71.2%（對照2015年的47.0%，2011年只有41.5%），甚至比歷屆立法會選舉還高，選舉結果可說是對中國和港府處理反送中運動不滿所導致的不信任投票。港區國安法頒布之後，許多區議員在壓力下

---

21 2019年區議會選舉總席次共479席，其中直選452席，當然議席27名。

表2.1 ｜ 歷次立法會選舉地區直選與超級區議會得票率：2004-2021年

年度	地區直選選區 建制派	地區直選選區 民主派	超級區議會選區 建制派	超級區議會選區 民主派
2004	36.9%	60.5%	N/A	N/A
2008	39.8%	59.5%	N/A	N/A
2012	42.7%	56.2%	45.4%	50.7%
2016	40.2%	55.0%*	42.0%	58.0%
2021†	90.4%‡	0.0%	N/A	N/A

* 其中狹義泛民候選人共獲得36.0%，本土與自決派共獲得19.0%，合計55.0%。
† 超級區議會選區在2021年選舉被取消。
‡ 本屆投票率30.20%，其中有效票97.96%，無效票2.04%。有效票之中，建制派政黨或親建制立場候選人獲得90.36%，傳統泛民0.00%，中間派或偏建制的前民主派2.52%，非建制派獨立參選人／無黨籍5.09%。
資料來源：整理自香港選舉管理委員會，http://www.eac.gov.hk/ch/legco/lce.htm

表2.2 ｜ 歷次立法會選舉泛民派與建制派席次分配：2004-2022年

年度	建制派 地區直選	建制派 功能組別	建制派 選舉委員會	建制派 總席次		民主派 地區直選	民主派 功能組別	民主派 選舉委員會	民主派 總席次	
2004	11	23	N/A	34	(56.7%)	19	7	N/A	26	(43.3%)
2008*	11	25	N/A	36	(51.4%)	19	4	N/A	23	(32.9%)
2012	17	26	N/A	43	(61.4%)	21	6	N/A	27	(38.6%)
2016*	16	24	N/A	40	(57.1%)	22†	7	N/A	29	(41.4%)
2021‡	20	29	40	89	(98.9%)	0	0	0	0	(0.0%)

* 2008、2016年，地區直選選區都有1名獨立候選人當選。
† 2016年泛民派計入6名獨立本土派與自決派當選人。
‡ 2021年選舉地區直選從35席減少為20席；取消超級區議會選區5席；功能組別維持30席；增加選舉委員會界別40席。
資料來源：整理自香港選舉管理委員會，http://www.eac.gov.hk/ch/legco/lce.htm

紛紛辭職，加上從當選後遭到取消資格者（DQ），泛民失去331席，佔當選席次的85%。原先以泛民身分當選而沒被DQ或辭職者只剩58席，其中包括退出泛民政黨、投入親共陣營、或「政治素人」等。

至此，絕大多數民主派菁英不是被關押，就是被迫流亡到海外。民主力量幾乎已從政治社會被全盤清洗，中共在港實現「民主派清零」。

根據以上分析，香港短期內政治前景極為黯淡。建制派政黨在中共控制香港過程中扮演重要角色，如今在國安法體制下，香港政治由新的中共管治團隊指揮，建制派開始面對壓力。

2021年，中國開始劍指傳統建制派，「國安理論家」田飛龍在報紙上撰文：

> 2020年的香港《國安法》與2021年以愛國者治港為主軸的新選舉法，構成了「一國兩制」與基本法秩序的一個「憲法時刻」（constitutional moment）。……如何適應這一憲法時刻，對香港建制派和非建制派都是重要考驗。就建制派而言，愛國者治港不是僅僅提供了更多席位和職位，而是提出了服務香港與國家的更高能力要求，尤其是對領導崗位提出了「堅定的愛國者」的升級要求。……新制度是一種更嚴格的問責機制。中央決心打造的不是橡皮圖章或忠誠的廢物，而是賢能的愛國者。（田飛龍2021）

建制派在此被罵「忠誠的廢物」。「不忠誠於共產黨」的民主派如今已被鎮壓清洗,因此剩下的政治人物,理論上應都是「忠誠的」;但是,忠誠還不夠,還要升級為「賢能」,對建制派提出露骨警告。

陳端洪呼應田飛龍的「賢能說」。2021年7月,陳端洪在港澳辦主任夏寶龍講話後表示:

> 夏寶龍強調了愛國者治港的標準,其中重要一點,是要把反中亂港、做出過違反國安法行為的人排除出去。(陳端洪2021)

對此,中共開始帶風向,批評建制派有人主張:「對香港國安法的執行力度和全面落實『愛國者治港』原則的貫徹力度持保留意見,認為當『適可而止』,不必『剩勇追窮寇』。這些人或有良好的初衷,亦未必不是為香港長遠計,但這種『見好就收』的思想觀點和思維方式實則大有問題。」(靖海侯2021)

另一則文章則將矛頭指向建制派的「複雜成分」:

> 歸根究底,是香港所謂的建制派,本來便不是鐵板一塊,而是當年為了平穩過渡而急急組成的管治聯盟,當中包括傳統左派、工商界,及原有政府的公職人員。當中有些人本來親英,後來改變立場;有些取得居英權後,至今尚未取消;有些回歸前移了民後來回流,亦有一些是回歸後才加入建制。⋯⋯因此,

> 所謂建制派的成份相當複雜，意識形態及他們所代表的利益，本來便有所不同，甚至加入建制的動機，亦各有各不同。不過有一點可以肯定的是，他們大部分所接受的教育，都是殖民地時代的教育模式，而且從未有系統地學習過國家的指導思想，其三觀自然跟內地官員截然不同，而他們為何擁護一國兩制，答案其實亦是不言而喻。（陳凱文 2021）

這段話更直白講：建制派和民主派一樣都是香港人，都是接受殖民教育，思想不純正，其擁護一國兩制，是出於利益動機，而非真心真意愛國。這已經不只是質疑建制派的能力，而是直指其動機不純，正是中共所謂「三觀不正」，責罵之狠毫無保留。

以下這段指出中共清洗香港的最終目標：

> 無論是希望有大和解、希望阿爺見好就收或者認為香港政體中要有政治花瓶的思想，其實已經過時。未來為政者要講求實效、要贏、要「做到嘢」。第一，阿爺講明是要贏，不是要「好睇」：「關鍵是要贏，贏一票也是贏，好不好看並不重要。」第二，澳門的例子說明了，在阿爺眼中，政治花瓶並無價值。第三，中美關係：過去中美關係良好，阿爺多多少少都要照顧一下美國的感受。現時中美關係已相當惡劣，既然雙方翻臉，已去到制裁的一步，阿爺「揸硬」，沒有甚麼新增的代價，反而擴大了決策的空間，可以去到最盡。（李彤 2021）

在目前「新冷戰」局勢下，北京只要贏，不需要好看，因此建制派連作為花瓶黨的價值都沒有了。

總而言之，香港政府的改組，以國安體制最為關鍵，符合習近平政權下安全化趨勢，港府成為帝國直接統治的工具。經此改造，中國現階段已經打掉香港可能成為獨立政治單元與推進民主化的社會基礎——公民社會和政治社會。

四、地緣政治的躁動

要理解港中關係，就必須從全球格局來看，香港政治危機是全球危機的一環。李靜君認為香港從全球金融城市轉變為抗爭城市，正是「全球中國」擴張招致的反向運動。全球中國對世界投射多種力量，包括使用政經權術、扈從主義、與象徵支配，累積幾十年下來，引發了全球規模的反撲，香港是其中一個重要個案；而中國在西藏、新疆、香港等地的作為屬於殖民主義或內部殖民（Lee 2022）。作者同意李靜君的主要觀點，這裡提出補充。我們都主張從全球與全域觀點來研究香港的抵抗。我用「帝國方略」來描述中國對外發展的驅力，李靜君則稱之為「全球中國方略」（global China project）（Lee 2022: 2）。她論證，北京之所以轉而對香港採取干預主義，是因為顏色革命和其他國安顧慮使中國政府「安全化」，以及2008年全球金融危機以來，中國輸出過剩產能、競奪資源、獲取技術，導致對外經濟擴張。這兩點確實是催生「由下而上的解殖運動」的重要原因。

然而，李靜君將分析範圍限定在中國崛起的近二十年左右，但本文採取更長時期的帝國邏輯，早在中共上述兩項行為發生前，中國的國土復歸策略已預先鋪設了軌道，保留其未來改造香港政治的格局，為二十年來香港局勢惡化種下遠因。同樣的，西藏與新疆局勢的惡化也早於全球中國開始施行擴張政策。總之，帝國方略觀點著重於長期地緣政治經濟變動，聚焦在帝國發展的驅力及其改造香港的企圖。李靜君也認為：「中國不惜承受西方制裁與譴責，堅持摧毀香港的全球城市地位，向全球傳遞了明確訊息：民族主義、收復『失土』、與重塑國際秩序，是中國的首要目標」（Lee 2022: 74）。

帝國方略中的國土復歸和全球主義兩個策略，已經使得中國與既有世界秩序霸主——美國，彼此明顯牴觸。中國的國土復歸戰略，在西太平洋和美國主導的區域秩序發生嚴重衝突；而全球主義戰略，則和美國的資本利益產生矛盾（Hung 2022）。中國對外的戰略動機，不論是全球野望、區域霸權、或將台海與南海納入主權管轄，都與美國既有勢力對撞。即便中國擴張區域只侷限在台海，它仍踩到了美國主導的既有核心利益——西太平洋秩序。因此，美中對抗，以及這波對抗帶動的新的地緣政治週期，勢必影響到香港與世界的關係，以及中港關係。當香港成為美中對抗的一個爭執點，華府重新檢視中國如何利用香港從事灰色操作，而北京對香港的政治鬆緊也隨之調整。情勢發展凸顯了香港位在多重帝國競爭下的複雜處境（吳叡人 2024）。

從英治末期到中國拿回香港主權之後，香港的金融中心地位

基本上是中美兩國默契下共同維繫的結果。美國早在1992年就預先制定了《香港政策法》，給予香港獨立關稅領域地位，並享有特殊關稅待遇。1997年香港主權移交中國，最大的改變是香港從中國主權的「境外」變成「境內」，但美國政策仍將香港視為境外。這個框架有利於中美港各方利益，也有利於中國執行全球主義戰略，包括特殊的國際交易。

中國長期利用香港的特殊地位，從事轉口貿易，獲取外匯，獲取高科技，籌資，投資，促進人民幣國際化（以香港作離岸市場）。此外，尚有灰色地帶操作，有名案件包括：1988年向烏克蘭購買兩艘前蘇聯時期的航空母艦；2013年批租尼加拉瓜運河開發專營權；2013年美國NSA僱員史諾登經香港出逃俄羅斯案；2017年何志平案涉及華信能源競標非洲油田；2018年華為財務長也是創辦人任正非女兒孟晚舟，因涉及透過香港公司轉移美國高科技產品給伊朗而在加拿大被捕（孔誥烽 2022: 125-30）。孟晚舟被捕是美中科技戰的第一個關鍵事件。

2020年，國安法將出台的消息一出，美國川普政府即聲言將制裁破壞香港自治的中國及香港官員。6月30日國安法通過當天，美國政府宣布展開撤銷香港特殊優惠地位的步驟，包括考慮禁止軍民兩用科技出口香港（US Department of Commerce 2020）。7月2日，美國國會通過《香港自治法》，7月14日川普在簽署後，隨即宣佈依法取消對香港出口敏感技術無須預先取得許可的安排、取消給予香港特區護照持有人較為方便的安排、暫停與香港的逃犯移交協議等等（BBC News中文 2020）。8月，美國政府將六名香港高

級官員和五名負責香港事務的中國官員列入制裁名單,包括特首林鄭月娥和國務院港澳辦主任夏寶龍;12月,將全國人大14名副委員長列入制裁名單;2021年1月,再將6名負責香港事務的香港和中國官員列入制裁名單。到了2022年3月,美國國務卿布林肯向國會確認,根據《香港政策法》將不給予香港特殊關稅地位的待遇。這表示,美國已經不再把香港視為中國的境外。

然而,北京原本就預期,美國的制裁力道不可能大到讓中國無法承受,因為美國若採取強硬措施將傷害自己在香港的利益(艾莎、王月眉 2020)。美國當下反制力道不強,其他西方國家反應則緩慢而微弱,因此無法撼動中方已經執行的政策。英國、德國、紐西蘭等國終止或暫停與中國之引渡協議。英國並宣示將給予港人擁有BNO護照者居留英國的權利。中國宣佈自2021年1月31日起,「中方不再承認所謂的BNO護照作為旅行證件和身份證明」(BBC News中文 2021)。

在新冷戰局勢下,原先地緣政治環境已然丕變,北京不再顧慮美國的制裁,頒布港區國安法形同一場「政變」(Kuo 2020)。

五、結語

中華帝國的復返,與地緣政治關係變動產生共伴,在中國周邊帶來矛盾與衝突,因而也製造了香港的中國難題。在政治關係上,香港是北京的邊陲;然而,在全球主義的戰線上,香港卻是前線。這是中港關係最深刻的矛盾。

1997年之前，矛盾被掩蓋起來；中國靈活運用作為「境外」的香港。97之後一段期間，在主權管轄下，香港已是中國的「境內」；不過在國際合作下，中國仍能在「境外／境內」之間操作。但當國土邏輯漸佔上風，矛盾與抗爭便浮現，2019年香港全面抵抗之後，北京以國安體制和全面管制實質取代了一國兩制，境內／境外的靈活空間已經受到高度壓縮。

　　中華帝國的國土復歸驅力對香港造成長期危機。除非港人可以排除專制中國對香港的主權管轄，否則香港前景只得被迫與中國政治局勢連動。回顧1980年代，「民主回歸論」有其不得不然，但1989年天安門事件之後，這種在悲觀結構中找尋樂觀的氛圍也幻滅了。

　　中國一直懷有改造香港的前景方略，只是為了安撫香港人，在中英協議時權宜允諾一國兩制五十年不變。對北京而言，五十年不變的承諾，是展延「借出的時間」，有借就有還，視情勢可以提早收回，這種心態早在中共處理西藏關係時已見端倪。孔誥烽（2022）從中國「收復」西藏主權的歷史教訓，討論到中共的香港與台灣政策，等於是對國土復歸戰略的洞見，它具有綿長的歷史，始終伴隨著中國帝國重建的方略。

　　本文進一步提出全球主義戰略的概念，解釋中國帝國方略與周邊的互動。位於亞洲內陸的西藏與新疆，與面向海洋的香港與台灣，對中華帝國的經營有完全不同的戰略意涵。即使位在一帶一路上的新疆，它在全球主義戰略上的「使用價值」也遠不如港台。港台的地緣政治經濟位置，正好落在中國國土復歸和全球主

義雙重戰略的交會點，因而凸顯了全球中國與資本主義世界秩序的矛盾。雖然香港目前被關入極權鐵幕，但習近平政權無法全盤放棄全球主義戰略，中國仍需要經濟現代化，仍需要先進國家的科技和資本，仍強調「外循環」。香港作為中國主要對外樞紐，利用價值依然可觀，北京勢必保持一定程度謹慎，如上文黎安友引述中國內線人士表達的克制態度。

無論如何，中國周邊的小國或弱小民族，一旦被劃入帝國行事曆，都是不祥之兆。當它與中國的未來政治關係被寫成協議──不論這份協議是雙邊、或國際，不論協議內文寫得如何模糊、或做出貌似慷慨的承諾──前景都不容樂觀。

中國的帝國方略對香港和台灣最大的挑戰是：你否定我的主體性（國土復歸邏輯），卻又利用我進行經濟現代化（全球主義邏輯）。這是最根本的矛盾，也是十幾年來港台兩個公民社會起身抵抗中國的一個根本動力。

「中國香港」原本是中共政權的措辭，現在卻已變成具有生命政治象徵意涵的詞彙。這一命名不只是語言的改寫，更是一種治理實作：它標誌著香港被重新編碼為極權國家治理體系下的可控主體。所謂「中國香港」，是中國化的香港，是被國土復歸邏輯改造、納入國族話語並接受意識形態重構的香港。這樣的命名重新界定了香港的群體生命形態──哪些主體可以發聲，哪些集體記憶可以被保留，哪些行動可以被視為合法或必須被消音。

然而，香港的另一面──世界的香港──不論當下或未來，仍然具有抵抗的意義。香港的抗爭與國際連結，並建立海外離散

組織，如此一來，形成跨國網路與遊說團體，以及海外媒體與培力基地（何明修 2024），進而拓深抵抗的腹地，延續香港的集體記憶。

在香港，抵抗的意義也在快速轉化，社會領域中的抵抗力量持續向下沉澱。組織化的公民社會承受著解組的壓力，抵抗行動與記憶傳承不得不「個體化」與「地下化」；「弱者的武器」、「陣地戰」等觀念被採行（Lui 2023; 呂青湖 2024）。如前文指出，即使政權卯足全力撲殺公民團體，仍有不少人堅持不懈留在香港、待在民間保留民主種苗；少數媒體仍在堅持；扎扎實實展現香港人的民主韌性（參見本書李立峯章；Lee et al. 2024）。雖然目前理論意義上的公民社會能見度降低，但如果我們調整焦距，把眼光從公民社會轉移到社群（community）和民間，將會發現許多饒富意義的行動轉化，持續在經營香港的認同與主體性。

參考書目

BBC News中文，2020，〈美國終止香港「特別待遇」 外界反應不一〉。7月16日。
──，2021，〈英國實施香港居民BNO簽證計劃 中聯辦批「背信棄義」〉。1月31日。
中央社，2015，〈習近平：兩岸同胞打斷骨頭連著筋〉。11月7日。
中共廣東省委黨史研究室編，2008，《廣東改革開放決策者訪談錄》。廣州：廣東人民出版社。
中國國務院新聞辦公室，2014，〈「一國兩制」在香港特別行政區的實踐〉。
孔誥烽著、程向剛譯，2022，《邊際危城》。新北：左岸。
王飛凌，2018，《中華秩序》。新北：八旗。
田飛龍，2021，〈愛國者治港：香港民主的新生〉。明報，3月3日。
艾莎、王月眉，2020，〈北京敢於在香港強推新國安法，賭的是什麼？〉。紐約時報中文網，6月4日。
北京大學憲法與行政法研究中心，2017，〈基地要事〉。《季度簡報》50: 1。
──，2018，〈基地要事〉。《季度簡報》54: 1。
江澤民，2002，〈江澤民同志在黨的十六大上所作報告全文〉。中共中央。
何明修，2019，《為什麼要佔領街頭？》。新北：左岸。
──，2024，〈海外香港人的國際戰線〉。頁303–344，收錄於何明修編，《未竟的革命》。新北：左岸。
吳介民，2009，〈中國因素與台灣民主〉。《思想》11: 141–157。
──，2023a[2019]，《尋租中國》增訂版。台北：台大出版中心。
──，2023b，〈全球台灣抵抗中華帝國：台灣的地緣政治時刻〉。雷震講座，台北：台大法律學院霖澤館國際會議廳，10月21日。
吳叡人，2024，〈朝向相互主體之路：近現代帝國史脈絡中的台港關係〉。頁31–88，收錄於何明修編，《未竟的革命》。新北：左岸。
杜正勝，2023，《中國是怎麼形成的》。新北：一卷。
汪暉，2008，《現代中國思想的興起》。北京：三聯。
──，2010，〈帝國的自我轉化與儒學普遍主義〉。愛思想，12月30日。
阿普爾鮑姆（Anne Applebaum）著、張葳譯，2024，《鐵幕降臨：赤色浪潮下的東歐》。新北：衛城。
呂青湖，2024，〈國安教育與留港家長的反抗〉。頁117–216，收錄於何明修編，《未竟的革命》。新北：左岸。
李彤，2021，〈「見好就收」理論過時〉。星島頭條，8月14日。
李凱、茆雷磊，2007，〈吳邦國：香港的高度自治權來源於中央的授權〉。新華網，6

月6日。
柯志明,2001,《番頭家:清代臺灣族群政治與熟番地權》。台北:中央研究院社會學研究所。
──,2021,《熟番與奸民:清代臺灣的治理部署與抗爭政治》。台北:台大出版中心。
香港政府,2023,〈公布區議會委任議員及當然議員名單〉。香港政府新聞公報。
香港記者協會,2024,〈數十名記者遭滋擾 家人僱主收匿名不實恐嚇投訴 記協:絕不容忍霸道欺凌行為 嚴重干預新聞自由〉。
姬文風,2021,〈教協慌忙「解散」 疑假「散檔」真毀證〉。香港文匯網,8月12日。
華安瀾(Alan Wachman)著、蔡耀緯譯,2023,《為什麼是臺灣?中國領土完整的地緣戰略理由》。台北:台大出版中心。
陳健民,2022,《受苦與反抗》。新北:聯經。
陳凱文,2021,〈「見好就收」的思想根源〉。思考香港,8月2日。
陳端洪,2018,〈論「一國兩制」條件下特別行政區國家安全概念的特殊性〉。紫荊香港,1月22日。
──,2021,〈陳端洪:國家安全是香港發展的前提和保障〉。香港文匯網,7月16日。
馬嶽,2020,《反抗的共同體》。新北:左岸。
馬英九,2015,〈馬英九在「習馬會」正式會談時的講話全文〉。陸委會。
高馬可(John M. Carroll)著、林立偉譯,2021a,《帝國夾縫中的香港:華人精英與英國殖民者》。香港:香港大學出版社。
──,2021b,《香港簡史》。香港:蜂鳥出版。
陸恭蕙,2011,《地下陣線:中共在香港的歷史》。香港:香港大學出版社。
張海鵬,2013,〈琉球再議,議什麼?〉。新華網,5月17日。
強世功,2020,〈為什麼梁振英緊盯匯豐不放?〉。鳳凰網,6月5日。
習近平,2019,〈習近平:在《告台灣同胞書》發表40周年紀念會上的講話〉。中共中央。
喬曉陽,2007,〈關於《全國人民代表大會常務委員會關於香港特別行政區2012年行政長官和立法會產生辦法及有關普選問題的決定(草案)》的說明〉。
集誌社,2024,〈浸大學生會|議決獲通過 解散程序啟動 56年歷史或告終〉。7月9日。
靖海侯,2021,〈「適可而止」,不是香港撥亂反正的方法論〉。大公報,7月29日。
熊華源、廖心文,2024,〈決策香港問題〉。中共中央黨史和文獻研究院,5月31日。
趙汀陽,2016,《天下的當代性:世界秩序的實踐與想像》。北京:中信。
鄭祖邦,2022,〈香港民主運動的困境──一種「國家性」觀點的解釋〉。《臺灣民主季刊》19(4): 43–82。

黎安友（Andrew J. Nathan）、施道安（Andrew Scobell）著、何大明譯，2018，《沒有安全感的強國》。新北：左岸。

穆德（Nicholas Mulder）著、譚天譯，2023，《經濟武器：金融制裁與貿易戰的誕生》。新北：衛城。

轉角國際，2021，〈香港支聯會「拒交資料被捕」事件：掃蕩外國代理人的國安恐懼？〉。聯合新聞網，9月8日。

Anderson, Benedict, 2001, "Western Nationalism and Eastern Nationalism." *New Left Review* (9): 31-42.

Çubukçu, Ayça and Partha Chatterjee, 2014, "Empire as a Practice of Power: Empire as Ideology and as Technique." *Humanity*, June 10.

Fong, Brian C. H., 2014, "The Partnership between the Chinese Government and Hong Kong's Capitalist Class: Implications for HKSAR Governance, 1997-2012." *The China Quarterly* 217: 195-220.

Fong, Brian C. H., Jieh-min Wu and Andrew J. Nathan, eds., 2021, *China's Influence and the Center-Periphery Tug of War in Hong Kong, Taiwan, and Indo-Pacific*. New York: Routledge.

Huang, Hua, 1972, "Letter Dated 8 March 1972 from the Permanent Representative of China to the United Nations Addressed to the Chairman of the Special Committee." UN Digital Library: A/AC.109/396.

Hung, Ho-fung, 2022, *Clash of Empires: From "Chimerica" to the "New Cold War."* New York: Cambridge University Press.

Kuo, Ming-Sung, 2020, "China's Legal Blitzkrieg in Hong Kong." *The Diplomat*, August 8.

——, 2023, "The Path towards Sovereign Territory: Reading China's (Anti)Federal Idea against Its Modern Territorial Constitutional Imaginary." *International Journal of Constitutional Law* 21(2): 510-534.

Lee, Ching Kwan, 2022, *Hong Kong: Global China's Restive Frontier*. New York: Cambridge University Press.

Lee, Francis L. F., Samson Yuen and Gary K. Y. Tang, 2024, "Adaptation and Resilience: How Pro-Democracy Protesters Respond to Autocratisation in Hong Kong." *Journal of Contemporary Asia*. DOI: 10.1080/00472336.2024.2424173.

Linz, Juan J. and Alfred C. Stepan, 1996, *Problems of Democratic Transition and Consolidation: Southern Europe, South America, and Post-Communist Europe*. Baltimore, MD: Johns Hopkins University Press.

Lui, Lake, 2024, "Winning Quietly: Hong Kong Educators' Resistance to National Security Education." *The Sociological Review* 72(2): 451–470.

Maier, Charles S., 2007, *Among Empires: American Ascendancy and Its Predecessors.* Cambridge: Harvard University Press.

Nathan, Andrew J., 2019, "The Real Reasons Behind China's Restraint in Hong Kong." *Foreign Affairs*, September 30.

Sewell, William H., 1996, "Three Temporalities: Toward an Eventful Sociology." In *The Historic Turn in the Human Sciences*, edited by Terrence J. McDonald. Ann Arbor, MI: University of Michigan Press.

——, 2005, *Logics of History: Social Theory and Social Transformation.* Chicago; London: University of Chicago Press.

UK Cabinet Office, 1982, "Record of a Meeting Between Prime Minister Margaret Thatcher and Vice Chairman Deng Xiaoping of China." Thatcher MSS (Churchill Archive Centre): THCR 1/10/39-2 f52.

US Department of Commerce, 2020, "Statement from U.S. Secretary of Commerce Wilbur Ross on Revocation of Hong Kong Special Status."

Westad, Odd Arne, 2012, *Restless Empire: China and the World Since 1750.* New York: Basic Books.

Wu, Jieh-min, 2016, "The China Factor in Taiwan: Impact and Response." Pp. 425–445 in *Routledge Handbook of Contemporary Taiwan*, edited by Gunter Schubert. London New York: Routledge.

——, forthcoming, *Global Taiwan: Geopolitical Shifts and Embedded Globalization.* Cambridge University Press.

Zhao, Ziyang, 1982, "Excerpts of Talks between Leading Comrades and Foreign Guests (No. 1)." Wilson Center Digital Archive, Shanghai Municipal Archives, B1-9-798, 1–4.

第二部

政治社會與公民社會

3 香港公民社會滄桑變化

陳健民

摘要

　　本章討論香港公民社會的歷史和制度環境，與及2020年港版《國安法》實施後的各種變化。文章指出《國安法》及其執行機關既由中國強加於香港，大陸如何以「分類管理」方式實行打壓、擠壓或收編，值得大家參考。過往香港的政治型態被稱為「開明專制」，雖然在法律方面有《社團條例》禁制革命或黑社會組織，但對其他團體大多時候採取寬鬆政策，社團登記手續簡便，政府亦少有干預社團的內部運作。政府以《公安條例》規管遊行集會，但80年代開始逐步放寬，即使較大型的遊行集會需要申請「不反對通知書」，大多成功舉行，令香港成為示威之都。在資源環境方面，政府大量資助社福機構，亦給予倡議性團體寬鬆的籌款環境。但自從《國安法》實施後大量與人權相關的公民社會組織被迫解散，為數眾多的示威者及民主派領袖被捕，自由媒體被查封，其董事及主要編輯被拘控。但未有直接捲入民主運動的倡議性組織並未被全面取締，但活動空間卻備受擠壓，即使只涉及某群體權益

的社會行動亦難以舉行,甚至連獨立書店般的準公共空間亦遭受滋擾。政府同時加強收編力度,包括建立社福界統戰組織和重組社工註冊局,估計未來對撥款制度和機構籌款亦會有更多規管,令社福機構進一步依賴政府和倡議性團體資源更見匱乏。

關鍵詞

公民社會、國家安全、分類管理、法律環境、資源環境

一、前言——公民社會的制度環境

香港在2003年七一遊行爆發之前,鮮少有人以「公民社會」的概念討論政府與社會的關係。呂大樂與本文作者於2001發表的〈在家庭與政治社會之間——香港公民社會的構成〉一文指出,可能因為香港早在殖民統治下已實行政治自由化,民間社會發展時毋需對抗政治壓迫,而公民社會理論的基礎卻在於探討「社會與國家分離」,因此不適用於當時的香港;亦可能是因為香港政治發展受制於中、英兩國對港的政策,即使公民社會在其他國家是推動民主化的動力所在,在香港卻變得無關痛癢(呂大樂、陳健民 2001: 370)。

但自從2003年七一遊行以50萬民眾之力成功阻擋《基本法》23條立法,及其後持續動員爭取行政、立法「雙普選」,香港公

民社會的力量顯現出來,中國也無法再迴避民主化問題。但自此以後,中國對香港事務加強干預,提出「以我為主」、「一國先於兩制」的大方針,國家體制與社會衝突加劇,以公民社會理論探討國家與社會關係,變得異常適切。本文將討論公民社會的定義與民間組織在香港發展的歷史,然後集中討論令香港公民社會得以蓬勃發展的「制度環境」(政治、法律及資源環境)和2020年《國安法》實施後制度環境如何徹底改變。

二、定義——公民社會與民間社會的差別

甚麼是公民社會(civil society)?最簡單的定義是一種「自我組織的結構」(a structure of self-organization)(Bryant 1993; Frentzel-Zagorska 1990),進一步說是一個「由自主、多元開放的社會團體或網絡所組成的公共領域」(陳健民 2010)。這裡所謂「公共領域」(public sphere),是一種社會空間,公民在此可就公共事務進行聯繫、溝通和集體行動(a social space for citizens to associate, communicate, and organize collective actions concerning public good)。此領域不受國家控制,亦不以控制國家為目標,因此有別於政治社會(如政黨)。雖然公民社會能影響人們的社會、文化及經濟生活,但公民社會亦有別於一般意義的「社會」(包括人際網絡以至家庭等社會組織)和市場,它是一種特殊的社會互動模式,其關注的並非純粹是個人利益。構成這個領域的社會團體,主要功能是將個人利益整合為集體或公眾利益,成為「公」與「私」的中介體。

這包括志願性服務組織、倡議性組織（如環保）、學術團體、宗教組織、聯誼與興趣團體、商會、專業組織和工會等。

但要成為公民社會的一員，這些組織必須自主（autonomous）及多元開放（open）。所謂自主，是指這些組織在決策及財政上有相當的自主權，不受到國家或市場上個別的公司所控制。所謂開放，是指公民可同時隸屬多個組織而不會受個別的組織所宰制。相對地，在一些傳統社會裡，人們生活的社區雖然不受國家的直接控制，但在這些社區裡人們卻只能隸屬於單一的親族組織，這種「民間社會」往往被美化，但其對個體的控制可能比國家還要厲害（Gellner 1995）。因此，我們可以把公民社會視為傳統社會向現代社會發展，功能分化帶來的結果。現代公民的多重身分角色帶來的社團會籍重疊（overlapping membership），令個體不受單一組織宰制，為個體主義（individualism）提供了社會基礎（Hall 1995; Chamberlain 1993），也令人們可以在不同組織中汲取不同的「參考架構」（frame of reference）而令思維變得更開放，有助理性溝通。

中國學者如鄧正來與景躍進（1992）等，將 civil society 譯為「市民社會」，清楚表示「不包括自給自足、完全依附於土地的純粹農民」。本章不採納「市民社會」的譯法，因為各國的農村狀況差異甚大，無需在定義上排除在農村發展出公民社會的可能性。本章亦不採用「民間社會」的譯法，即使傳統中國的民間社會是相對於中央集權的皇朝的一個社會自主空間，但傳統的民間社會缺乏現代公民社會的開放性，而這種開放性是建基於尊重個體自由和權利。當然，台灣的南方朔採用「民間社會」是指涉對

抗威權黨國體制的人民力量,與傳統中國以宗族和宗教組織所構成的「民間社會」並不相同(鄧正來 1993)。但為了凸顯與傳統華人社會的差別,本章還是採用「公民社會」的譯法,強調個體以「公民」的身分參與公共領域,有特定的權利和義務,應受到法律的保障和約束。

由此可見,公民社會的理念是與自由主義緊密相關的——人的自由有至高的價值,必須加以保護;既然政府最有能力侵犯個人的自由,如何限制政府的權力便成為自由主義的中心課題。除了憲法和選舉外,公民社會便是制約政府的另一個有效手段。分散的公民難以監督政府,公民必須在政府體制外結成社團或網絡,方能制衡政府、維護自身的權利。

三、香港公民社會史

如果我們採取上述自由主義傳統的公民社會概念,香港可能要到二十世紀七十年代,才談得上具備公民社會的形態。當然,早至十九世紀中葉後居民組織便在香港發展,例如有「街坊公所」和「更練」處理公共衛生和治安等問題。由於港英政府著眼於協助英國開拓中國市場,並不出力承擔本土的社會服務和文化教育事業,由華人菁英成立的慈善組織如東華三院和保良公局等,便為貧苦大眾提供義務醫療、殯葬和照顧棄嬰等服務。到二十世紀初,天主教和基督教的社會服務組織亦相繼成立,較有名的如男青年會、女青年會、救世軍等,為貧困的青少年提供服務。特別

是1949年新中國成立前後與及五十年代末的大躍進期間,大批中國難民湧入香港,政府無法滿足這些移民的住屋、醫療、教育等需要,全賴街坊組織、同鄉會、宗教團體和慈善團體為他們提供服務(呂大樂、陳健民 2001; 陳健民 2011)。

香港在1966年因為天星小輪加價引發一次暴動,政府覺察到民生困苦和青少年的不滿已累積至危險水平,於是自七十年代始大量資助社會服務團體提供社會服務。據香港大學2009年的一項調查發現,香港共有381家社會服務機構(同期有420家非營利學校),經營2,358所分支服務單位。全港社會服務機構共有767,324會員,平均每機構有2,689會員。香港服務機構88%是本土的,只有12%是海外機構的分支。這些機構主要(78.7%)是提供青少年、老人和家庭服務,從事政策倡導(4.2%)和維權(2.1%)的只占極少數(Centre for Civil Society and Governance 2009)。

倡導和維權組織雖然只占少數,但假如沒有這些組織,香港可能只有一個與政府結成伙伴關係的「第三部門」(The third sector),而談不上有公民社會。這些倡導和維權組織過往被稱為「壓力團體」(pressure group),因為他們主要透過向政府施壓來保護不同群體的利益。壓力團體的出現,和香港「第二代」居民的成長經驗息息相關(陳健民 2009)。他們是戰後在香港土生土長的一代,和在1949前後從大陸湧來的父母輩難民不同,他們對香港有歸屬感、對生活環境有所要求,其中受過較高教育的青年對殖民地許多問題表示反感,紛紛以學生運動或組成壓力團體推動社會改革。

當時較重要的壓力團體包括社區組織協會、基督教工業委員

會、教育專業人員協會等。這些團體在六、七十年代推動的社會運動包括爭取中文成為法定語文、保衛釣魚臺、改善文憑教師薪酬、改善政府文員薪酬、反貪污捉葛柏、金禧事件等。到了上世紀八十年代，這種爭取改善民生的運動不斷壯大，反對兩巴加價、反對公屋加租等運動此起彼落。公屋評議會、各界監管公共事業聯委會、爭取停建大亞灣核電廠聯席會議等壓力團體相繼成立。

但自從鄧小平在1979年表示要在1997年收回香港主權，中英就香港前途問題開始談判，港人對未來政治和經濟制度以至生活方式變得憂心忡忡，公民社會的焦點漸漸從民生議題轉向人權和民主議題。論政團體隨而興起，較著名的有太平山學會、匯點等。通過溝通對話，公民社會漸漸形成一種共識：如果要長遠保障香港的自由、人權與法治，就必須發展民主制度。而關注民生議題的壓力團體亦開始意識到，只有民主才能令政府更積極回應民眾的訴求。因此，這批論政團體和壓力團體便於1986年組成民主政制促進聯委會（民促會），爭取1988在立法局加入直選議席，這是香港民主運動的起點。爭取88直選的運動雖然沒有成功，但港英決定在1991年立法局引入直選議席之舉，卻開啟民主化進程。一批論政和壓力團體整合成民主民生協進會和港同盟等參政組織，至1994年民主黨正式成立，核心成員多來自公民社會團體。

香港主權在1997年轉移之後，公民社會發動的社會運動主要環繞兩個議題——民主與保育。表面看來，前者是要求憲政改革、後者是保護歷史建築和社區，兩不相干，但其實這些運動都

帶有「解殖」的理念。在英殖時期，香港被各方定義為「經濟社會」，人們只管埋首工作、享受消費，市場主導了所有生活領域，龍應台稱之為「中環價值」。主權轉移後的兩種社運，卻是要求讓港人真正當家作主，將香港視為一個永久的家園，而非單單是一個市場（金融／勞動力／消費），更非「借來的時間、借來的地方」。相對於上世紀七、八十年代由壓力團體組織的社會行動，1997年後的社運不單已超越了民生議題而被稱為「後物質主義」運動，其動員的方式與捲入民眾的規模，亦遠遠超出過往的想像。

在2003年七一遊行舉行之前，沒有人能預料人數會高達50萬。其實，過往除了支持八九民運的大型遊行和每年「支聯會」舉辦的六四燭光晚會外，一般壓力團體和政黨舉辦的遊行集會都只能號召幾千民眾。因此該年的七一遊行被視為香港公民社會冒起的里程碑。

深入研究籌辦七一遊行的「民間人權陣線」（民陣），便會發現相對於1986年成立的「民促會」，其組織基礎並無明顯壯大。民陣的組成包括將近50個壓力團體和民主派政黨，只有20萬名「間接」會員。之所以是間接，是因為民陣是一個聯合組織，其成員是組織而非個人；間接會員只是隸屬這些組織的個人。在民陣中，兩個最大的會員團體是教協和職工盟（擁有17萬名間接會員，包括教協的8萬名會員在內），而其餘的組織就只有數十至數百名會員。相對民促會，民陣團體成員數目不增反減，其中是因為有些工會組織已整合為「職工盟」。而民陣希望與政黨保持距離，因此並未邀請數量眾多的地區議員辦事處（民促會將之

歸類為社區組織類)。如果民陣相對於民促會在組織上有任何擴展,那便是其「間接」的群眾基礎由6萬增至20萬,但增幅都集中在教協和職工盟身上,而這些間接會員亦不一定支持民陣的工作(Chan 2005; 陳健民 2010)。

如果香港公民社會的會員基礎如此薄弱,又如何可能進行七一遊行這樣大型的社會動員?有些學者(Della Porta and Diani 1999)認為社會運動本質是流動的,它並不一定需要正式的組織結構,更重要的是行動者的網絡。這些學者認為組織與資源並非集體行動的決定因素,更重要的是行動者的投入感。一旦社會運動過度依賴組織,反而減少一般人的參與機會,削弱了運動的生命力。因此,他們認為社會運動沒有組織意義上的成員(members),而只有參與者(participants)。許多的研究發現,即使弱勢團體無法建立長期的組織去爭取利益,但只要在社區中有交流互動的網絡,即使缺乏固定的領導和組織,人們仍可發起集體行動抗爭。不少研究(McAdam 1988a; Della Porta 1988; Fantasia 1988; McAdam and Paulsen 1993)已經發現,朋友、同事、同學等社會網絡,其蘊含的凝聚力和身分認同,都能對社會動員發揮重大作用。由於朋友間的遊說、支持和鼓勵能促使人們參與集體行動,有學者將這種動員方式稱為「微觀動員」(micro-mobilization)(McAdam, 1988b)或「關係取向」(relational approach)動員(Diani and McAdam, 2003)。

「網路社會」(network society)興起後,網路動員成為社會運動的一種主要動員方式。Lupia與Sin(2003)的研究發現,互聯網大大降低了集體行動的組織成本,而大量發放電子郵件亦可對人們

形成一種參與集體行動的壓力。McCaughey與Ayers（2003）用「網路行動主義」（cyberactivism）的概念討論互聯網時代的集體行動，特別是在網路空間的在線集體行動，以及互聯網如何影響傳統的集體行動。他們指出，互聯網突破了許多國家的政治控制，為集體行動提供了「政治機會」；互聯網讓人們得以互動，有利於產生「集體認同感」，而互聯網本身就是一種「資源」。鄭陸霖與林鶴玲（2001）研究台灣的社會運動在網路時代的表現，發現互聯網有許多特性可帶動社會運動，包括匿名性、去中心化、能快速複製和傳遞訊息，應用在社會運動當中，可變成資源動員的工具（募捐、招聘義工等）、凝聚社群認同的空間，以及自主控制的另類傳媒等。而Manuel Castells（2015）以網路社會運動（networked social movement）的概念去理解過去十多年出現在各國的大規模的占領運動，包括2014年香港的雨傘運動。

這些分析應用在香港的處境可謂十分適切。一方面，香港是一個非常密集的華人社會，家人、朋友、同事的社交聚會非常頻繁，而網路的覆蓋率亦非常廣泛。陳韜文與鍾庭耀（2004）對2003年七一遊行參加者的調查顯示，只有4.7%被訪者是「與自己所屬團體成員同來」，單獨參加的亦只是小數（7%），絕大部分人是與家人和朋友一起上街的。調查亦發現多於85%的示威者表示有上網的習慣。除了網上留言版的討論外，大量的政治笑話、評論和訊息亦透過電子郵件在遊行前廣泛流傳。不過，傳統的公民社會組織仍扮演一些關鍵角色，譬如大律師公會、「二十三條關注組」和天主教會對國安法的批評，為整場運動提供了論

述基礎;而民陣為遊行提供的後勤支援(例如播音系統、保險和申請遊行牌照),亦是不可或缺。總的來說,那是傳統公民社會與興起中的網路社會的一次完美整合(陳健民、陳韜文2006)。

這種網路化動員亦在保育運動中出現。在反對清拆囍帖街(利東街)、保衛天星碼頭、保衛皇后碼頭,反高鐵保衛菜園村等運動中,除了H15關注組、獨立媒體、本土行動等網路化組織參與外,許多「八十後」青年亦自發地透過Facebook動員起來參與抗爭,譬如包圍立法會大樓。他們沒有共同領袖、崇尚直接行動,事前不會規劃細節,更加不會討論與政府談判的策略。這種「去中心化」的傾向令官僚體制難以回應抗爭的訴求。網路化的公民社會雖然讓年輕人更容易動員起來參與政治,但其「去中心化」和「流動」的特質,亦使得參與者更易激進化甚至暴力化。

2014年的雨傘運動亦是組織化公民社會與網絡動員交織而成的產物,兩者的互動一方面激發了龐大的群眾參與,另一方面則引發了運動內部難以調和的張力。在雨傘運動爆發前近一年半的時間內,包括本章作者在內的「占中三子」發起「讓愛與和平占領中環」運動,舉辦一連串的「商討日」、推動「民間公投」,以期凝聚社會對於「真普選」的共識。在此期間,占中運動建立了一個平台,整合公民社會組織及反對派政黨,以組織化的力量促進公眾參與。

但為了推動一場非暴力的公民抗命,較年輕(如學民思潮)或激進(如人民力量、熱血公民)的組織並無被邀請參與占中運動的核心,埋下占領運動爆發內部分歧的伏線。結果學民思潮和

專上學生聯會在罷課抗議中國人大常委會的「831決定」後，毅然占領政府總部前的「公民廣場」，警察武力鎮壓，占中三子趕赴現場支持學生並宣佈提早占中，大量群眾湧到金鐘支持學生及三子，警察以催淚彈驅散人群失敗，引發120萬人參與79天占領金鐘、旺角及銅鑼灣的主要幹道。大部分民眾在電視或社交媒體目睹警察使用胡椒噴霧和催淚彈攻擊示威者後，自發參與占領行動，數目遠超過占中運動所組織的占領者（亦即早已簽署非暴力「公民抗命承諾書」的數千人）。由於學生與占中三子均有其支持者（現場有統計約六成與三成的比例），另有少數支持熱血公民的勇武路線，針對與政府談判、行動升級、退場機制等議題，占領運動的領導層有重大分歧，群眾漸漸失去耐性，最終出現「拆大台」，稱「沒有人可代表其他人」（Chan 2015; 陳健民 2022, 2024）。

雖然雨傘運動「無功而還」（黃之鋒語），運動結束後社會亦瀰漫沮喪的氛圍，然而如今回顧，許多人發現雨傘運動是他們的政治啟蒙。2003年七一遊行後，出現一批公民社會組織，包括香港民主發展網絡、新力量網絡、三十會、Roundtable、公共專業聯盟等，都是以較平面的組織形態連結一批新生的知識分子和專業人士參與公共事務。而雨傘運動之後，亦有一批由年輕專業人士組成的團體成立，矢志在他們的專業領域繼續深耕細作推動民主，這些團體包括法政匯思、杏林覺醒、放射良心、良心理政、前線科技人員、思政築覺等。

但更具時代意義的是本土主義崛起，相關的組織包括本土民主前線（本民前）、青年新政、香港民族黨等。除了推動香港民

族意識、鼓吹港獨外，不少組織亦推崇勇武抗爭路線。2016年本民前在農曆年前夕，帶領群眾保護街頭小食攤販與警察發生嚴重衝突，被稱為「魚蛋革命」，多人被捕並控以暴動罪。雖然大部分市民不支持暴力，但仍有不少市民對抗爭者表示同情（陳健民、吳木欣 2017）。

至2019年政府提出修訂《逃犯條例》，傘後厚積的不滿終於達到臨界點。港人認為該修訂等同拆毀一國兩制的防火牆，最終會破壞香港的法治，結果全民總動員反對將港人「送中」審訊。一如既往，民陣組織遊行抗議，參與人數以百萬計，有年輕人甚至以自殺來阻擋修法。由於政府拒絕收回法案，運動出現徹底的轉變。市民自發在不同的角落（屋邨、商場、學校等）組織遊行和人鏈示威、不同群體（如校友會）在各大報章刊登抗議廣告、年輕抗爭者與警察及反對運動的人士發生肢體衝突、擲汽油彈和破壞親政府的設施。

但經歷了傘後的沉澱，反送中運動崇尚「如水」的組織形態，即「無大台」或「去中心化」，通過網上平台如連登、香城On-line商討目標及策略和籌募經費，而在抗爭現場則靠Telegram等APP進行人手調配。反送中運動對各種抗爭策略比雨傘運動更包容，提出「和勇不分」、「兄弟爬山、各自努力」。

究竟公民社會應否容許暴力抗爭？這是非常值得辯論的問題。但反送中運動之後的事態發展，使得香港已經沒有一個開放和安全的環境來進行反思和辯論。中國政府在2021年7月1日實施港版《國安法》，而特區亦於2024年3月通過《基本法》23條

立法，大量公民社會組織被迫解散，不少獨立媒體亦被關閉。無論如何，既然公民社會的主要功能是保衛個人的自由及權利、推動政策及社會的改變，可以說香港公民社會的動員力及創新思維皆是歷史罕見的。下一節我們將討論，究竟是怎樣的制度環境，令香港公民社會得以蓬勃發展。

四、香港公民社會的制度環境

正如本文起首所說，公民社會是一個由自主、多元開放的社會團體或網絡所組成的公共領域。因此要了解香港公民社會為何有如此澎湃的動員力，必須了解其制度環境，包括社會團體的登記制度、遊行集會的法律限制、資源的來源、互聯網使用情況等。香港公民社會不單涉及人權相關的倡議性組織，即使服務性組織、教育、宗教、文化、聯誼、社區等組織，以至非正規的社會網絡（如家人、朋友、同事的聚會），都提供人們連結和溝通的機會，去消化倡議性組織、政黨、意見領袖的論述，最終捲入集體行動。但由於篇幅所限，本文只集中討論香港公民社會的法律及資源環境。

（一）法律環境

在法律方面，香港政府雖然要禁制一些革命或黑社會組織，但對其他團體大多時候採取寬鬆政策，社團登記手續簡便，政府亦少有干預社團的內部運作，因此公民社會享有相當高的自主

性。香港的民間組織歷史悠久,殖民地政府的「開明威權政治」和低度干擾性的政策,令各種志願團體得以萌芽生長。雖然當中有些團體與本地或中國政治有千絲萬縷的關係,但只要它們在政府容忍的範圍內活動,仍可免於政府的干預。關信基、呂大樂、陳健民等中文大學學者在2000年進行的調查中,發現大約有五分一(19.0%)的民間組織是在1945年或以前成立的。更有趣的是,以成立年份來計算,民間組織在戰後至90年代各年間的數目發展相當平均:在1946至1959年間有13%,在1960至1969年間有14%,在1970至1979年間有17.5%,在1980至1989年間有18%,及在1990年以後有18.5%。如此看來,香港過去沒有一個特定的壓制時期迫使群眾運動轉向地下,民間社會也沒有在政府長期的打壓後出現「反彈」。而在台灣,民間組織是在上世紀80年代末期解嚴後才蓬勃發展;在中國,中共則在1949年執政後徹底消滅民間組織,直到上世紀90年代深化經濟政革後才容許其重新出現。相對來說,香港的民間組織是在一個較開放與穩定的政治環境中成長和發展(呂大樂、陳健民2001;蕭新煌等2004; Chan 2005)。

香港的《社團條例》於1911年制定,參照新加坡海峽殖民地法律,設立強制註冊制度,禁止私下及秘密結社。立法的背景是19世紀末香港發生多場騷亂,殖民政府遂認為有需要規管職工會、同鄉會等組織,並取締支持在中國進行革命的團體與及幫會組織。1949年重新制定的《社團條例》主要是防止中共透過社會團體滲透香港,亦要加強規管在大量中國移民中活動的黑幫。

1991年,《香港人權法案條例》通過,立法局於1992大幅度修訂社團條例以符合人權法,包括廢除一切註冊要求,新成立社團只需於14天內通知社團事務主任便可。這種全面放鬆規管的條例,最終被中國人大常委會於1997年2月23日議決抵觸《基本法》。1997年6月14日,臨時立法會通過《1997年社團(修訂)條例》,將條例還原至香港人權法案通過前的版本。

即使《社團條例》在不同歷史階段變得時鬆時緊,在2014雨傘運動之前團登記的要求仍算寬鬆,因為有超過一半團體繞過《社團條例》以「公司登記」方式註冊,其餘才是用社團登記,更有少數是通過立法批准的法定組織(主要是一些歷史悠久的大型慈善組織)(Centre for Civil Society and Governance 2009: 35)。即使一社團是以公司註冊,只要在章程說明其公益性質(如從事教育、宗教、社會服務等)都可以按稅務條例第88條申請成為慈善機構,得享免稅優惠。甚至在1997主權轉移後,香港仍享有高度的結社自由。本文作者曾向警方索取社團註冊統計資料,發現從1998年至2004年共有10,793新申請註冊/豁免註冊社團,而同期成功註冊/豁免註冊社團有10,637,達98.6%。但雨傘運動後,香港政府開始延宕及阻撓各新興政黨及公民社團註冊,其中包括香港眾志、香港民族黨及一些傘後組織。2018年9月24日,保安局局長李家超更在憲報刊登公告,將香港民族黨列為非法組織。

另一條涉及集會遊行權利的法律是在1948制定的《公安條例》,當時中國正值國共內戰,香港與中國接壤的地區屢次出事,

故港英政府利用此條例在邊境設立禁區。1967香港出現騷亂，政府修訂《公安條例》，授予警察更大權力拘捕親共暴徒，並規定所有公眾集會須事先向警方申請牌照。1971年，香港政府收緊條例，規定只有5個公園為合法公眾集會地點。但踏入80年代，香港又逐步放寬對集會遊行的規管。1980年，香港政府將條例放寬至30人以上集會及20人以上遊行方才需要申請牌照。1990年，香港政府進一步修訂條例，遊行集會不再需要向警方申請牌照，但當集會的人數超過50人，及遊行人數超過30人時，仍要事先「知會」警方。但此知會制度亦於1995年根據《香港人權法案條例》予以廢除。不過，如同《社團條例》的命運，中國人大常委會最終議決1995年版本的公安條例違反《基本法》。香港臨時立法會於1997年重新恢復一些被廢除的條文，並將遊行集會的通知制度更改為「不反對通知書」制度，即遊行集會前須向警方申請「不反對通知書」，實質與牌照制無異。

如上所述，港英政府在上世紀80年代起放寬對集會遊行的規管，香港自此幾乎每天都有市民上街，被譽為「示威之都」（a city of protest）。即使在主權移交之後，集會遊行仍然與時俱增，其中以六四燭光晚會和七一遊行規模最大。單以警方公佈的遊行數據來看，2012年起每年有一千多宗遊行，直到2020年才下降到252宗，2022年進一步下降至41宗。香港再不是示威之都。

（二）資源環境

在財政資源方面，民間組織因承擔了大量教育、醫療和社會

服務的工作，成為政府在公共服務上的伙伴，因此獲政府大量撥款，造成不少服務機構依賴政府。但倡議性團體，特別是與人權相關的團體，卻有意識地拒絕政府甚至企業的財政支持，以維持其獨立性。

香港特區政府中央政策組於2002年底進行了「香港第三部門基本情況研究」(Study on the Third Sector Landscape in Hong Kong)。但由於當時政府與社會之間關係頗為惡劣，特別是基本法二十三條（國安法）立法問題引發對立，許多倡議性組織或壓力團體均拒絕接受訪問。研究發現，非營利組織為香港經營著64%的幼稚園、83%的小學、68%的中學和100%的特殊學校、70%的社會服務機構和超過100間醫院和健康中心。

第三部門的活動以教育、醫療、社會服務為主，而地區組織（如業主會、互助委員會）、行業組織和宗教組織亦相當重要，壓力團體和政治組織只占1.35%。研究估計第三部門動員的義工近55萬人，約占總人口的8.2%，其勞動價值達6千8百萬港元。在資源方面，不少服務團體主要依賴政府的撥款，有些甚至占經費的九成。平均來說，有28%的團體以政府的直接資助為主要經費來源（事實上，有40%視之為首要或次要的經費來源），18%以會員費為主，15%以捐款為主（陳健民 2009: 156）。

香港大學公民社會與管治中心發表的2009年香港公民社會報告指出，社會服務機構每年平均收入是5,400萬港元。但各機構實際差異很大，有近半其實在500萬元以下，而最高則是9億元以上。平均來說，社會服務機構有70%的收入來自政府，員

工收入以公務員工資作為參考。60%機構表示有充分資源；65%表示有穩定資源；70%表示可有彈性地運用資源。因為資源穩定，社福機構專業化水準亦較高。但其後因為經濟不景，政府改以「一筆過撥款」方式資助，或以專案和購買服務方式支援社會服務，機構可用資源不如以往穩定（Centre for Civil Society and Governance 2009）。

倡議性的組織為了維持獨立性，拒絕政府或企業捐款，靠多種渠道開源支持機構運作。譬如教育專業人員協會，既是一個行業工會，亦是一個社運組織，多年來除靠萬計老師繳交會費外，其福利部更售賣商品、提供服務、舉辦課程和其他活動，而創造大量收入。而像樂施會和綠色和平，則以創新手法進行公眾籌款；單是「毅行者」一項活動便為樂施會每年帶來以千萬計的捐款。一些人權組織為國際組織的分部，得以接受外國的資金，但像國際特赦組織卻積極在本土籌款。而像和平占中等民主運動組織，往往在大型遊行中設立街站，以此籌募經費。在反送中運動時，抗爭者透過連登進行網上眾籌，一小時便籌得100萬美元在全球各地主要報紙刊登廣告。612人道支援基金得到市民支持，聘請律師為被捕的反送中抗爭者進行法律抗辯，在被政府取締之前籌得超過2.5億港元。

倡議團體能透過眾籌來維持運作，除了靠市民對環保、公義、民主、自由等價值有強烈信念外，亦全賴香港對公眾籌款的限制較少、網上的社運籌款平台和銀行對資金流動限制亦較少，不過政府對社會服務機構或倡議團體的財務並非全無監管。

以註冊為公司的民間組織為例，每年必須向公司註冊處提交財務報告、審計報告及年報。稅務局每4年亦會審查民間組織的「慈善地位」。任何公開募捐事先須獲社會福利署批准，並於活動完成後90天內提交報告。如接受政府資助，必須向有關部門提交工作和財務報告。社會福利署訂立「服務表現監察系統」(Service Performance Monitoring System)，以服務質素標準(Service Quality Standards)及服務協定(Service Agreement)作為評估基礎。由於社署官員多有社工教育背景，與服務機構的社工有共同語言，較能以專業標準評估服務表現，減少任意的行政判斷；因此港大的調查發現，有88%的服務機構主管覺得能夠自主運作(Centre for Civil Society and Governance 2009: 35)。但這種寬鬆的制度環境在2021年實施《國安法》後受到嚴峻的衝擊，不單是倡議性組織的生存受到重大的威脅，服務機構亦未必能保有過去的自主性。

五、《國安法》摧毀公民社會

(一) 引入中國監控公民社會的手段

在討論《國安法》對香港公民社會影響之前，我們應該先了解中共如何在中國內地監控民間組織，因為港版《國安法》是北京直接在香港實施，並設立駐港國家安全公署，協調、監督、指導香港國安事務，實質上可指揮香港警務處轄下的國安處，自然會將內地監控公民社會的手法引入香港。

2008年中國汶川大地震後，大量民間組織和志工湧往災區

協助救援和災後重建,被稱為中國公民社會的元年(朱健剛、陳健民 2009)。但中共對公民社會的發展一直憂心忡忡,既明白此領域可協助政府提公共服務,又擔心其脫離政府的控制或被外部勢力所利用,挑戰中共的統治。基於這種矛盾心態,中共最初對此領域採取糢糊的態度,形成一個灰色地帶,讓未登記的民間組織有活動空間。但隨著時間的推移,中共漸漸摸索出一套對民間組織「分類管理」的模式(Kang and Han 2008; Wu and Chan 2012)。

簡單來說,中共並不鐵板一塊看待民間組織,如果對中共統治有潛在威脅的,便會全面取締或者限制發展,如果有利統治的,便給予扶持、為我所用。有關部門會按三方面對民間組織分類,繼而採取鎮壓、擠壓或收編(coercion, constraint, co-optation)的手段。首先是業務性質,如果民間組織的宗旨是爭取民主、地方獨立、甚至只是監督政府(如要求官員公開財產的「新公民運動」),均要嚴厲取締;如果是倡議勞工、婦女、病人等的權益,或者服務敏感人群(如愛滋病)的服務性組織,則限制其發展,拒絕正式註冊;如果是服務老人、兒童、身心障礙等「社工機構」,政府不單容許註冊,更會以購買服務的方式提供資金。

第二方面是組織的規模。中國只容許官辦的民間組織以「中國」或「中華」名稱登記為全國性組織,真正的民間組織如發展出一個全國性網絡(往往以諧音字在各地登記)或任何形式的聯盟(如聯席會議),將被嚴厲監控。1999年法輪功事件後,即使是非政治性的全國網絡(如校友會),中共都會小心翼翼觀察。從中共的監控角度來說,民間組織愈小愈好,最好是在「小區」

的範圍內服務,讓居委會和「網格員」可緊密監督,而任何跨區域的組織和活動都必須提防。

第三方面是資金來源。如果民間組織接受境外的資助,特別是來自美國的NED、NDI等,則隨時會被視為勾結外國勢力。即使來自港、台的基金會或一些境外宗教組織的捐獻,都會受到政府的關注。但如果資金是來自中國政府、本土基金會、或只是志工自掏腰包的小規模籌款,便被視為安全。

可以想像,一個接受西方資助、發展出跨地域網絡、倡議人權的組織將受到無情的鎮壓,而一個在小區內為老弱提供服務的社工機構則較容易取得合法身分並獲得政府的資助。其他民間組織卻被擠壓在灰色地帶中,沒法向民政部門登記的,便以工商登記或「掛靠」其他合法組織(如大學)以取得半合法地位。更重要的是懂得在安全範圍內活動(如從事勞工權益教育但不組織工會或工業行動)和與地方政府合作以取得「社會正當性」(Chan et al. 2005)。

但這片灰色地帶在2013年「七不講」(包括不能鼓吹公民社會)和2016年《慈善法》與《境外NGO管理法》出台後已經日漸萎縮,在專制政權下的「以法治國」往往是把灰色地帶推向黑色區域,過往「未經登記」的組織在新法下變成「非法組織」。《慈善法》表面上是放寬對民間組織的監管,社團向民政部門登記無需事先找個「婆婆」(業務主管單位)作保證人,對於籌款活動亦給與更大空間。但這種「優惠」只適用於官方定義的慈善組織,主是以服務為宗旨的「社工機構」,其他倡議性組織和服務敏感

人群（包括勞工、乙肝病人、LGBTQ等）的組織並不一定得到相同對待。

香港多年前亦曾討論過是否訂立《慈善法》，支持者認為增加法律規範有利慈善部門的發展，卻遭到人權組織、倡議性團體以至宗教組織反對。後者擔心一旦對「慈善組織」下了一個狹隘的定義，稅務局將立刻取消這些團體得以免稅的慈善地位。（雖然嚴格來說倡議組織並不符合慈善地位的規定，但它們往往以「推動公眾教育」來達到慈善工作的要求。）最終香港沒有制訂慈善法。

相對於《慈善法》，《境外NGO管理法》就更直接表明中國政府致力削弱境外NGO的影響力。首先，主管的部門由民政部轉為公安部，目的顯然是加強控制而非協助發展。其次，境外NGO必須接受「雙重管理」，在向公安部門登記之前，必須先找到省（廳）級的單位出任業務主管單位。此外，境外NGO（如西方或港台基金會）如資助任何本土民間組織，必須向公安部門備案，詳列資助項目與金額。公安部門亦隨時可召喚境外NGO負責人，到公安辦公地點進行談話。結果是大量境外NGO退出中國，本土民間組織不敢冒然接受境外資金，政府則鼓勵更多本土基金會成立（以企業基金會為主），再加上政府出資向社工機構購買服務，逐步逼令民間組織「斷洋奶」（Chan and Lai 2018）。

中共一方面佈置上述的制度安排，另一方面大舉消滅維權和倡議性組織。先是2013年拘捕了倡議官員財產公示的「新公民運動」主要負責人；2015年7月9日大抓捕維權律師；維護愛滋

病及乙肝病人權益的組織相繼受到政府的騷擾，負責人陸續流亡海外；勞工組織亦受到各種滋擾（房東突然終止租約，各政府部門頻繁作違規檢查），最終無法運作；2015年婦女節前夕，五名女權行動者被抓捕，當時她們正計畫舉行公眾維權活動，反對公車上性騷擾。此後女權組織（特別在MeToo運動之後）被持續干擾，LGBTQ組織愈來愈難開展活動。除了打壓這些維權組織以外，中共亦要求其他民間組織內設立黨組織，反對「公民社會」、「第三部門」、「自主性」等概念，主張民間組織亦應接受黨領導。

（二）鎮壓手段

　　花那麼大的篇幅談中共對待公民社會的政策，是因為近似的監控措施在香港實行《國安法》後陸續出台。從反修例運動到2022年末，香港政府拘捕超過一萬人，當中近三千人已被起訴。在2023年7月3日香港國安處舉辦的記者會上，李桂華總警司報告《國安法》實施之後共拘捕260人，年齡介乎15–90歲。政府更以《國安法》中「串謀顛覆國家政權罪」控告戴耀廷及另外46人意圖透過民主派內的初選，協調候選人以奪得議會過半議席，然後否決政府的財政預算。這47人包括泛民及新生政團的大部分領袖，其中45人在2024年已被定罪，可以說是將反對派一網打盡。

　　政府第二步是消滅來自媒體的批評聲音。國安處拘捕《蘋果日報》創辦人黎智英、管理層及編輯等多人，迫令該報停刊。隨後網媒《立場新聞》的董事及總編輯亦以煽動罪被捕，並於2024年定罪。其他一些網上媒體如《眾新聞》宣佈自行解散，香港新

聞自由備受打擊。香港記者協會2022年度報告指出新聞工作者對香港新聞自由整體的評分僅25.7分（滿分100），是2013年以來的新低。

政府第三步是打壓公民社會。由司徒華於1973年創立、全港最大的單一工會——教協，於2021年被迫解散。香港職工盟、支聯會、民陣和許多涉及人權及政治的團體，亦走上同一結局。甚至大學學生會也一樣，如非被迫解散便是沒有學生願意參選，最終消失於各大院校。本文作者於另文（陳健民 2024: 428-429）列出從2021年1月至2022年1月被迫解散或撤離的55個公民社會組織。許多雨傘後政治團體，以及反修例運動期間或之後成立的工會和地方組織，在此浪潮中紛紛倒下，連「國際特赦組織」也撤離香港。

觀察被取締或被迫解散的公民社會組織的性質，可以見到中國內地「分類管理」的影子。在這56個組織中，有32個的業務性質是與政治相關，均曾經參與民主運動、支持反對派人士在地方參選或維護人權的工作，其他24個工會、學生組織及宗教團體，基本上亦曾參與上述工作。規模較大或聯盟性組織（如教協、民陣）首當其衝，一些組織（如支聯會、職工盟）被指控「勾結外國勢力」，這些情況都是中共要以鐵腕鎮壓的。

（三）擠壓手段

對於其他倡議性組織（如環保團體、病人權益團體），港府並無加以取締，但卻如內地一般採取限制發展的擠壓措施。2023

年3月5日婦女勞工協會申請遊行，警方要求參加人數不能超過100、並且要確保「不會構成不利國家安全的情況」，結果主辦組織決定取消活動。同年3月26日將軍澳區一業主委員會舉辦遊行反對該區填海計劃，警方同樣要求參加人數不能超過100、要確保不會構成不利國家安全、更加上不能作出煽動言行，遊行舉辦時更要求每個參加者掛上識別的標記，與以往警方協助遊行集會順利舉行的態度大相逕庭。

事實上，在2019年反送中運動期間，警方已多次以遊行後可能發生暴力事件而不批准遊行，現在則以「構成不利國安」為由提出諸多限制。但中共對此並不滿意，2023年4月16日港澳辦主任夏寶龍發表講話，指出「遊行示威不是表達訴求的唯一方式」，認為「市民意願容易被別有用心的人騎劫」，親中的工聯會隨即宣佈取消每年例必舉行的「五一勞動節遊行」。自此以後，香港由一個「抗議之都」變成一個鮮有遊行示威的死寂城市。

而即使一些公民社會組織仍可繼續運作，他們仍要面對各種政治壓力甚至秋後算帳。一環保團體負責人向本文作者表示，由於曾參與2019年的反送中運動，有關部門已停止與該組織合作，令其失去政府的資助。一間學校的校董會成員向本文作者表示，曾推薦某教師出任為該校校長，但教育部門拒絕批准，並在回函中附上該教師在2019年反送中運動期間在網上批評政府的紀錄。2024年2月15日《追新聞》報導，聾人舞蹈團「森林樂」接到贊助方馬會的通知要煞停一項表演，原因是該舞蹈團團長曾在2019年反送中運動期間，在「民間記者會」擔任手語翻譯和參與

拍攝《願榮光》手語版。

　　香港大型的書店均為中資的「三中商」壟斷，只有獨立書店仍敢於售賣較為敏感的書籍和舉辦沙龍活動，成為支持民主自由的市民最後的精神居所。政府雖要求公立及學校圖書館將可能不利國安的書籍下架，但從未提出禁書名單，令得這些書店要麼自我審查、要麼承受被捕風險。此外，不同政府部門對這些獨立書店作出各式各樣的滋擾，譬如說收到投訴要處理書店違規建築、巡查書店是否將商業登記證放在當眼位置、截查沙龍參加者並登記身分證等等，結果見山書店首先宣佈結業，其他則在艱苦經營。

　　上述對付僅存的公民社會組織和公共空間的擠壓手段，與中國內地的分類管理手法如出一轍。此外，政府亦採取各種手段收緊公民社會的制度環境，其中公眾籌款所受的限制明顯加強。2021年2月網台主持人傑斯被捕，被控「串謀作出具煽動意圖的作為」罪及洗黑錢罪。所謂洗黑錢罪，主要涉及傑斯眾籌支持年輕抗爭者逃往台灣後的學費及生活費。國安處又於2022年5月11日在機場拘捕「612人道支援基金」信託人之一許寶強教授，罪名是涉嫌違反港區國安法的「勾結外國勢力罪」。其後國安處陸續拘捕其他信託人，包括陳日君樞機和大律師吳靄儀，與及基金會的工作人員。其實基金成立之初已難以在銀行開立戶頭，必須借用另一政治組織的戶頭收集捐款，可見銀行以防止洗黑錢之名，已拒絕服務涉入政治的公民社會組織。

　　近年來，不少被捕入獄或流亡海外的著名抗爭者，會開設YouTube或Patreon頻道，繼續推廣民主理念，並籌募個人生活

費。但港府亦設法打壓這些眾籌平台。2024年6月,香港保安局首度引用《維護國家安全條例》(即《基本法》23條)指明羅冠聰等6人為「潛逃者」,實行限制措施。記者問及YouTube及Patreon時,保安局局長鄧炳強表示,任何人透過任何平台向6人提供或處理金錢,即屬違法,最高可判囚7年,呼籲公眾避免與他們財務往來。此舉令相關頻道的觀眾人心惶惶,引發一輪退訂潮;過往港人熱烈捐助公民社會組織的情景,恐怕再難出現。

(四)收編手段

　　按照中國的分類管理,香港有哪些社會組織能夠「為我所用」?其實中共已長期在香港進行統戰工作。在主權轉移前夕,主要統戰對象為工商界,1997後統戰工作按著香港立法會功能團體選舉涵蓋的領域,拓展至鄉事組織、文藝體育、教育及社福等領域(賴名倫、張廖年仲 2019)。正如前文所述,香港社福機構在財政資源上非常依賴政府,因此社福機構的主管必須與政府維持友好關係,政治取態往往傾向保守。前線的社工可能較為激進,但無法通過其社工機構參與政治,反而要透過社工總工會或陣地社工等組織。2019年8月31日,社工陳虹秀在示威現場以揚聲器勸喻警察保持冷靜,結果以參與暴動罪被捕,卻未獲得任何社工機構支援。相反,在中共二十大結束後,香港於2022年11月馬上舉辦「香港社福界學習貫徹中共二十大精神研習班」,包括五節線上課堂,由中國官員和學者等授課,課題涵蓋二十大精神重點、中國共產黨的政治能力建設、中國社會工作發展現況、內

地扶貧工作等,課後每位參加者還要寫學習心得。研習班吸引了超過2,000位社福界人士報名參與,反應熱烈,可見該界別已被成功統戰和收編。

為了加強社福機構對政府的依賴,香港政府下一步會否增加「購買服務」的百分比,使社福機構的資源更不穩定?當評估機構的表現時,除了專業標準以外,會否增加國安審查,令機構與政府的關係由過往的「伙伴關係」轉變成「伙計關係」?即使政府不要求社福機構設立中共的黨組織,但會否進一步干預各機構(其中許多是隸屬於宗教團體)董事會成員的產生?最少,政府已成功改組了「社工註冊局」的組成,由2024年7月5日起,政府委任成員由6人增至17人,而社工選出的成員維持8人,社會福利署署長或其代表及為公職人員之社工共2人,成員上任前必須在勞工及福利局局長監誓下宣誓擁護基本法和效忠香港特區。如此一來,政府已完全掌控社工在行業內的生死。

在中國內地,政府亦會建立或指定某些群眾組織(如婦聯)成為「樞紐性組織」,指導相關領域的社工機構,實質則有監控功能。香港社福界原本的聯盟組織是香港社會服務聯會(社聯),但其總監蔡海偉曾為公民黨黨員,為溫和民主派;其太太雖為政府高官,卻被親北京人士批評在2019年未盡力禁制示威者文宣;而社聯前任總監方敏生則因出任《立場新聞》董事而被捕。2023年6月,由親北京立法會議員、聖公會管浩鳴牧師出任主席的「香港社福界心連心大行動」成立,行政長官李家超、中聯辦主任鄭雁雄、國家民政部副部長柳拯、廣東省民政廳廳長張晨等出席主

禮，規格之高相當罕見。尤其是國家民政部也派出高層南下，顯示「心連心」獲得中央高度祝福，可能成為香港社福界新的「樞紐性組織」。尤有甚者，管浩鳴於2024年12月11日更當選為社聯主席，中共全面掌控香港社福界已無懸念。

由此可見，中共已將內地一套公民社會「分類管理」的方法移植到香港，按著各組織的業務性質、規模大小、境外關係進行鎮壓、擠壓或收編，亦會在不同機構安插親信，並在各界建立樞紐性組織進行協調與監控。在公民社會的制度環境方面，政府將提高社福機構及人員註冊登記的門檻，加入更多政治審查；在資源方面，政府及各大基金會（如馬會）將於撥款過程加入政治審查、可能會將撥款周期縮短，令各機構資源不穩定，從而更依賴政府；嚴加限制公眾籌款，斷絕反抗運動的資源。

六、總結與展望

此章定義公民社會為一個「由自主、多元開放的社會團體或網絡所組成的公共領域」，除了是一個公民自發組成的社會結構外，它更是建基於公民權利的理念。香港自十九世紀中至二十世紀七十年代，各類居民組織、慈善團體和社福機構日漸發展，直到七、八十年代湧現大量壓力團體和論政團體，公民社會終於成形。各種壓力團體從七十年代爭取改善民生、到八十年代爭取普選立法局、至主權回歸後新興的政治組織與網路行動互相配搭下，發動的保育運動、爭取雙普選、抗衡香港中國化（反國教、

本土運動、反送中運動）等運動，在在彰顯公民社會的力量。

香港公民社會能夠發展出波瀾壯闊的動員能力，有賴寬鬆的制度環境、高教育水平和龐大的中產階級支持等，但本文集只中討論制度環境中的法律與資源環境的變遷。香港政府除了對付黑社會和在特殊歷史階段針對親中共的社團外，對其他社團登記和集會遊行的規管頗為寬鬆。因此民間組織的數量持續增長，香港亦變成示威之都。港英政府更在殖民地最後階段透過《人權法》進一步改革《社團條例》及《公安條例》，媲美最自由的民主國家，儘管其結果遭到中國反對並在主權轉移後恢復原來面貌。

在資源環境方面，香港政府透過大量的撥款，讓許多慈善與宗教團體提供醫療、教育及社會服務，形成伙伴關係。社福機構在資源上頗為依賴政府，但仍能按照專業指引提供服務，因此覺得有高度自主性。倡議性組織（包括壓力團體、人權組織、政治團體等）往往不接受政府或財團的資助，而是依賴募捐來支持機構運作。眾籌得以成功，一方面是港人公民意識高漲，另一方面亦有賴寬鬆的募捐環境和金融體系。

但自從2020年實施港版《國安法》後，中國政府將大陸那一套對公民社會的分類管理模式植入香港，全面鎮壓爭取民主自由的公民社會組織，特別是聯盟性或有密切境外關係的組織；擠壓其他涉及2019抗爭的非政治性組織、加強規管各類遊行、干擾獨立書店等的準公共空間；亦透過改組社工登記局、成立新的社福機構聯盟，進一步收編社福機構。

香港公民社會在如此惡劣的環境下如何掙扎求存？Touraine

（1983: 186）發覺波蘭團結工會被波共取締後仍能團結人民進行抗爭，於是寫道：「團結工會遠遠不僅是一個組織，其鬥爭的意義也遠非純粹的政治層面。這個運動之所以能夠整合各種行動要素，根本原因在於其深厚的信念。而這些信念，不單是一種倫理觀，更是一種深刻的責任感，不會因為警察和軍隊的鎮壓而輕易被摧毀。這些信念深植於人們的良知之中，很難想像，僅僅經過幾週、幾個月，甚至是幾年獨裁政權的壓迫，就能將其消除。」港人對民主自由的信念是否亦能經得起中共的打壓？

本文因篇幅所限，無法討論互聯網與社會網絡在《國安法》下的狀況，但這些線上和線下的聯繫，將決定港人能否維繫過往對民主自由的信念和動員能力。一個超越組織、甚至國界的「命運共同體」能否誕生？其實從七一遊行、雨傘運動以至反送中運動，港人一直嘗試以網路和人際網絡填補公民社會組織的不足，甚至成為主要的動員渠道。中共以分類管理模式監控公民社會，不一定就能徹底消滅港人的憤怒和希望，只是未來的抗爭必然以更分散和隱蔽的方式進行。如果中國在嚴密監管民間組織與互聯網的情況下仍能出現「白紙運動」，又怎能斷言香港公民社會的故事已劃上句號？

參考書目

朱健剛、陳健民，2009，〈抗震救災：中國公民社會崛起的契機？〉。《二十一世紀》114: 4-13。

呂大樂、陳健民，2001，〈在家庭與政治社會之間——香港民間社會的構成〉。頁370-396，收錄於陳祖為、梁文韜編，《政治理論在中國》。香港：牛津大學出版社。

陳健民，2009，〈利益團體與公民社會〉。頁143-162，收錄於鄭宇碩、羅金義編，《新探：中華經驗與西方學理》。香港：中文大學出版社。

——，2010，《走向公民社會》。香港：上書局。

——，2011，〈香港的公民社會與民主發展〉。《二十一世紀》128: 23-31。

——，2022，〈從占領到入獄的公民抗命〉。《臺灣民主季刊》19(2): 135-142。

——，2024，〈香港民主的未來〉。頁391-446，收錄於何明修編，《未竟的革命》。新北：左岸。

陳健民、吳木欣，2017，〈本土、勇武與犬儒：傘後香港的社會趨勢〉。《中國大陸研究》60(1): 19-36。

陳健民、陳韜文，2006，〈香港公民社會及其社會動員：組織與網絡的互動〉。《第三部門學刊》6: 107-124。

鄧正來，1993，〈台灣民間社會語式的研究〉。《中國社會科學季刊》5: 88-102。

鄧正來、景躍進，1992，〈建構中國的市民社會〉。《中國社會科學季刊》1: 64。

蕭新煌等，2004，〈台北、香港、廣州、廈門的民間社會組織：發展特色之比較〉。《第三部門學刊》1: 1-60。

賴名倫、張廖年仲，2019，〈中共統戰工作的演變：以1997年香港回歸前後為例〉。《中國大陸研究》62(4): 75-101。

Bryant, Christopher G. A., 1993, "Social Self-Organisation, Civility and Sociology: A Comment on Kumar's 'Civil Society.'" *The British Journal of Sociology*, 44(3): 397–401.

Castells, Manuel, 2015, *Networks of Outrage and Hope: Social Movements in the Internet Age*. Cambridge: Polity Press.

Centre for Civil Society and Governance, 2009, "Serving Alone: The Social Service Sector in Hong Kong: Annual Report on the Civil Society in Hong Kong 2009." Hong Kong: Department of Politics and Public Administration, Centre for Civil Society and Governance, University of Hong Kong.

Chamberlain, Heath B., 1993, "On the Search for Civil Society in China." *Modern China* 19(2): 199-215.

Chan, Kin-man, 2005, "Civil Society and the Democracy Movement in Hong Kong: Mass Mobilization with Limited Organizational Capacity." *Korea Observer* 36(1): 167-182.

———, 2010, "Commentary on Hsu: Graduated Control and NGO Responses: Civil Society as Institutional Logic." *Journal of Civil Society* 6(3): 301–306.

———, 2015, "Occupying Hong Kong: How Deliberation, Referendum and Civil Disobedience Played out in the Umbrella Movement." *Sur: International Journal on Human Rights* 12(21): 129–138.

Chan, Kin-man and Weijun Lai, 2018, "Foundations in China: From Statist to Corporatist." *American Behavioral Scientist* 62(13): 1803–1821.

Chan, Kin-man, Haixiong Qiu and Jiangang Zhu, 2005, "Chinese NGOS Strive to Survive." *Social Transformations in Chinese Societies* 1: 131–159.

Della Porta, Donatella, 1988, "Recruitment Process in Clandestine Political Organizations: Italian Left-Wing Terrorism." *International Social Movement Research* 1: 155–173.

Della Porta, Donatella and Mario Diani, 1999, *Social Movements: An Introduction*. Oxford: Blackwell.

Diani, Mario and Doug McAdam, eds., 2003, *Social Movements and Networks: Relational Approaches to Collective Action*. Oxford: Oxford University Press.

Fantasia, Rick, 1988, *Cultures of Solidarity: Consciousness, Action, and Contemporary American Workers*. Berkeley: University of California Press.

Frentzel-Zagorska, Janina, 1990, "Civil Society in Poland and Hungary." *Soviet Studies* 42(4): 759–777.

Hall, John A., 1995, "In Search of Civil Society." Pp. 1–31 in *Civil Society: Theory, History, Comparison*, edited by John A. Hall. Cambridge: Polity press.

Kang, Xiaoguang and Heng Han, 2008, "Graduated Controls: The State-Society Relationship in Contemporary China." *Modern China* 34(1): 36–55.

Lupia, Arthur and Gisela Sin, 2003, "Which Public Goods Are Endangered?: How Evolving Communication Technologies Affect The Logic of Collective Action." *Public Choice* 117(3): 315–331.

McAdam, Doug, 1988a, *Freedom Summer*. Oxford: Oxford University Press.

———, 1988b, "Micromobilization Contexts and Recruitment to Activism." *International Social Movement Research* 1: 125–154.

McAdam, Doug and Ronnelle Paulsen, 1993, "Specifying the Relationship Between Social Ties and Activism." *American Journal of Sociology* 99(3): 640–667.

McCaughey, Martha and Michael D. Ayers, eds., 2003, *Cyberactivism: Online Activism in Theory and Practice*. New York: Routledge.

Touraine, Alain, 1983, *Solidarity*. Cambridge: Cambridge University Press.

Wu, Fengshi and Kin-man Chan, 2012, "Graduated Control and Beyond: The Evolving Government-NGO Relations." *China Perspectives* 2012(3): 9–17.

[4] 「雙重國安」下的執法、恫嚇與寒蟬效應

陳玉潔*

摘要

　　2020年香港《國安法》和2024年香港《國安條例》徹底改變香港公民社會。儘管由不同機關制定，但這兩部法律的特徵高度重合，均違反人權法治基本原則，包括：走過場的立法過程、定義模糊的犯罪構成要件、不受限制的執法權力、對被告不利之司法程序以及過度延伸的域外效力。「雙重國安」體制意味著中央與香港政府就國安政策和國安法制已完成整合，沒有「兩制」之空間。

　　本文探討上述國安法律如何噤聲特定個人和組織，並通過執法和法律外的手段製造普遍的寒蟬效應，導致公民團體停運、公共知識空間萎縮以及港人大規模移出等現象。「一國兩制」不僅未能實現香港民眾期待的民主體制，反而侵蝕了香港在移交前已發展成形的自由公民社會。即

---

* 謹以此文紀念Julius Yam（1992–2024）與Alvin Y.H. Cheung（1986–2024）。你們的學術與反思，仍在香港研究中延續、回響。

便如此，寒蟬效應與民主韌性從來不是互斥，在壓迫巨浪席捲下，韌性的暗流仍有流動之空間。

關鍵詞

香港國安法、香港國安條例、雙重國安、公民社會、寒蟬效應

一、前言

2020年6月30日，中華人民共和國（中國）全國人民代表大會常務委員會通過《中華人民共和國香港特別行政區維護國家安全法》（下稱《國安法》）。2024年3月23日，香港特別行政區立法會根據《基本法》第23條制定的《維護國家安全條例》（下稱《國安條例》）開始生效。不到四年之間，香港實施了兩部國安法律，看似是中國和香港當局對於2019年反送中運動的強勢回應，但背後驅動力其實是掌權者的不安全感，威權政權不願也無法回應公民社會的民主運動，手中的工具只剩下壓迫。

「國家安全」的紅線模糊，自2020年《國安法》實施以來，許多人被拘捕、檢控以及定罪，不僅包括民主運動人士和非政府組織倡議者，一般民眾也不能倖免，重要的公民團體和媒體遭到指控調查，許多組織選擇自行解散，港人大批出走，街頭抗議活動戛然而止，2024年《國安條例》對僅存的公民社會活動更是雪

上加霜。公民社會的式微不但破壞香港人權法治,也危及香港政策制定和日常治理(Chow et al. 2024: 37-48),對香港造成全面且深遠的影響。

本文探討兩部高度重合法律的「雙重國安」體制如何衝擊香港公民社會,威權政府如何使用法律作為脅迫工具製造寒蟬效應。[1]以下第二部分討論《國安法》和《國安條例》之頒布背景,包括中國和港府對於「國家安全」的論述,以及兩部法律之共同特徵。第三部分探討當局如何透過執法以及法律以外的手段噤聲公民社會,本文指出,香港的寒蟬效應至少可從以下現象觀察到,包括公民團體解散、公共知識空間萎縮以及港人大規模移出。文末就雙重國安之出現提出一些反思,「一國」與「兩制」間本就存在內在矛盾,在難以達成妥協或維持平衡的情況下,權力向掌權者傾斜,導致原本不同的體制同質化。

二、雙重國安:《國安法》和《國安條例》

(一)雙重國安法制之由來

1970年代,面對越來越難以統治的香港殖民地人民,英國殖民政府開始提倡福利主義、自由主義,並以「法治」(rule of law)作為意識形態,強化統治正當性。在此意識形態主導下,一

---

[1] 本文聚焦於雙重國安制度下的打壓策略和噤聲效應,然而,雙重國安制度另一個面向是在政治、教育、媒體等領域提倡國安意識形態,塑造一個「愛國」的香港,此議題有待學界進一步研究。

個崇尚法治的法律體制逐漸成形，但也因此減緩了英國政府必須對殖民地進行政治改革的壓力（Jones 2007）。1980至1990年代香港雖然沒有民主，但公民社會開始蓬勃發展，關注的焦點也從民生議題轉向人權、民主（見本書第三章），並在香港主權移交後持續倡議香港民主化。

在此背景下，中國共產黨對香港的自由主義高度戒備。在中共眼中，香港「分裂主義」不但威脅到中國領土的完整，其民主訴求也可能動搖中共政權之穩定（Fu 2020），引發中國社會的「顏色革命」。為此，在《基本法》制定過程中，中國堅持香港必須制定國安法律。《基本法》第23條在草案時期經歷多次修改，所涉國安罪名也不斷增加，雖然《基本法》起草委員會（草委會）的香港成員對第23條表達強烈反對，但北京控制的草委會並未採納其意見。中共認為香港民主運動可能造成其政權不穩定的想法，在「六四事件」後更為鞏固（Petersen 2005: 18）。

《基本法》第23條規定，就七種特定國安罪行，香港特區「應自行立法」。然而港府首度立法的嘗試在2003年抗議浪潮中以失敗告終，之後歷屆香港特首都不敢貿然將「23條立法」提上立法議程，國安議題成為中共和香港社會間難解之矛盾。

按照《基本法》第23條文意解釋以及「一國兩制」之制度安排，國安立法的權力已由中央賦予特區行使，中央不應為特區立法（J. M. M. Chan 2022: 52–53）。然而，在中共論述中，23條立法是香港在《中華人民共和國憲法》和《基本法》下之「憲制責任」，由於香港遲未履行此責任，中央只好為香港制定《國安法》，此

為中央「不得已」而行使之「權力和責任」(人民日報 2020)。贊成此立場之學者主張，國安立法屬於中央與港府的「共同權力」，如果港府遲遲未有立法，中央可以行使該立法權（Chen 2020: 626）。在此觀點下，即便已經頒布《國安法》，香港仍不能免除23條立法之「憲制責任」。為了確立此點，《國安法》第七條亦規定香港特區應當儘早完成國安立法。

在進行23條立法時，港府表示除了為履行「憲制責任」外，立法也有「實際需要」。其認為由於《國安法》僅涵蓋《基本法》第23條中關於「分裂國家」和「顛覆中央人民政府」兩類罪行，就條文中其他五類罪行——即「叛國」、「煽動叛亂」、「竊取國家機密」、「外國政治性組織團體進行政治活動」、「香港政治性組織團體與外國政治性組織團體建立聯繫」——《國安法》未予立法，而香港原有的本地法律也僅能處罰當中部分行為，因此有必要完成23條立法以「填補完善」國安法制（香港保安局 2024）。更直接的說，2020年的《國安法》是為了鎮壓2019年反送中運動，2024年的《國安條例》則在於進一步預防類似的港版「顏色革命」[2]再度發生。為此，《國安條例》制定了更多種類的國安罪名、更寬泛的執法權力以及更多不利於被告的司法程序，為香港設下

---

2 港府認為所謂「顏色革命」之行為包括：「全港性大規模暴亂」；「大範圍損毀公共基礎設施」；「煽動群眾對國家根本制度、中央和香港特區政權機關的憎恨」；「宣揚危害國家安全訊息」；「國家秘密被竊風險」；「境外間諜和情報活動的威脅」；「外國政府和政客野蠻粗暴干涉中國內政」；「境外勢力進行扶植代理人」；「危害國家安全的組織」（香港保安局 2024）。

更為「全面」的國安法制。

《國安條例》的通過,對於中國和港府也有重要的象徵意義:在九七主權移交後遲遲未能完成的23條立法,歷經26年後終於完成。理論上香港特區對於國安立法有自己的權限和判斷空間,然而實際上則是全然服從中央意志,《國安條例》中對於「國家安全」的概念,採取與《中華人民共和國國家安全法》一致之定義,[3] 亦即與中國領導習近平的「總體國家安全觀」同步(虞平 2022)。《國安條例》和《國安法》高度重合下的雙重國安體制,展現的是中央與港府在國安政策和法制上整合之成果,代表中港「國安監控一體化」(張鎮宏 2024)。在雙重國安體制下,「一國」沒有「兩制」之空間。

(二)雙重國安之共同特徵

《國安法》為中央法律,《國安條例》為香港本地法律,雖然制定機關不同,兩者卻有許多共通點,包括(1)立法過程違反正當程序,中央立法全程保密,未諮詢香港社會,而香港立法會之立法過程也為了貫徹威權意志而淪為過場;(2)罪名模糊寬泛,箝制言論以及和平集會遊行結社等行為;(3)執法權力過度擴張,許多國安機制不受監督或問責;(4)司法程序不公,創設「指定法官」機制破壞司法獨立,並新增諸多不利被告之規定,

---

[3] 港府立法草案表示:「一個國家之內的任何地方,必須適用同一套國家安全標準」(香港保安局 2024)。

違反無罪推定、控辯武器平等原則；(5)域外效力無限延伸，試圖管轄境外言論，干預民主國家中常見之和平倡議行為。

1. 立法過程

2020年5月28日中國全國人民代表大會以幾乎全票通過制定《國安法》的決定，從決定公布後到6月30日全國人大常委會通過法律的這段期間，中國沒有公布草案，也沒有公開徵求意見，《國安法》制定過程之秘密程度，以中國法的標準都屬罕見。一直到2020年6月30日晚上11點，當港府將《國安法》刊憲並宣布立即施行時，外界才首度看到法條內容。

2024年的《國安條例》雖然有公布草案、徵詢外界意見，但過程徒具形式，外界雖表達關於人權法治之擔憂，卻未能改變政府迅速通過法案的決心。香港行政長官李家超在2022年10月第一份施政報告中表示，將為《基本法》第23條立法做準備工作，其於2023年12月18日赴北京向習近平述職報告時，公開宣布將於2024年內完成立法。2024年1月港府向立法會提交立法草案，自1月30日展開為期一個月的立法程序公眾諮詢。香港保安局宣稱在諮詢期間內共收到13,147份意見書，其中98.64%支持23條立法，「可見立法建議獲大部分市民支持」，至於反對的聲音，保安局不僅未予考量，反而試圖污名化，稱許多反對意見來自「境外反華組織及潛逃者」（香港政府新聞公報2024a）。

中央與港府對《國安條例》之急切從立法過程中可見一斑：2024年3月李家超前往北京參與中國兩會，3月5日卻提前返港，

向媒體表示23條立法是「早一日得一日」。3月8日,港府將草案正式刊載於政府憲報(法案提交立法會前之公告程序)並提交立法會審議。立法會加開特別會議,於法案刊憲公告的3小時內完成一讀程序。其後,立法會「馬拉松式」審議條文,3月19日迅速完成二讀和三讀,最後以89票全票通過,《國安條例》於3月23日刊憲生效。

《國安條例》的公眾諮詢程序也相當敷衍。相較之下,2002-2003年港府第一次嘗試23條立法時,公眾諮詢為期三個月,期間收到逾10萬份意見書(香港政府新聞公報 2003),當中有許多反對聲音,這些意見和之後的街頭遊行對立法會議員形成極大壓力,迫使建制派議員反對立法。反觀2024年,立法諮詢僅一個月,而在《國安法》高壓氛圍下,許多獨立公民團體已經解散、異議人士離港,即便能繼續運作的團體也不如以往可以自由表達批判立場。即便如此,還是有一些重要的公眾意見反對立法,指出《國安條例草案》會進一步侵蝕香港人權法治,多個公民團體發表聯合聲明(Freedom House et al. 2024),甚至因支聯會「煽動顛覆國家政權」案而被羈押的香港大律師鄒幸彤,也在獄中提出分析和反對意見(鄒幸彤 2024)。

立法會就《國安條例》的審議速度也非比尋常。一般而言,一份草案在立法會從首讀到三讀通過平均需要六個多月的時間(香港律政司 2012),但《國安條例》僅花了12天,且獲得全票通過,此情況與中國全國人大幾乎全數贊成通過《國安法》決定並無二致。在2021年選舉改制後的立法會已經沒有任何泛民主派議員,

在《國安條例》立法上，立法會淪為中國的橡皮圖章。

2. 罪名

《國安法》共有四大類罪名——「分裂國家」、「顛覆國家政權」、「恐怖活動」和「勾結外國或者境外勢力危害國家安全」（下稱「勾結外部勢力」）——按情節輕重程度可處有期徒刑、拘役或者管制，最重者可處無期徒刑。這些法條中有模糊的不確定概念和「兜底」的概括條款，再輔以相關「煽動」、「教唆」、「協助」、「資助」等罪名，範圍非常寬泛，使得執法機關有不受限制的裁量解釋空間，迫使人民自我審查與噤聲（Cohen 2022）。

目前實務顯示，執法和司法機關對於罪名的解釋確實極為廣泛，以致於一般民主國家中常見的和平抗議、倡議和批評政府的行為和言論都被網羅在內，無論是反送中運動「光復香港時代革命」口號，或是被稱作「香港國歌」之《願榮光歸香港》，都被港府解釋為有「分裂國家」或「顛覆政權」的意涵。[4] 聯合國人權機構已多次譴責《國安法》違反香港在《公民與政治權利國際公約》和《經濟、社會及文化權利國際公約》下之義務，提出批評的機構包括聯合國人權特別報告員（UN Special Rapporteurs 2020）、人權事務委員會（UN Human Rights Committee 2022）以及經濟、社會及文化權利委員會（UN Committee on Economic, Social and Cultural Rights 2023）。

---

4 譚得志因2020年發表「光復香港時代革命」等言論，2024年被裁定發表煽動文字等罪名成立，被判監禁40個月，案件已定讞；《願榮光歸香港》因法庭於2024年5月8日批出禁制令而成為「禁歌」。

《國安條例》的罪名按照《基本法》第23條的七項罪名編排。港府認為由於《國安法》已涵蓋「分裂國家」和「顛覆中央人民政府」罪，因此《國安條例》針對該條的其他罪行立法，包括「叛國」、「叛亂、煽惑叛變及離叛，以及具煽動意圖的作為」、「與國家秘密及間諜活動相關的罪行」、「危害國家安全的境外干預及從事危害國家安全活動的組織」，此外再加上一類「危害國家安全的破壞活動」罪名，這五大類罪名底下又有許多細項罪行，當中許多罪名的構成要件均是針對2019年反送中運動的抗議活動類型。

《國安條例》中許多犯罪構成要件模糊，打擊範圍過廣，例如過去英殖時期留下之《刑事罪行條例》中已有「煽動」罪之規定，且數十年未被使用，但在國安法頒布後，港府卻藉此罪名打擊批評政府之文字和刊物，且在《國安條例》立法中明文規定並加重處罰，若有行為、文字或刊物意圖引起對國家制度或機構的「憎恨或蔑視」，即構成犯罪，形同香港文字獄。《國安條例》侵害人身、言論、新聞、出版、集會、遊行、示威、結社自由等基本人權保障，同樣受到聯合國人權特別報告員譴責（UN Special Rapporteurs 2024）。

3. 國安機制

《國安法》在香港創設了前所未見之國安機制，包括中央政府駐港「國安公署」和「維護國家安全委員會」（「香港國安委」），這些機構為中央政府掌控，相關決策人員也都必須經過中央政府的任命、指派或首肯。另外，負責刑事案件偵查起訴的香港警務處、律政司也分別設置了專門的「維護國家安全部門」和「國家

安全犯罪案件檢控部門」,部門負責人由香港特首任命,特首任命前必須書面徵求國安公署之意見。換言之,從最上層的國安決策到日常的執法案件,都由中央信任之機構和人士把關(陳玉潔 2020: 136)。

《國安法》更進一步規定,香港國安委工作不受干涉、工作信息不予公開,其決定也不受司法覆核;國安公署及人員依據《國安法》執行職務行為,不受香港特別行政區管轄。此外,香港警務處國家安全處(國安處)被賦予了廣泛的權力,不僅執法,也負責搜集情報,監控民間社會和網絡言論,而在《國安法》下,司法對警方的制衡進一步被削弱(Young 2022: 181–182)。《國安法》確保這些機構得以秘密工作、不受問責。

2024年《國安條例》之運作不但奠基於上述國安機制上,更強化這些機制的保障,例如禁止披露國安工作人員的資料。《國安條例》更進一步擴充香港行政部門權力,使行政部門透過行政決定即可影響犯罪構成要件之認定,不必透過立法程序,也不必經由司法決定,例如行政長官有權指定涉及《國安條例》間諜罪認定之「禁地」;就國家安全或國家秘密認定問題發出證明書;保安局局長有權決定「受禁組織」、指名「潛逃者」。此外,行政長官可發出與維護國安相關的行政指令、可會同行政會議訂立維護國安之附屬法例;政務司司長就國安教育等事宜可提供意見或發出指示。這些擴張行政權力之規定——包括下述行政長官「指定法官」之制度——使行政部門在國安案件中擔任起裁決者之角色,法院的作用被大幅削弱。

4. 司法程序

香港司法體制在回歸後始終遭受中國之壓力，但仍能透過許多策略維護一定程度之獨立性（Yam 2021），然而，近年來「司法政治化」的趨勢使香港民眾對法治的信心一落千丈（黎恩灝、許菁芳 2024），在《國安法》影響下，香港司法獨立性遭受嚴重侵蝕（J. M. M. Chan 2022），在行政主導的雙重國安體制下更是面臨被邊緣化的危機。

《國安法》案件由香港警務處之國安處負責立案偵查，香港律政司之國家安全檢控科負責檢控。國安處偵查時，根據《國安法》第43條以及該條《實施細則》之規定，得採取許多高度侵入性的偵查措施，其中許多措施無需法院審查，缺乏外部的監督控制，包括：（1）搜查有關處所（在「緊急狀況」不經法院批准即可搜查）；（2）限制離港；（3）凍結財產並向法院申請限制令、押記令、沒收令以及充公財產；（4）移除網絡信息並要求網絡服務商協助；（5）向外國及台灣政治性組織及其代理人要求就涉港活動提供資料；（6）截取通訊及秘密監察；（7）要求有關人士提供資料和提交物料。

此外，負責檢控的律政司長可指示不設陪審團，庭審也可以不對外公開。《國安法》創設「指定法官」制度，國安案件只能由香港特首指定的法官審理，且被指定的法官必須沒有「危害國家安全言行」。

在制度面上，司法獨立遭受破壞，而在個案中，被告也缺乏

基本人權保障,《國安法》要求法官僅能在「有充足理由相信嫌疑犯不會繼續實施危害國家安全行為」的情況下才能准予保釋,使得香港刑事程序中「羈押為例外」之原則變成「保釋為例外」,違反《公民權利和政治權利國際公約》無罪推定原則、公平審判權與人身自由。

另外,《國安法》創設「中央管轄案件」,亦即在特定情況下,經港府或國安公署提出,報中央政府批准,國安公署可直接行使管轄權立案偵查,將被告送往中國起訴審判。目前實務上還沒有出現中央管轄案件,但「中央管轄案件」類別的存在,使中央掌控最終司法決定權,如果中央對於香港司法處置不滿意,可自行決定接手管轄,無任何制衡或審查機制(陳玉潔 2020: 136)。

《國安條例》不但沿用上述《國安法》對於國安案件創設之全部制度,包括警察廣泛的國安執法權力、推翻保釋原則、指定國安法官審理、禁止新聞界和公眾旁聽審理程序,更進一步新增不利被告之規定。在港府眼中,《國安法》的經驗顯示國安案件之執法和司法程序仍有「短板和不足」(香港保安局 2024),因此《國安條例》制定了更為嚴格之偵查和審理程序,包括給予警方更長的調查期間,在特定情況下可向法官申請延長被告羈押期,最長可達14日;在羈押期間若警方認為嫌疑人諮詢個別法律代表將危害國安等情況下,可要求裁判官禁止該人諮詢特定法律代表;或者在可能危害國安等特定情況下,限制嫌疑人諮詢法律代表;在被告保釋期間限制被告行動;並且處罰「妨害調查危害國安罪行」。

此外,根據《國安條例》,保安局局長可在憲報公告某人為

「潛逃者」，撤銷香港流亡異議人士的港區護照並禁止相關資金、商業活動、執業活動等，藉此切斷他們與香港社會之聯繫。

5. 域外效力

《國安法》的「長臂管轄」亦備受國際爭議。域外管轄本質上屬於「保護管轄」，由於一國刑法的域外效力可能干涉到其他國家公民行為和內政事務，因此各國在適用「保護管轄」時多有所限縮（Ling 2022）。《國安法》第38條卻將域外效力延伸至對港區實施《國安法》犯罪行為的所有人，不論是否具有香港永久性居民身份，也不限於是否在香港境內，此種毫無限制的長臂管轄在各國實踐中相當罕見，即便連中國自己的《刑法》都沒有。《國安法》的全球管轄易違反他國公民人權，也可能干預他國內政。例如港府通緝他國公民，企圖處罰在外國民主體制下正常的倡議行為，不僅違反香港在《公民與政治權利國際公約》下的國際義務，也可能因此干涉外國民主體制運作，違反國際法之「不干預原則」。

雖然民主國家不太可能將嫌犯引渡到香港或中國，不過許多民主國家在《國安法》通過後，已暫停或決定不批准與香港的引渡條約。可以預見，中國和港府要執行《國安法》的全球域外效力會遇到許多困難，但《國安法》第38條作用不在於實際上的「執行」成效，而是其企圖在全球範圍產生的噤聲效應。

《國安條例》針對不同罪名訂有不同域外效力，但其中一大類便是採用《國安法》的全球管轄，亦即涵蓋任何人在香港境外

的犯罪，採此類管轄方式者，通常是當局認為較有可能涉及境外活動且較為嚴重之犯罪，包括「非法披露國家秘密」、「非法披露看來屬機密事項的資料等」、「間諜活動」、「在沒有合法權限下進入禁地等」、「危害國家安全的破壞活動」以及「就電腦或電子系統作出危害國家安全的作為」。[5]

綜上所述，2020年的《國安法》與2024年的《國安條例》，兩者在立法過程、罪名範圍、執法權力、司法程序及長臂管轄方面極為相似。中港在立法過程中，多次強調其他國家也有類似的國安法律，試圖為這兩部法律辯護。誠然，各國皆有維護國家安全的正當需求，然而在實行國安措施時，國家必須同時遵守基本人權規範，以防止政府以國安為名行專制之實，因此在制定、適用和執行國安相關法律時，一國之立法、行政及司法機關必須確保其目的正當，並且遵循比例原則，以免侵害人民的基本自由權利。此外，相關法律應符合「明確性」要求，以免公權力恣意擴張。《國安法》和《國安條例》均未能符合這些基本要求，法律淪為掌權者統治工具，反映當前全球「獨裁法律主義」（autocratic legalism）的趨勢（Lai 2023）。

---

5 另一類別則是針對不同身份之「居民」，包括「香港永久性居民」、「特區居民」（包括持有身份證且具居港權的「永久性居民」，以及持有身份證但不具居港權的「非永久性居民」），以及「屬中國公民的特區居民」。不同罪名的域外效力可能涵蓋不同身份「居民」在香港境外之行為。此外，在犯罪主體為法人或團體之情況下，有些罪名的域外效力也適用於在香港成立、組成或註冊的法人團體，以及在特區有業務地點的團體。

三、雙重國安對香港公民社會之衝擊：
執法、恫嚇以及噤聲效應

雙重國安體制對香港公民社會的壓迫至少可從「法律風險」和「法律環境」兩方面觀察。首先，李立峯指出國安法制使公民社會主觀和客觀的法律風險升高（本書第五章），政府以國安法制處罰、恫嚇，使得團體或個人在評估、管理法律風險過程中，決定噤聲、解散或離開。其次，陳健民注意到在國安法時代原本支撐公民社會的法律環境惡化（本書第三章），不只是國安法制，其他配套措施如註冊登記及捐款等規定亦新增許多限制，使獨立公民社會不易自由運作，此現象為 Alvin Cheung（2018）所稱之 "abusive legalism"，亦即政府並不需要改變憲政體制，只要訴諸一般性、技術性的法律，便可打壓異見，遂行威權統治目的。礙於篇幅，本文討論聚焦在前者面向，即政府如何以執法行動以及在國安法制陰影下的「法律外」手段，大幅提高公民社會的法律風險，導致寒蟬效應。

（一）執法和法律外之恫嚇策略

中國全國人大作出《國安法》決定時，港府稱「懲治的是嚴重危害國家安全的一小撮『港獨』分子和暴力分子」（張建宗 2020）；2024 年港府推出《國安條例》後也聲稱「只針對極少數危害國家安全的人和組織」（香港政府新聞網 2024）。但實際上，政府不僅用《國安法》拘捕大批民主運動人士和街頭抗議民眾，

還通過一系列恫嚇手段——包括執法行動和官媒點名——打壓公民社會（陳玉潔2023; Chow et al. 2024）。在高壓環境下，許多團體被迫關閉，媒體停運，大批港人移居海外，香港作為開放社會的日常生活已不復存在。《國安法》的影響範圍廣及整個香港社會，遠超官方所宣稱的「極少數人」。

據官方統計，自《國安法》實施以來至2024年6月21日，共299人因《國安法》、《國安條例》以及其他與國安相關的案件被拘捕，其中175人被檢控，經法院審理之案件幾乎全部被判有罪，156人已被定罪判刑或正等候判刑（香港政府新聞公報 2024b）。審前羈押已成常態，多數被告在候審期間喪失人身自由；這意味著儘管法院尚未定罪判刑，被告已承受實質性的懲罰效果。

香港國安處通過大規模執法行動，不僅鎖定指標性人物，如民主運動人士、新聞媒體工作者以及非政府組織代表，還針對反送中運動中普通民眾的常見行為，包括街頭抗議和聲援行動。以下討論之案例具有指標性意義，顯示出香港官方透過執法進行恫嚇，其中許多打壓手法——如搜查媒體並凍結其資產、拘捕大批民主人士、處罰出版者——在香港前所未見：

- 《國安法》第一案：2020年7月1日《國安法》實施第一天，國安處拘捕許多上街抗議民眾，其中包括唐英傑，唐因駕駛插有「光復香港時代革命」旗幟之機車衝擊警方防線撞傷警員，被以「煽動分裂國家」及「恐怖活動」罪定罪判處9年重刑。
- 通緝海外港人和外國公民：警方多次針對海外港人發布通緝，並引用《國安條例》下關於「潛逃者」的規定，撤銷海

外港人護照,禁止其與香港資金往來及其他商業、專業活動,並懸賞追緝,藉此孤立這些海外港人、切斷他們與香港社會的聯繫,以削弱國際間關於香港的遊說倡議。

- **壹傳媒黎智英案**:2020年8月10日,國安處搜查壹傳媒大樓,並以「勾結外部勢力」罪拘捕壹傳媒創辦人黎智英及管理高層,此為國安處首次搜查媒體,引起社會譁然。2021年6月17日,國安處再次搜查壹傳媒大樓,拘捕管理高層,並凍結《蘋果日報》等相關公司資產。《蘋果日報》由於缺乏營運資金,宣布於2021年6月24日停刊。除「勾結外部勢力」罪名以外,2021年12月28日律政司對黎智英等人再加控「串謀發佈煽動刊物」罪。此外,黎智英因參與2020年維園六四燭光悼念活動被以「煽惑未經批准集結」罪判刑,另因其名下顧問公司在壹傳媒與《蘋果日報》報社大樓內營運,被法院認定構成對地主「欺詐」而被判刑5年9個月。黎智英自2020年12月起被羈押至今。

- **民主派初選案**:2020年7月香港民主派為準備立法會改選,舉辦提名初選,2021年1月國安處拘捕發起和參與初選人士,此為《國安法》實施以來最大規模的拘捕行動,也是控罪人數最多之案件,許多香港知名民主運動人士或非政府倡議者遭到羈押。47名被告被以「串謀顛覆國家政權」起訴,包括前香港大學法律學院副教授戴耀廷、前香港眾志秘書長黃之鋒、前立法會議員梁國雄、前香港民間人權陣線召集人岑子杰等人,審訊期間許多被告退出所屬政黨、辭去區議員

及刪除社交媒體。47人中僅2人罪名不成立，被定罪者之中刑期最輕為4年2個月，最重者為戴耀廷的10年徒刑。

- **羊村繪本案**：香港言語治療師總工會出版以羊村為主題的兒童繪本，描繪反送中運動相關事件。2021年7月，警務處國安處拘捕公會理事會成員，五名被告因「串謀發布煽動刊物罪」被判刑19個月監禁。羊村繪本案是香港移交後首次依據英殖時期遺留的「串謀發布煽動刊物罪」檢控、審理之案件。法院認定煽動行為亦屬國安案件，因而比照適用《國安法》程序，包括「指定法官」制度。在此案之後，檢警頻繁引用「煽動刊物罪」，包括轉載下載繪本網址以及郵寄繪本之行為。2024年的《國安條例》更將「意圖煽動罪」明文化並加重處罰。

- **支聯會案**：「香港市民支援愛國民主運動聯合會」（支聯會）自1990年後每年舉辦「六四」維園燭光集會。2021年8月國安處要求支聯會按照《國安法第43條實施細則》提供資料，但遭到拒絕，支聯會負責人大律師鄒幸彤等人因「沒有遵從通知規定提供資料罪」被起訴，上訴後終審法院撤銷控罪和刑期，此為《國安法》下首件終審法院勝訴案件。然而，支聯會還受到其他罪名的指控，2021年9月國安處以「煽動顛覆國家政權」檢控前正副主席，包括前立法會議員李卓人、何俊仁以及大律師鄒幸彤，三人均被羈押，目前尚未審訊。三人另因2020年參與維園六四燭光悼念活動，被以「煽惑及參與未經批准集結」定罪。

- 立場新聞案：2021年12月，國安處以《立場新聞》涉嫌「串謀發布煽動刊物罪」搜查辦公大樓、拘捕多名高層並凍結媒體資產，《立場新聞》當天宣布即時停止運作，移除網站及社群媒體全部內容。前《立場》高層鍾沛權、林紹桐於2024年8月被定罪，尚未宣判刑期。《立場新聞》為繼壹傳媒後第二間被攻擊之媒體；在壹傳媒案後已經有一些媒體選擇停運，在《立場新聞》案後更出現獨立媒體關閉潮（Chow et al. 2024: 73–74）。

- 612人道支援基金案：「612基金」是為反送中運動中受傷、被捕人士，提供醫療費用、心理精神輔導費用、法律費用及其他有關援助所成立。2021年9月國安處按照《國安法第43條實施細則》要求「612基金」提供眾籌和捐款人資料等。2022年5月國安處以「串謀勾結外部勢力」罪拘捕基金信託人天主教會樞機陳日君、大律師吳靄儀、嶺南大學文化研究系客座副教授許寶強、前立法會議員何秀蘭及歌手何韻詩，對其他基金職員也提起檢控，目前案件尚未審訊。

- 全球長臂管轄：2023年，一名在日本留學的香港學生在回港換領身份證時，被指控其在日本期間於社交媒體上宣揚「港獨」，因「作出具煽動意圖的行為」罪名被判處兩個月監禁，此為第一起港人因海外言論被《國安法》處罰之案例。

以上代表性之案例顯示警方通過國安執法行動，包括拘捕被告、搜查場所、凍結資金等，不僅打擊、噤聲特定人士和團體，

也透過許多「第一案」作為先例，對其他尚未受到調查的個人和組織釋放恫嚇訊息。

除執法行動之外，政府也利用法律以外的策略，包括官媒點名以及其他各種施壓方式。陳玉潔（2023）指出，中港官媒頻繁點名特定人物和團體為「亂港分子」，並呼籲政府應就國家安全立法執法，在《國安法》實施前，官媒報導被用以引導、鋪陳並正當化《國安法》之制定，《國安法》頒布後，官媒則依附於《國安法》之上攻擊特定對象，甚至引導執法行動。《國安法》的「輿論戰」與「法律戰」密不可分，且相互強化，兩者之整合使政府在許多情況下無需動用執法手段，即能以極低的成本壓制本土公民社會。

Chow 等人（2024: 32-34）進一步分析，法律外手段除常見的官媒和政府點名之外，還包括更為隱秘的施壓，例如政府以外的第三方（或稱「中間人」）接觸公民團體，藉此搜集情報並暗示《國安法》所帶來的威脅，甚至出現不明人士的攻擊或跟蹤行為。

此外，運動倡議者和媒體工作者還面臨來自僱主的壓力，僱主為避免冒犯政府，會明示或暗示員工不應參與政治活動（Chow et al. 2024: 34-36），例如原《華爾街日報》記者鄭嘉如，在角逐香港記者協會主席前曾被上司要求退選，接任協會主席後被《華爾街日報》解僱。據無國界記者統計，自國安法實施4年間，最少逾900名記者失業（Reporters Without Borders 2024）。

最後，許多香港團體原本依賴外國資金，但在《國安法》實施後，外國資金可能被視為「勾結外部勢力」的證據，導致許多

團體不再接受外國資金,而港府對這些團體的資金支持也大幅縮減(Chow et al. 2024: 36),使公民團體難以運作。

(二)寒蟬效應

在中國統治的陰影下,「自我審查」原本就深植在香港媒體日常運作中(區家麟 2017; Lee and Chan 2009)。然而,《國安法》實施後,中國的干預不再隱微,不僅是媒體,一般團體個人都可以感受直接衝擊,導致廣泛的寒蟬效應。

寒蟬效應如何形成,可由政府和公民社會兩個角度觀察。從政府角度而言,最理想狀態是只動用針對性的手段,即可令社會完全服從,關鍵在於以有限的成本(立法、執法和其他法律外手段)最大化效益(噤聲效果),使得政府不必全面執法也可收全面執法之效。為此,政府用法律劃定出的「紅線」經常刻意模糊,存在許多灰色、不確定的地帶,被規範者被迫自行摸索,被迫自我審查。

另一方面,寒蟬效應在公民社會之所以發酵,或可用「法律風險」的概念加以理解,無論是組織或個人在採取社會行動時,勢必會評估、管理相關法律風險,並做出適應行為(本書第五章),當法律風險升高時便可能調整目標、改變論述和行動,或在極端的情形下選擇解散或離開。

香港公民社會面臨國安體系打壓做出的適應行為,至少表現於以下現象:公民團體停運、公共論述空間萎縮以及港人大規模移民。

1. 公民團體停運

據統計，自《國安法》實施至2023年底，共計90個公民團體在政府壓力下停止營運（Chow et al. 2024: 68-72）。許多具代表性的團體並非因政府執法而關閉，而是遭到中國官媒和香港《大公報》、《文匯報》點名批評而解散，因為官媒的點名相當於預示其將遭到《國安法》調查的風險，例如，民間人權陣線被指「涉嫌收受外國資金或勾結外國勢力」；香港教育專業人員協會被指「公然宣揚美化黑暴的書籍，令教育界烏煙瘴氣」；支聯會被指多年來收受外國勢力資助，充當「外國代理人」；香港職工會聯盟則被指控「反中亂港」、「一直靠境外勢力豢養」，這些團體都在官媒點名後決定自行解散（陳玉潔 2023: 107）。一些團體即便解散後仍遭國安處調查，例如前述的支聯會和612基金。

有些團體即使未解散，也被迫自我審查，例如香港記者協會在2022年被官媒指為「長期受外國政治勢力操控的政治組織」後，便不再於網站發布「香港言論自由報告」，並將往年報告全數自網站刪除（陳玉潔 2023: 107）。又例如，香港大律師公會一向是捍衛香港法治的重要核心團體，然而在2021年遭到《人民日報》批評為「過街老鼠，今後在香港的潰敗已是確定之數」。公會前任主席夏博義（Paul Harris）大律師也被香港官媒點名批評，在2022年遭國安處調查後離開香港。此後，香港大律師公會便開始避免發表批評政府的言論（Chow et al. 2024: 30-31）。

2. 公共論述空間萎縮

在《國安法》的壓力下，許多香港獨立媒體被迫停運或自行選擇關閉。據統計，自《國安法》實施至 2023 年底，共有 22 間媒體關閉（Chow et al. 2024: 73-74）。《國安法》首個打擊目標是壹傳媒，其旗下的《蘋果日報》因資金遭凍結、高層遭拘捕而於 2021 年 6 月停刊。2021 年 12 月，獨立媒體《立場新聞》也因高層被捕而立刻停運。這兩個具代表性的媒體受到調查，特別是在《立場新聞》事件後，出現獨立媒體關閉潮。

《國安法》生效後，香港公共圖書館多次以「可能違反國安或法律」為由下架數百本書籍。由於國安紅線的不確定性，獨立出版商的經營環境變得更加艱難，一些業者被迫結束在香港的業務，如明鏡出版社和山道出版社。獨立書店在《國安法》生效後曾一度興盛，為港人提供「抗爭空間」，扮演再次連結公民社會的角色（本書第七章），但一些獨立書店不斷遭到民眾的「舉報」和政府施壓，不得不結束營業。

香港學術自由早在《國安法》頒布前已開始惡化（Petersen and Cheung 2017），而《國安法》實施後，知識分子面臨的壓力和攻擊變得更加直接，例如，香港大學在《國安法》通過後迅速解聘戴耀廷教授；前立法會議員邵家臻於香港浸會大學社工系任講師之職務不獲續約；香港科技大學講座教授李靜君，因被官媒指控涉嫌宣揚違法的「港獨」訊息，在受到校方壓力後離職。同樣被官媒點名的還有香港教育大學的方志恒教授，他被指控為「煽惑、

洗腦荼毒眾多年輕學子」，於2022年離任。研究天安門事件的香港中文大學歷史系教授何曉清，被官媒點名「反中亂港」，隨後其工作簽證延長申請未獲批准，被中文大學解僱。許多香港和外國教授因環境改變而決定離開香港教職。

網路的公共討論空間也受到限縮，《國安法》賦予香港政府更多權力，能夠要求網路供應商和網路服務供應商封鎖移除被認定為違反國安的網路內容，一些獨立網站甚至海外媒體因此遭到封鎖，而平台和供應商被課予更多內容審查之責任，法律風險大幅增加，因此可能以更保守的態度審查網站內容（鄭頌晴 2024）。

3. 港人大規模移民

香港在《國安法》後出現了大規模的移民潮。據統計，從2020年7月至2023年6月，香港居民淨離港數目達53萬人（梁啟智 2023），顯示大量人口外移。

一些民主國家相應放寬了港人移居的規定。例如，英國開放了香港「BNO」人士及其直系親屬移居，成為港人移民的主要目的地。自2021年1月至2024年3月，共有210,843名港人通過「BNO」簽證計劃移居英國（UK Home Office 2024）。加拿大的「救生艇計畫」（Hong Kong Pathway）在2021至2023年三年間共批准了23,684名港人（Koblensky Varela 2024）。此外，從2020年7月至2023年6月，共有12,582名港人獲得澳洲永久移民簽證。澳洲另於2022年3月推出「避風港計劃」（Hong Kong Stream），截至2024年2月，共有1,050人獲批移民簽證（簡毅慧、柯皓翔 2024）。

台灣雖無難民法或政治庇護制度，但為因應《國安法》推出了「香港人道援助關懷行動專案」，然而該專案的援助人數有限，大部分港人仍是透過一般移民管道移居台灣，從2019年7月至2024年4月，共有7,472名港人獲得定居許可，43,365名港人獲得居留許可（移民署2024）。

（三）《國安條例》下的新一輪寒蟬效應

到了2024年，香港的社會空間已迅速縮減，但政府仍執意推動《國安條例》，導致新一波的寒蟬效應。多家獨立書店在《國安條例》生效前便開始下架2019年「反送中」攝影集，此外，見山書店、進一步多媒體出版等獨立書店及出版社也結束營業。在《國安條例》生效後，《自由亞洲電台》顧及工作人員和記者的安全而關閉香港辦事處，《華爾街日報》也將亞洲總部遷離香港。根據2024年8月一份調查顯示，高達九成二的新聞從業人員認為《國安條例》對新聞自由造成極大或頗大之損害（香港記者協會2024a）。

如前所述，《國安條例》在《國安法》之上新增許多罪名，公民社會面臨的法律風險也因此升高。例如香港記者協會在立法過程中便指出，「國家秘密」相關罪名涵蓋範圍非常廣闊且定義模糊，尤其新增的經濟、社會發展及科學範疇，令記者難以判斷，可能導致寒蟬效應（香港記者協會2024b），然而其意見未被港府採納。事實上，「國家秘密」範圍如此廣泛，不僅影響媒體工作者，其他團體或甚至一般商業公司在獲取資訊上也會增加許多風險。

目前為止，《國安條例》大多數案件涉及「煽動意圖」罪，顯示該法主要被用以處罰政治性言論，包括涉及六四紀念言論的《國安條例》第一案：2024年5月，國安處宣布拘捕在押的大律師鄒幸彤及其親友，聲稱這些人通過「小彤群抽會」社交平台發布訊息，並「利用某個將至的敏感日子，煽動別人憎恨中央政府、香港政府和司法機構的一些情況」，從而違反《國安條例》中的「煽動意圖」罪（香港政府新聞公報 2024c）。事實上，《國安法》實施後，每年在維園紀念六四的活動已完全停擺，過去幾年中，嘗試在六四當天到維園紀念的活動人士也因煽惑或參與「未經批准集結」的罪名被定罪，但在《國安條例》實施後，不僅集會變得不可能，連在社交媒體上發表六四相關訊息也可能被檢控。

此案之後，陸續出現其他涉及「煽動意圖」罪的案件，包括被告因上街高喊「平反六四」口號，或因穿著「光復香港，時代革命」字樣的衣物及佩戴印有「五大訴求，缺一不可」英文縮寫的口罩，而遭到拘捕。截至2024年11月已有三人被以《國安條例》判刑，均因和平言論表達行為（包含網路言論）被依「煽動意圖」定罪（I. Chan 2024），顯見言論自由受到更嚴重的打壓。

四、結論

1984年，中國與英國簽訂《中英聯合聲明》，雙方約定香港移交後將以特別行政區的形式實施「一國兩制」，由港人治港，享有高度自治。此條約規定香港當時的社會、經濟制度及生活方

式在五十年內不變,並承諾基本人權將受到保障。這些承諾也被明確納入《基本法》中。此外,儘管中國尚未批准《公民權利和政治權利國際公約》,但《基本法》規定,移交前已適用於香港的《公政公約》將繼續適用於香港。

自移交以來,香港社會持續爭取在「一國兩制」框架下實現「高度自治」,並推動「真普選」,以實現行政長官及全部立法會議席的直接選舉。然而,中國的威權體制不願、也無法回應香港的民主訴求,並在經濟及政治層面持續干預香港事務(Wu 2021; Fong 2017),違背《中英聯合聲明》和《公政公約》(Cheung 2015)。隨著本土派出現、香港抗爭升溫,中央的打壓也愈加強烈,形成一個惡性循環(陳健民、吳木欣 2017; Hui 2022)。中國《國安法》和香港《國安條例》均違反基本人權,顛覆了香港人原有的開放與自由的生活方式,不僅違背《基本法》,也有違中港在前述條約／公約下之國際義務。

為何香港會有今日的發展?欲使兩個不同制度共存的「一國兩制」為何無法解決爭議? Carole Petersen(2022)從國際法角度指出,中國「一國兩制」作為承諾領土自治的模式,存在設計上的缺陷,因為聯合國未能在領土自治協商過程中扮演實質性的角色。Cora Chan 等學者從憲政體制的觀點探討,認為「一國兩制」下的兩個體制在政治和法律意識形態上截然相反,而《基本法》未能指引要如何在「一國」之下維持兩種截然不同的體制,導致威權體制與自由主義間的衝突難以通過憲政對話來解決(Chan and de Londras 2020: 6; Fu and Hor 2022: 2–3)。Christine Loh(2010: 8)

從地緣政治的角度觀察到,「一國兩制」雖然建立了一個新的政治秩序,但此秩序不容許挑戰中國主權,在北京看來,中國的國家安全利益必須得到保障,以防止香港被反華「外國勢力」利用,並確保香港由「愛國者」治理。

吳介民關於中國帝國視角的討論極具啟發意義,其認為中國的「帝國方略」主導著帝國本體與邊陲的關係,在專制統治邏輯下,邊陲應為帝國權力和利益提供資源,不具備自主性(本書第二章)。在中央與邊陲關係中,中國從未允許「一國兩制」挑戰共產黨統治的權威,因此,一個不服從共產黨領導的體制在「一國」框架下無法存續,具體而言,如果「兩制」真正實現,一個完全民主的香港將對共產黨的領導構成重大威脅,在中共眼中可能動搖其對邊陲地區如西藏和新疆的控制,甚至影響到未來打算將「一國兩制」適用於台灣之可能性。對中共中央而言,邊陲地區本來就難以控制,適用不同的制度只會加劇政權的不安全感。香港的經驗顯示,雖然「一國兩制」的設計初衷是為了減緩香港移交時香港內部和國際社會的擔憂,但這一體制未能化解矛盾,只是將不可避免的爭端推遲。中央與香港本地社會的博弈最終向掌握壓迫工具的一方傾斜,不僅未能實現香港社會期待的民主體制,反而侵蝕了香港原有的開放與自由的公民社會。

然而,即便在高壓環境下,公民社會仍保有「民主韌性」之可能,因為寒蟬效應和民主韌性並非互斥,事實上兩者經常同時存在;政府的打壓雖可迫使社會做出調整、適應而自我審查,然而公民社會同時也具備維護核心價值理念的能力(本書第五章)。

鄭祖邦即指出,政府刻意模糊的「紅線」也可以是一條「抵抗的界線」,提供公民社會與政府博弈和抗爭之空間(本書第七章),公民社會在壓迫的縫隙中生存,在保存自我的同時也能長期與政府抗衡,拒絕成為威權的信奉追隨者。

雙重國安體制顛覆了香港自1970年代在自由主義下發展之「法治」,值得追問的是:一向被視為香港核心價值的「法治」,為何如此脆弱?

首先,香港英殖時期的法律改革不應被浪漫化,英殖政府為正當化其政權,將「法治」作為統治的意識形態,卻從未推動有意義的政治民主化(Jones 2007)。殖民時期其實存在著許多壓迫性的法律,例如前述提到的「煽動」罪,早就烙印在不健全的殖民「法治」中。

缺乏民主基礎的法律改革極為脆弱。真正法治(rule of law)的核心在於透過法律規範制衡政府權力、防止濫權;而當其有效運作時,往往受到掌權者的打壓。民主制度內建了一套防衛機制,以抵禦對法治的攻擊,包括權力分立、政黨競爭以及開放社會等制度;相反地,在非民主體制中,這些防衛機制並不存在,獨裁者得以輕易拆解法治,掏空法律的規範性意義,將其轉變為工具性的「法制」(rule by law)。

此現象也回應了一個長期存在的爭論:威權體制是否可能藉由法律改革,逐步邁向民主轉型?抑或甚至無需政治改革,僅憑藉法制的改善,便足以保障人民權利?中國自改革開放以來,所謂「法治建設」的計劃,在某程度上採取了「法律改革與民主改

革可切割進行」的假設,甚至寄望法律改革能夠帶動民主化。然而,無論是中國,或是當前香港的發展,均顯示此一假設的根本誤判。將「威權」與「法治」相提並論,本身即是一種矛盾修辭(Oxymoron):威權的運作邏輯在於掌握至高無上的權力,法治核心則在於制衡權力,兩者本質上無法相容。要建立法治,不能缺少民主改革,法治與民主兩者互依共生。

最後,國安法律作為威權統治的手段並非中國獨有,在台灣的經驗中,過去的威權政府也曾利用國安法律箝制言論並審判民主人士,儘管如此,台灣社會仍不時尋求空間來拓展論述和組織活動,海外的組織也成為一股重要的反抗力量(李筱峰 1987),這些策略以及背後支撐的精神,可說是民主韌性的表現。當前香港政治空間日益緊縮,使得公民社會難以發展,但本地公民社會仍利用僅存的空間保持民主韌性,新興的海外香港群體也試圖保存香港文化精神,這種超越實體疆界、透過共同經歷、信念、情感以及道德聯繫形成的「受苦共同體」(陳健民 2024)如何發展,將深刻影響香港未來。與此同時,從事香港研究者也應擺正公民社會的主體性,不受國家政策法律「自上而下」的單一視角侷限,唯有轉向公民社會「自下而上」的多重視角,才能看到在壓迫巨浪席捲下仍然湧動的暗流。

參考書目

人民日報，2020，〈維護「一國兩制」行穩致遠的重要舉措〉。新浪新聞，5月21日。
李筱峰，1987，《台灣民主運動四十年》。台北：自立晚報社文化出版部。
香港保安局，2024，〈維護國家安全：《基本法》第二十三條立法公眾諮詢文件〉。
香港律政司，2012，《香港法律草擬文體及實務指引》。香港：香港律政司。
香港政府新聞公報，2003，〈保安局局長聲明全文〉。
──，2024a，〈《基本法》第二十三條立法公眾諮詢結束〉。
──，2024b，〈保安局局長出席撲滅罪行委員會會議後會見傳媒談話全文〉。
──，2024c，〈保安局局長談警務處國家安全處執法行動〉。
香港政府新聞網，2024，〈國安法穩定社會　促進良政善治〉。
香港記者協會，2024a，〈業界評港新聞自由指數創11年新低　92%從業員認為23條立法損害大〉。
──，2024b，〈香港記者協會就《基本法》二十三條立法　提交保安局的意見書〉。
區家麟，2017，《二十道陰影下的自由》。香港：香港中文大學出版社。
張建宗，2020，〈守法市民不需擔心人大國安法決定〉。香港政府新聞網。
張鎮宏，2024，〈港人抵制21年後，象徵中港國安監控一體化的《基本法》23條正式立法〉。報導者，3月19日。
梁啟智，2023，〈三年流失53萬人〉。Patreon，7月2日。
移民署，2024，〈大陸地區人民進入台灣地區統計資料〉。tinyurl.com/2ydyq649/，取用日期：2024年6月13日。
簡毅慧、柯皓翔，2024，〈反送中運動5週年：從人流、經濟、文化數據看香港的改變與走向〉。報導者，6月11日。
虞平，2022，〈論「總體國家安全觀」對香港法治人權的侵蝕〉。《中研院法學期刊》2022特刊：245-278。
鄒幸彤，2024，〈鄒幸彤對《基本法》第二十三條立法公眾諮詢文件的意見書〉。Facebook，取用日期：2024年6月11日。
鄺頌晴，2024，〈國安法與科技中立之爭──香港數位權利的未來挑戰〉。《台灣人權學刊》7(4): 111-125。
陳健民，2024，〈香港民主的未來〉。頁391-446，收錄於何明修編，《未竟的革命》。新北：左岸。
陳健民、吳木欣，2017，〈本土、勇武與犬儒：傘後香港的社會趨勢〉。《中國大陸研究》60(1): 19-36。
陳玉潔，2020，〈《港版國安法》：香港法治的破洞、人權的缺口〉。《台灣人權學刊》

5(4): 131-157。
——，2023，〈中國認知作戰中「輿論戰」與「法律戰」之整合運用：以《港區國安法》「勾結外國或者境外勢力」為例〉。《遠景基金會季刊》24(4): 81-121。
黎恩灝、許菁芳，2024，〈香港司法政治化與法律人的回應〉。頁135-176，收錄於何明修編，《未竟的革命》。新北：左岸。
Chan, Cora and Fiona de Londras, 2020, "China's National Security in Hong Kong: A Challenge for Constitutionalism, Autonomy and the Rule of Law." Pp. 1-15 in *China's National Security: Endangering Hong Kong's Rule of Law?*, edited by Cora Chan and Fiona de Londras. Chicago: Hart Publishing.
Chan, Irene, 2024, "Hongkonger Charged with Sedition under Article 23 Security Law over Social Media Posts." *Hong Kong Free Press*, November 13.
Chan, Johannes M. M., 2022, "National Security Law in Hong Kong: One Year On." *Academia Sinica Law Journal* 2022 Special Issue: 39-101.
Chen, Albert H. Y., 2020, "Constitutional Controversies in the Aftermath of the Anti-Extradition Movement of 2019." *Hong Kong Law Journal* 50(2): 609-632.
Cheung, Alvin Y. H., 2015, "Road to Nowhere: Hong Kong's Democratization and China's Obligations Under Public International Law." *Brooklyn Journal of International Law* 40(2): 465-545.
——, 2018, "An Introduction to Abusive Legalism." Preprint. Available at LawArXiv. DOI: 10.31228/osf.io/w9a6r.
Chow, Olivia, Eric Yan-ho Lai and Thomas E. Kellogg, 2024, "Anatomy of a Crackdown: The Hong Kong National Security Law and Restrictions on Civil Society." Georgetown Center for Asian Law.
Cohen, Jerome A., 2022, "Hong Kong's Transformed Criminal Justice System: Instrument of Fear." *Academia Sinica Law Journal* 2022 Special Issue: 1-20.
Fong, Brian C. H., 2017, "One Country, Two Nationalisms: Center-Periphery Relations between Mainland China and Hong Kong, 1997-2016." *Modern China* 43(5): 523-556.
Freedom House et al., 2024, "Joint Statement from Civil Society Groups on the Hong Kong Government's Consultation for Article 23 Legislation." Freedom House.
Fu, Hualing, 2020, "China's Imperatives for National Security Legislation." Pp. 41-60 in *China's National Security: Endangering Hong Kong's Rule of Law?*, edited by Cora Chan and Fiona de Londras. Chicago: Hart Publishing.
Fu, Hualing and Michael Hor, 2022, "Re-Balancing Freedom and Security in Post-NSL

Hong Kong." Pp. 1–19 in *The National Security Law of Hong Kong: Restoration and Transformation*, by Hualing Fu and Michael Hor. Hong Kong: Hong Kong University Press.

Hui, Victoria Tin-bor, 2022, "The Bad Birth and Premature Death of 'One Country, Two Systems' in Hong Kong." *Academia Sinica Law Journal* 2022 Special Issue: 159–194.

Jones, Carol, 2007, "'Dissolving the People': Capitalism, Law and Democracy in Hong Kong." Pp. 109–150 in *Fighting for Political Freedom: Comparative Studies of the Legal Complex and Political Liberalism*, edited by Terence C. Halliday, Lucien Karpik and Malcolm M. Feeley. Oxford: Hart Publishing.

Koblensky Varela, William, 2024, "Exclusive: Hong Kong Asylum Applicants Suddenly Shun Canada. What's Happening?" *New Canadian Media*, February 4.

Lai, Yan-ho, 2023, "Securitisation or Autocratisation? Hong Kong's Rule of Law under the Shadow of China's Authoritarian Governance." *Journal of Asian and African Studies* 58(1): 8–25.

Lee, Francis L. F. and Joseph Chan, 2009, "Organizational Production of Self-Censorship in the Hong Kong Media." *International Journal of Press/Politics* 14(1): 112–133.

Ling, Bing, 2022, "Extraterritorial Application of the HK National Security Law: A Legal Appraisal." Pp. 101–118 in *The National Security Law of Hong Kong: Restoration and Transformation*, edited by Hualing Fu and Michael Hor. Hong Kong: Hong Kong University Press.

Loh, Christine, 2010, *Underground Front: The Chinese Communist Party in Hong Kong*. Hong Kong: Hong Kong University Press.

Petersen, Carole J., 2005, "Hong Kong's Spring of Discontent: The Rise and Fall of the National Security Bill in 2003." Pp. 13–62 in *National Security and Fundamental Freedoms: Hong Kong's Article 23 Under Scrutiny*, edited by Hualing Fu, Carole J. Petersen and Simon N. M. Young. Hong Kong: Hong Kong University Press.

——, 2022, "Territorial Autonomy as a Tool of Conflict Resolution? Lessons from 'One Country, Two Systems' in Hong Kong." *Academia Sinica Law Journal* 2022 Special Issue: 195–243.

Petersen, Carole J. and Alvin Y. H. Cheung, 2017, "Academic Freedom and Critical Speech in Hong Kong: China's Response to Occupy Central and the Future of One Country, Two Systems." *North Carolina Journal of International Law* 42(3): 665–728.

Reporters Without Borders, 2024, "Hong Kong: At Least 900 Journalism Jobs Lost, Media in Exile after Four Years of Draconian National Security Law."

UK Home Office, 2024, "Safe and Legal (Humanitarian) Routes to the UK."

UN Committee on Economic, Social and Cultural Rights, 2023, "Concluding Observations on the 3rd Periodic Report of China, Including Hong Kong, China, and Macao, China." UN Digital Library: E/C.12/CHN/CO/3.

UN Human Rights Committee, 2022, "Concluding Observations on the 4th Periodic Report of Hong Kong, China." UN Digital Library: CCPR/C/CHN-HKG/CO/4.

UN Special Rapporteurs, 2020, "Comments on the Law of the People's Republic of China on Safeguarding National Security in the Hong Kong Special Administrative Region ('National Security Law')." UN Human Rights Office Communications Archive: OL CHN 17/2020.

——, 2024, "Comments on the Safeguarding National Security Ordinance." UN Human Rights Office Communications Archive: OL CHN 5/2024.

Wu, Jieh-min, 2021, "More than Sharp Power: Chinese Influence Operations in Taiwan, Hong Kong and Beyond." Pp. 24–44 in *China's Influence and the Centre-Periphery Tug of War in Hong Kong, Taiwan and Indo-Pacific*, edited by Brian C. H. Fong, Jiehmin Wu and Andrew J. Nathan. London: Routledge.

Yam, Julius S. R., 2021, "Approaching the Legitimacy Paradox in Hong Kong: Lessons for Hybrid Regime Courts." *Law & Social Inquiry* 46(1): 153–191.

Young, Simon N. M., 2022, "Police Powers under the National Security Law: A Commentary." Pp. 167–186 in *The National Security Law of Hong Kong: Restoration and Transformation*, by Hualing Fu and Michael Hor. Hong Kong: Hong Kong University Press.

5　民主倒退中的香港社會韌性

李立峯

摘要

　　2020後的香港經歷了急速的民主倒退。擁抱自由民主價值的香港市民能否適應環境變化，同時維持著既有的價值理念？嘗試就著廣義的人權、公義，或各種社會問題提供服務或進行倡議的社會組織又如何求存？本文以韌性（resilience）作為重心概念來討論這些問題。文章先闡釋在混合或非民主政體中的民主韌性的意涵，強調的是對環境變化作出調整和適應，但同時維護核心價值理念的能力。本文之後通過回顧現有的研究文獻和作者過去兩年所得的研究材料，在個人心理以及社會組織層面討論當下香港社會的民主韌性。在個人心理層面，兩項調查研究顯示，支持民主運動的香港市民展示了一定程度的適應環境轉變的能力。在反修例運動參與者中，適應環境轉變跟在價值理念以至行動上的堅持有正相關，在整體香港市民中，適應環境轉變跟政治判斷及行動上的堅持則有較複雜的關係。在社會組織層面，通過分析對新聞工作者和公民社會組織者的訪談，文章討論行動者如何評估及管理風險，調整工

作方式和範圍以應對政治和法律環境轉變，但同時亦堅持專業原則和嘗試繼續改進社會，以及保存社會自治的能力。不過，本文亦討論在持續民主倒退和「軟管控」下，長期保持韌性的困難和挑戰。文章最後指出一些未來的研究和觀察方向。

關鍵詞

民主倒退、民主韌性、價值保存、環境適應、公民社會

引言

回歸後的香港一直被視為一個混合政體（hybrid regime），即是它同時具備了威權主義政體和民主政體的特徵。一方面，香港特別行政區行政長官並非由全港市民在開放和具競爭性的選舉中投票產生，立法會組成方法和議事規則也確保了議會由親政府的建制派主導。但另一方面，2020年前的立法會的確有半數議席由一人一票的地區普選產生，法律制度也給予大眾一定信心，以至不少社會運動組織者會嘗試通過司法覆核等「法律動員」（legal mobilization）方式來爭取訴求（Jones 2015）。回歸後早年，香港在無國界記者的新聞自由世界排名榜中曾經名列前茅，雖然到了2016年，香港的排名已經由2002年的全球第18位跌至第69位，但在當時，香港的排名跟日本和南韓等亞洲民主國家其實是相若的。[1]

不過，在2019年反修例運動（或反送中運動）和2020年港區國安法成立之後，香港經歷了一次急速的民主倒退（democratic backsliding）。運用Nancy Bermeo（2016: 5）的定義，民主倒退意指由國家機關主導的，對維繫民主體制的政治制度的破壞或消滅。在2020年後的香港，民主倒退的具體體現包括：立法會和區議會民選議席數目和比例大幅下降、為數不少的公民社會組織因被檢控或因政治風險解散、數間具影響力和批判性的媒體機構結束營運、市民舉辦遊行示威或其他集體行動比之前受到更多制肘等（Hong Kong Free Press 2022; Leung 2023; Wellman 2023）。再以新聞自由為例，香港在無國界記者的世界排名，也由2021年的全球第80位，急速下滑至2023年的第140位。在自由之家（Freedom House）的政治權利及公民自由評分中，香港的總分亦由2019年的59分下降至2024年的41分。[2]

抱持自由民主價值觀的香港市民如何應對急速變化的環境？他們能否適應環境變化，但同時維持既有的價值理念？嘗試就著廣義的人權、公義，或各種社會問題提供服務或進行倡議的社會組織又如何求存？個人和社會組織應對環境轉變的方式，會如何影響香港社會的未來走向？回到2004年，一群政界、學界，以及專業界別人士在報章發表聯署宣言，指自由民主、公平公義、多元包容、專業誠信等，是香港社會的「核心價值」。但在民主

1　數據來自Reporters Without Borders（2016）。
2　數據來自Freedom House（2024）。

倒退下，香港社會的價值基礎會否出現變化？

此等問題指向「韌性」(resilience)這個概念。在日常用語中，韌性意指人們應對逆境的能力。在2020年後的香港，對支持民主自由的市民和關注人權和社會公義的組織而言，「民主倒退」就是一個逆境，值得關注的是人們在面對這個逆境時能夠展現出多少韌性。

韌性是一個涉及不同層面而且需長期觀察的問題，不是本文可以完全處理的。本文嘗試做的，是對民主倒退下香港社會的「民主韌性」(democratic resilience)先作一個概念性的討論，闡釋其基本意涵。然後，文章再通過回顧少數現已發表的香港研究以及分析作者在過去兩三年間所得的研究材料，探究由2020年下半年至2024年初為止，香港市民個人心理層面和民間社會組織層面所展現出的韌性。之後，文章亦會討論香港社會的民主韌性所面對的限制和挑戰。整體而言，本文的目的是以韌性做為重心概念，回顧香港社會過去幾年的轉變，同時指出值得持續探究的一些方向。

民主韌性、個人心理和民間社會

民主倒退不是香港獨有的現象。在過去十年，很多西方學者關注到全球是否正在經歷全面的民主倒退（Haggard and Haufmann 2021），跟此問題息息相關的，是民主社會到底有多大的韌性（Boese et al. 2022; Levitsky and Way 2023; Luhrmann 2021）。

對於何謂民主韌性，學者也有不同的理解。例如Boese等人（2021）把民主韌性分為應對倒退開始的韌性（onset resilience）和應對崩潰的韌性（breakdown resilience），前者指的是一個民主體制能否有效防範民主倒退的開始，後者指的是，一旦民主倒退開始，民主體制能否有效防範民主制度的崩潰，亦即社會全面進入威權主義狀態。不過，也有學者指出Boese等人（2021）太著重「民主制度維持不變」作為韌性的標準，忽略了制度在面對逆境時可能要作出相應的變化（Holloway and Manwaring 2023）。Merkel與Luhrmann（2021: 874）就為民主韌性提出一個更廣闊和複雜的定義：民主韌性指一個民主系統、其制度、政治行動者，以及公民防範或回應來自內部或外部挑戰、壓力和攻擊的能力。民主韌性的體現是，在受到壓力或攻擊下，系統到最後有沒有喪失其核心制度、組織和程序的民主性質，但達至韌性的方式既可以是系統維持不變，也可以是系統通過內部轉變來適應，或者在受影響後復原。

　　不過，無論是Boese等人（2021）或Merkel與Luhrmann（2021）提出的概念，都不一定完全適合用來探討當下香港的狀況，因為他們的定義都從既有的民主體制的經驗出發，最後的重點都是如何防止制度崩潰。但香港從來不是一個全面民主的政體，民主制度或元素的倒退，就算發生得較為急速，但能否被形容為「崩潰」（breakdown），是可以商榷的。同時，若果一個政治體制的民主成分已被弱化至不能再被稱為民主，或甚至不能被稱為混合型時，韌性的問題是否就不復存在？

相比之下,Burnell與Calvert(1999)提出的對民主韌性的定義,更符合用來分析香港的狀況。對該兩位作者來說,民主韌性的問題,是當官方認可的價值與民主理念對立,而社會上很多人似乎又漠不關心時,民主價值是否在社會某些角落或領域中持續存在並被高舉著(1999: 4)。這個定義沒有假設民主體制是否健全,也沒有強調民主自由是否一定是社會上絕大多數人所擁抱的價值,韌性的重點,是跟民主相關的價值理念能否在充滿敵意的環境中在某些領域或角落被傳承下去。

跟民主相關的價值理念包括甚麼呢?對此作系統的理論整理超越了本文範圍。簡單地說,跟民主相關的價值理念固然可以包括民主、自由、法治、包容、由下而上的政治和社會參與等政治理論中的自由民主制度的基礎。在特定的場景裏,它也可以包括跟該社會的民主運動相關的一些觀念,例如跟民主運動扣連著的身份認同或集體記憶等。此外,在民主倒退之下,一些抗拒威權的理念也跟民主韌性相關,例如專業主義,本身涉及一個專業領域中的人能否排除政治干預,只以專業知識和原則去處理和判斷事情,所以維護專業也可以說跟民主韌性相關。又例如哈維爾強調的「活在真實中」(living in truth)(Havel 1985),意義在於人們能否維持獨立和批判的思考,拒絕接納為權力服務的謊言,甚至勇於說出真相,這些也是韌性的體現。

談價值理念的傳承和持續性,我們可以分開兩個層面來討論。第一個是個人心理層面,第二是社會組織層面。在個人心理方面,韌性是不少心理學家關心的概念,重點是人們在面對巨大

挫折或逆境時，能否保持精神上的平穩和情緒上的健康。不少社會學和心理學學者指出，韌性其實是普遍的。例如Bonanno等人（2024）回顧災難中的韌性的文章指出，人們在面對災難時，精神狀況可以出現四種軌跡。第一，是一些如嚴重焦慮等精神上的「病徵」一開始就出現，而且慢慢變得越來越嚴重。第二，是病徵在隔了一段時間後才出現。第三，是病徵一開始出現，但後來漸漸康復。第四，則是病徵由始到終都沒有出現。Bonanno等人的分析指出，第三和第四類軌跡其實佔多數。在另一個研究中，社會學者Reynolds與Baird（2010）嘗試探討，若人們在年輕時於教育過程中達不到自己的預期目標，會否令他們在成年後出現抑鬱的機會增加。研究發現，教育期望落空對人們並沒有構成長遠的心理影響。兩位學者提出了「適應型韌性」（adaptive resilience）的理論觀點，指人們在面對期望落空的狀況時，會嘗試調整自己的想法或者在事情之中尋找較為正面的地方，而不是只專注於負面的狀況。

跟這些論點相通的是心理學中「次級控制」（secondary control）的概念。Rothbaum等人（1982）的經典研究指出，在一般情況下，人們會嘗試對周遭環境進行首級控制（primary control），即嘗試主動改變環境以達成目標，但當人們發現環境不可逆轉時，就可能轉為實踐次級控制，即改變心態和想法去適應環境轉變。不少心理學者運用次級控制這概念去分析嚴重病患或經歷災難的人如何應對劇變（Cairo et al. 2017; Thompson et al. 1994; Wadsworth et al. 2009）。這類研究大都強調，心態的調整可以幫助人們在逆境中

找到困苦的意義（Morling and Evered 2006）。

同樣，不少心理學者指出「創傷後成長」（post-traumatic growth）的可能性。顧名思義，創傷後成長指的是人們在經歷了創傷性事件之後，若果能夠恰當地適應環境轉變，往往會得益於該次經歷。這些「益處」包括負面經歷使人的心智更加強大，使人更加了解自己，跟身邊的人建立更深厚的關係，更能分清楚不同目標之間的優次，以及更能欣賞到自己的價值理念的重要性（Calhoun et al. 2010; Tedeschi et al. 2007）。

綜合以上的討論，心理學研究告訴我們，很多人都有適應困境，並從中發展出韌性，甚至尋找到新目標和意義的能力。不過，把心理學對韌性的討論跟民主韌性連結起來時，我們要留意，心理學家關心的韌性，一般而言只是個人的精神狀態和情緒健康問題，只要一個人在面對極大困難時沒有出現如抑鬱或焦慮等症狀，那人就算展現了韌性，但這跟一個人有沒有堅持自己在政治和社會問題上的價值理念沒有必然關係。在面對政治轉變時，可能的適應和調整方法之一，就是索性改變自己的價值理念以至行為去迎合新的政治環境，並在其中尋找好處。事實上，香港在97回歸前數年，社會上就流行「轉駄」一詞，意指一些人轉換立場以迎合新的權力架構。我們可以將這種適應政治環境轉變的方式稱為權力依附（power alignment）。選擇依附權力的人，也很可能不會經歷到抑鬱或焦慮，但他們缺乏價值理念上的堅持。與之相對，當我們指一個人在民主倒退的過程中展現了個人心理層次的韌性的時候，意思不只是那個人能在困境中維持一定程度的情

緒健康，更重要的是那人仍然能夠堅持著既有的價值理念。

在個人心理層次外，分析民主倒退下的韌性時，我們也要留意民間社會各類型社會組織的狀況。社會運動研究向來有社運休整（movement abeyance）的概念。[3] Verta Taylor（1989）提出這個概念，主要是嘗試指出社會運動的連續性：在兩波社會動員的高峰之間，一個社會運動可能並不顯眼，但這並不代表該運動不復存在或已經消亡。在環境不利動員時，社運組織和活躍份子很可能積極進行整合和保存的工作，並建立休整結構，為社會運動保留其價值理念、身份認同、社會網絡，和人力資源等。當社會環境為社運動員重新提供機會時，在休整期建立的結構和保存的各種資源就可以起重要的作用。

Taylor（1989）原本的分析集中在傳統社運組織如何面對社運低潮。後來不少研究指出，社運休整期的保存和傳承工作，也可以在社運組織以外發生（Gade 2019; Newth 2022; Veugelers 2011）。另外，Valiente（2015）則討論到威權政體下的社運休整問題。她指出，在前一波社運中扮演關鍵角色的組織，大都會被威權政體打壓，所以威權政體下的社運休整，往往要靠新成立的組織和非正規的網絡，而在缺乏表達自由的社會中，社運的延續往往依賴於文化活動和文藝創作，以較抽象或隱晦的形式來表達理念和觀點。

Valiente（2015）的討論，尤其是文化活動和創作在威權政體

3　筆者用「休整」來翻譯，主要是這個字詞同時附帶著休息、調整，甚至整合的意思。

下的重要性，應該也適用於民主倒退下的社會韌性的分析。但需要指出的是，相比社運休整，社會組織的韌性所覆蓋的範圍更加廣泛。首先，展現韌性的，不限於狹義的社會運動組織或活躍人士。傳統上，公民社會組織至少可以具備三種身份，第一是獨立於政府和市場以外的社會服務提供者，第二是跟政府合作改善管治和處理社會問題的伙伴，第三是政策倡議者以至人權和公義的捍衛者（Chan and Chan 2017）。在民主急速倒退時，人權和公義捍衛者這身份首當其衝，但不見得任何政策倡議都變得完全不可能。同時，公民社會組織仍然可以扮演社會服務提供者的角色。這些工作不一定屬於傳統意義下的「社會運動」的範疇，但可以跟一個社會的民主韌性相關。

傳統公民社會組織以外，我們也需要把關注點擴展至包括一些承載著跟民主社會相關理念的組織甚至行業，其中一個例子就是以自由主義專業理念為基礎的，強調批判和監督功能的新聞媒體。這類媒體和記者也可以在民主倒退的過程中成為被打壓的對象。但同時，在如俄羅斯或土耳其等很多威權主義體制中，仍然有專業記者嘗試擔當監察權力的角色。記者的堅持，代表的既是自由主義新聞理念的韌性（Barrios and Miller 2021; Erkmen et al. 2022; Frey 2023），同時也是民主韌性的一部分。

除了覆蓋範圍之外，韌性和社運休整的另一不同之處，在於傳統上關於社運休整的分析，多假設社會運動在面對不利的環境時，會把目光轉向內部整合，從而忽略跟外部的互動（Sawyer and Meyer 1999）。所以，社運休整的分析對社會運動組織是否需要因

應環境轉變而作出調整著墨較少。相比之下，談論韌性，會更多地指向各種社會組織跟環境轉變之間的互動，分析更需要著眼於各種類型的社會組織如何「適者生存」。

個人心理的韌性和社會組織的韌性是互相扣連的。一方面，公民社會組織或獨立於主流政治經濟力量以外的媒體要繼續營運，需要一定數量的理念相近的民眾以捐款、做義工，或轉發訊息等不同方式支持。所以，人們能否保持對社會的關注及對某些價值的追求，可以影響到社會組織的持續性。另一方面，心理學研究對個人層次的韌性的來源進行過很多分析，除了一些個人性格特徵和心理質素外，社會支持（social support）也是韌性的重要來源（Bonnano et al. 2023; Southwick et al. 2016）。心理學研究多指向普通民眾從自己的人際網絡中能得到多少社會支持，但在人際網絡之外，不同類型的社會組織和機構也可以為普通人提供互相連結的平台、空間，或所需的象徵資源。從正面的角度看，個人心理的韌性和社會組織的韌性可以是相輔相成的。

總括而言，在民主倒退和政治體制高速邁向威權的狀況下，一個社會展現多少民主韌性，看的是價值理念的保存，而價值理念能否被保存，又視乎個人心理和社會組織兩個層面的韌性。在這兩個層面上，韌性的建立和維護均涉及到個人和組織如何適應環境轉變，調整心態和行為，但同時保持核心理念上的不變。在這個概念討論的基礎上，文章下面的部分將分別探討當下香港社會中個人心理及社會組織兩個層面的韌性。

個人層面的適應與韌性

反修例運動雖然成功阻止了逃犯條例的修訂案，但未能逼使政府回應其他訴求。相反，大量示威者被拘捕和檢控，隨之而來是港區國安法和民主倒退的過程，對支持民主運動的香港市民來說是很大的打擊，也促使很多香港人選擇移居他方。政治轉變結合疫情衝擊和經濟不景，使香港社會瀰漫負面情緒。一個在2023年2至3月由香港中文大學傳播與民意研究中心進行的電話調查就顯示，[4]當被問到是否同意「關於香港社會環境轉變的新聞令你感到不快樂」時，頗同意或非常同意的佔53.9%，回答「普通」的有34.5%，頗不同意或非常不同意的只有10.7%（另有1.0%回答不知道）。當被問到是否同意「關於香港政治環境轉變的新聞令你感到憂鬱」時，頗同意或非常同意的佔37.3%，亦明顯地高於頗不同意或非常不同意的20.8%。

民調數據外，我們可以從一些社會或文化現象窺見香港社會的負面情緒。例如周嘉浩（2024）分析了「後社運時代」的香港流行曲。他發現，從2019年6月到2023年11月，共48首曾經成為4個或5個電台電視台流行曲榜冠軍的歌曲中，有13首明顯地與社會議題或社會創傷有關，對一個高度商業化和傳統上極看重「情歌」的流行音樂市場來說，比例很高。他進一步分析歌詞，發現該些歌曲均把敘事背景設定為一個被破壞的地方，如歌詞會

---

4 調查以或然率抽樣的方式訪問了1,015名18歲或以上的香港市民。

出現「亂流」或「廢墟」等字眼。同時，歌詞亦會以暗碼方式運用社運用語，歌曲的重點在抒情，亦會有較正向的結局。整體上，周嘉浩認為這些歌曲帶有傷痕文學的特色。

周嘉浩研究的歌曲，一方面顯示了很多香港人有撫平創傷的情感需要，但歌詞內容也顯示了香港人的心態並非完全消極。固然，適應環境轉變的能力因人而異，而一個人在多大程度上能適應環境轉變，會影響其行為和生活上的決定。Kobayashi 與 Chan（2022a）運用了前述心理學中次級控制的概念，分析香港人的自我審查行為和移民決定，他們發現，次級控制程度高的人（亦即更能夠調整自己以適應環境的人），越有可能在社交媒體上自我審查，同時亦更有可能決定留在香港。次級控制和移民決定有負相關，顯示了對很多支持民主運動的人來說，去或留的決定，跟自己是否願意或能夠適應新的政治環境相關。

不過，正如概念部分指出，調整自己以適應環境跟堅持價值理念沒有邏輯上的必然關係。適應環境是否跟韌性掛勾，視乎對環境的適應是否跟價值理念或行為上的持續性相關。就這個問題，作者在 2023 年進行的兩個調查研究，可以提供答案。[5] 第一個調查研究由作者以及兩位學者袁瑋熙及鄧鍵一共同進行，是一項針對 2019 年反修例運動參與者的追蹤研究。調查在 2023 年 2 月通過網絡進行，被訪者是在 2019 年參與過反修例運動的相關行動最少一次的香港人。被訪者部分來自我們在 2019 年抗爭現場進行的調查，部分來自香港民意研究所的網絡群組，樣本總數為 2,500 人，其中 329 人已經移居外地，所以下面的分析集中在

其餘的2,171人身上。

問卷的其中一部分參考了由Tedeschi與Calhoun（1996）發展出來的「創傷後成長清單」（Post-Traumatic Growth Inventory），該清單列舉的都是一些人們在經歷創傷後可能出現的正面結果。由於原本的清單很長，問卷使用的是一個由同一批研究者發展出來的簡單版本（Cann et al. 2010）。對本文而言，一個人越經歷到清單上列出的正面結果，就代表其人更成功地適應了環境轉變。

表5.1展示了從八條題目得出的基本結果。被訪者以五分量表來回應問題。不同的正面結果的出現機會並不一樣。八條題目中平均分最高的是人們有否更加欣賞自己的價值。在該題目上，49.8%的被訪者回答「很多」或「頗多」，另有23.8%的被訪者回答「有一些」。換句話說，超過四分之三的被訪者在該題目上的回答是3分（有一些）或以上。在另一端，八條題目中平均分最低的是人們有沒有在生活上找到新方向。回答沒有的有25.3%，

---

5 不少評論者關注到在後國安法下的香港進行的民意調查，會否因被訪者不願回應或不願說出真實意見而變得不準確。Kobayashi與Chan（2022b）的研究指出，支持民主的市民的確比其他市民在後國案法時期更有可能拒絕調查訪問，他們亦有可能隱藏自己的一些「敏感」的行為和想法。不過，很多在香港進行的調查研究在問到被訪者的政治立場或對政府的信任程度等問題時，仍然有一定比例的市民表達支持民主的立場或對政府的批判態度。正如比較政治學者指出，在威權社會中的調查研究所面對的選擇性不參與（selective non-participation）和偏好造假（preference falsification）的問題往往沒有想像中嚴重（Shen and Truex 2021）。整體而言，雖然我們需要對威權化下調查研究的準確性問題持續關注，但在當下香港社會中調查研究的結果，尤其是在處理不同變項之間的關係時，仍然有一定的參考價值。

表5.1 │ 反修例運動參與者適應政治轉變的程度

面對香港的政治和社會變遷，你覺得自己有多大程度上經歷了以下轉變？	沒有	少許	有一些	頗多	很多	平均分
我改變了人生認為值得追求的目標	15.0	9.6	25.3	26.4	22.0	3.31
我更加欣賞自己的價值	14.1	9.5	23.8	27.8	22.0	3.35
我能夠用我的生命做更好的事情	11.3	12.4	28.4	27.5	17.6	3.29
我感覺跟親人和朋友更接近	22.4	17.3	28.4	20.5	8.6	2.75
我找到了生活上的新方向	25.3	19.4	27.3	16.0	9.2	2.63
我更認識到自己處理困難的能力	15.1	16.5	31.0	25.0	9.5	2.97
我發現原來自己比想像中堅強	22.4	15.9	25.1	21.8	11.8	2.84
我發現了很多其他人的美好	12.2	15.8	30.4	26.9	12.9	3.13

註：頭五欄的數字加起來不到100.0%，餘額為「不知道」。

少許的有19.4%，回答頗多或很多的，加起來有25.2%。

但整體而言，不少被訪者的確有經歷到各種正面結果，如果把3分或以上視為「肯定」的答案，那麼近七成被訪者發現到很多其他人的美好，近六成被訪者發現自己原來比想像中堅強，約六成半被訪者更認識到自己處理困難的能力，近七成半被訪者發現能夠用自己的生命做更好的事情。

固然，表5.1的題目的用語是較為籠統的，每條題目對每位被訪者的意義亦可能不一樣，例如第一題題目所指的「改變了人

生認為值得追求的目標」，是否代表著放棄過往的理念？不過，量化分析關注的是整體傾向。為了作進一步分析，我們首先把八條題目放進一個因子分析中，發現八條題目背後只有一個因子，但第一題跟這個因子的關係較弱，因此我們只把第二到第八題以取平均值的方式結合起來，成為一個「環境適應度」指標。然後，我們運用這個指標去看環境適應度跟其他變項之間的關係。

舉例說，政治消費曾經以「黃色經濟圈」的名義，成為反修例運動期間被發起的行動（Chan 2022）。進行政治消費只需要人們在日常生活中有意識地以社會或政治理念作為消費選擇的要素之一，它不涉及公開表態，所以就算在民主倒退下，仍然是一種「安全」的參與行為。調查問到被訪者在之前半年內，有沒有因政治理念而支持某食肆或商店，以及因政治理念而杯葛某食肆或商店。在一個5分量表上，51.7%的被訪者指自己頗多或經常（即4或5分）因政治理念支持商店，67.6%頗多或經常杯葛特定商店。更重要的是，環境適應度跟政治消費行動有統計學上顯著的正相關，亦即越適應環境轉變的人，越多持續進行政治消費。

我們在另一篇學術文章上報告了完整的分析（Lee et al. 2024），這裏作簡單歸納的話，從調查得出的研究發現是：適應度越高的人，對香港警察的信任度越低、越強調自由、平等以及參與社會事務等理念、越持續地以政治消費和網絡資訊分享的形式進行政治參與、越認同香港人的集體行動有改善社會的力量、越認同「香港人」的身份，以及越強調要記住2019年的社會運動，並將記憶傳送給下一代。所有分析結果一致地指出，在這研究的被訪

者中，環境適應度是跟價值理念的韌性掛勾的。

上述的調查研究以反修例運動參與者為對象。這批被訪者在運動完結三年後仍願意參與調查，應該多屬於最堅實的民主運動支持者，這也許增加了韌性出現的機會。在更廣大的香港市民之中，情況又如何呢？作者在2023年2至3月進行的一個全港市民電話調查，[6] 依據之前 Kobayashi 與 Chan（2022a）的方法，以 Barndstadter 與 Renner（1990）的彈性目標調整量表（Flexible Goal Adjustment Scale）中的幾條問題來測量次級控制程度。表5.2展示了相關題目所得的描述性結果。

---

6 調查跟本節先前提及的為同一調查，研究中心以或然率抽樣方式訪問了1,015名18歲或以上的香港市民。

表5.2 ｜ 香港市民的次級控制能力

	非常不同意	不同意	一般	同意	非常同意	平均分
當所有事情都好像向壞方向發展時，你通常可以找到較正面的地方	5.9	13.5	46.2	24.5	7.5	3.15
當遇到令人失望的境況時，你提醒自己生命中還有其他重要的事情	2.2	4.2	28.3	38.2	25.6	3.82
你覺得在生活中遇到的困難都會有其意義	2.2	5.7	27.5	40.1	23.2	3.77
你可以容易適應到計劃同環境的轉變	2.5	5.1	38.2	37.1	16.5	3.60

註：頭五欄的數字加起來不到100.0%，餘額為「不知道」。

值得指出的是，表5.2的題目涉及的不是被訪者在過去一段時間裏有沒有某些個人體驗，而是人們如何評價自己適應和面對困難的能力。被訪者的回答方式是以李克特五點量表來表示是否同意該些句子。從表5.2可見，一般香港市民對自己適應環境轉變的能力是頗具信心的，四題題目的平均分都在量表中間點3分以上，其中超過六成被訪者同意在生活中遇到的困難都會有其意義，亦有超過六成同意，當遇到令人失望的境況時，他們會提醒自己生命中仍有其他重要的事情。

　　跟之前的分析一樣，適應環境轉變本身不代表價值理念上的韌性，我們需要了解次級控制跟人們的態度或行為有甚麼樣的關係。在一篇研究文章中，作者分析了次級控制以及其他變項如何影響人們會否迴避新聞（Lee 2024）。迴避新聞指的是人們因感到疲倦沮喪或其他原因刻意不看或少看新聞。之前已有跨國研究指出，新聞自由度越低的國家或地區，人們迴避新聞的傾向越強（Toff and Kalogeropopulous 2020）。在香港的數據中，也有近38.1%的被訪者同意或非常同意自己有時想避開關於香港社會環境轉變的新聞，36.6%同意或非常同意自己有時想避開關於香港政治環境轉變的新聞。但更重要的是，次級控制跟迴避新聞有統計學上顯著的間接的負相關：次級控制程度高的香港市民，更傾向認為新聞媒體在社會上仍然具有影響力以及重要的社會功能，因此他們較不傾向迴避新聞。換句話說，適應環境轉變的能力有助人們持續地關心社會時事。

　　迴避新聞之外，調查亦直接問到：「疫情完結之後，如果有

社會人士就著社會議題舉辦合法的遊行集會或者示威,如果議題相關的話,你會不會參加呢?」調查進行時,社會仍然未知在國安法後的特區政府對遊行集會的取態。但無論如何,這個假設性問題的答案,仍然可以代表著一種政治和社會參與的意欲。從描述性結果看,只有4.1%的被訪者回答「一定會」,8.0%指「應該會」,28.3%指「一半半」,26.1%回答「應該不會」,31.7%指「一定不會」。這些比例大概反映了後國安法時代香港人對參與遊行集會的風險認知。

　　作者對數據進行了迴歸分析,以了解次級控制以及其他因素能否解釋香港市民的遊行參與意欲。表5.3總結了相關結果。[7]跟一般對政治參與的分析一樣,越年輕,個人效能及集體效能感越高,以及新聞使用越頻密的香港市民,越傾向具備遊行參與意欲。政治信任指的是人們是否傾向信任香港特區政府、中國中央政府、香港的司法制度,和執法機關,越不信任現有政治和司法制度的人,會有較高的遊行參與意欲。但最重要的是,在控制了這些變項之後,次級控制和遊行意欲有統計學上顯著的正相關。這代表了,至少在是次調查進行時,適應環境轉變能力高的人,較有可能保持著繼續參與遊行集會的意願。

　　不過,跟反修例運動參與者不一樣的是,在包括了持不同政治立場的廣大香港市民之中,對環境的適應程度,跟政治信任有顯著的正相關($r = .22, p < .001$)。亦即是說,在廣大市民間,較

---

[7] 篇幅所限,未能報告各變項的操作化,但大部分變項的操作化可見Lee(2024)。

表5.3 ｜ 遊行參與意欲的迴歸分析

	依變項：遊行參與意欲
性別（女 = 1）	−.04
年齡	−.11**
教育	−.02
家庭收入	.02
個人效能	.07*
集體效能	.23***
新聞使用	.08**
另類媒體使用	.12**
社交媒體上的政治傳播行為	.04
政治信任	−.25***
自由民主價值觀	.03
次級控制	.08*
R^2	0.229***

註：數值為標準化迴歸係數。N = 988。*** $p < .001$；** $p < .01$；* $p < .05$。

為能夠適應環境轉變的人，的確可能主要是一些本身對政府的態度並沒有太負面的人。他們對環境轉變的批判沒有那麼強烈，所以亦較能夠持續關注甚至參與。

我們可以指出，兩個調查研究的結果有一致的地方，也有不一致的地方。2019年的運動參與者，在因政治環境變差而感到沮喪之餘，展現了一定程度的適應能力，而這適應能力跟價值理念以至行動上的堅持是有正相關的，亦即是說，對政治環境的適應，的確跟個人心理層面的韌性扣連著。在廣大香港市民之中，

我們也可以看到一定程度的對環境轉變的適應，而對適應程度跟對社會和政治的持續關注有關，但對很多市民來說，對環境的適應部分地建基在他們對政治轉變並沒有抱持太強烈的負面態度。

無論如何，縱使是展現出適應力和韌性的香港市民，也要在言論表達或行為上作出或大或小的妥協。例如調查發現，認為自己仍然有可能參與遊行的人比例很低。上述Kobayashi與Chan（2022a）的研究，也顯示了次級控制程度越高的香港市民，越有可能在社交媒體上作出自我審查（關於香港市民的自我審查行為，可參考Yuen and Lee 2025）。社會學者呂青湖發表的關於支持民主的香港家長如何對子女進行政治教育的研究，也提到香港家長會教導子女成為「靜默的獨立思考者」（acquiescent critical thinkers），亦即是說，這些父母希望子女有獨立批判思考的能力，但也要懂得保持沉默以保護自己（Lui 2022）。這種妥協也是適應環境的一部分，不過局部妥協和價值堅持是可以並存的。

社會組織的韌性

正如之前概念部分中提到，本文所關注的社會組織，不只包括就著社會問題提供服務或進行倡議的非政府機構或社運組織，也包括不受政治權力和商業利益主宰的各種民間機構或組織。在這個較為廣泛的範圍中，談後國安法時代香港社會的韌性，獨立的新聞媒體的發展是一個較為明顯的案例。這一方面是因為2020年後的民主倒退對新聞界做成的衝擊特別顯著。同時，新

聞界跟很多其他社會組織不一樣的地方是，新聞的本質是公開的傳播，媒體不可能低調行事，無論是妥協、堅持，抑或是依從權力結構轉變，新聞媒體的行徑特別容易被覺察。所以，在這部分，作者亦會先整理 2020 至 2024 年香港新聞界的轉變，指出專業新聞理念在甚麼意義上展現了韌性，然後再討論其他公民社會組織的情況。

討論新聞專業和實踐的韌性，先要從一些背景講起。香港的新聞自由在回歸後一直備受挑戰，媒體自我審查一直是大眾及學界關心的議題（區家麟 2017），而當主流傳媒的言論空間越來越窄時，香港出現了不少網絡另類媒體（online alternative media），但它們跟西方民主國家的另類媒體不一樣。民主國家的另類媒體往往與社會運動組織有密切關係，另類媒體的「另類」，部分在於它們傾向摒棄傳統新聞媒體對客觀和中立的追求，更傾向強調參與和倡議，香港也有這類網絡媒體，如 2005 年成立的《獨立媒體》，就跟當年剛興起不久的新保育運動有密切關連。但到了 2010 年代，網絡另類媒體的發展跟主流媒體的去專業化關係越見密切，不少被研究者歸納為另類媒體的網媒，其主事人都是傳統專業媒體出身的新聞工作者，這些媒體的「另類」，是相對日益保守的主流媒體而言的（Leung and Lee 2014）。

香港的網媒大都缺乏資源，也欠缺有高度持續性的營運模式，在反修例運動之前，香港的網媒大都是小規模地艱苦經營，反修例運動帶起的風潮以及其後的發展，讓個別網媒，尤其是《立場新聞》和《眾新聞》，得到大量的財政支持（Lee et al. 2023），

這增強了它們的新聞產出和影響力,但亦同時令它們承受極大的政治壓力。2021年中《蘋果日報》在創辦人黎智英及多位高層編採人員被控違反國安法後結業,新聞工作者均估計《立場新聞》可能成為下一個目標,而《立場新聞》的兩位高層亦的確在2021年底被控反煽動罪,《立場新聞》隨即結業(兩人最終在2024年8月被判罪名成立)。幾天後,《眾新聞》亦主動結業,創辦人在面對傳媒時直言,結業是出於政治風險的考慮。

不過,在2022年以及2023年,有不少新的網媒出現,其中包括專門報道法庭新聞的《法庭線》和《庭刊》,仍然嘗試進行調查報道的《集誌社》,專注突發新聞的《Channel C》,以文化及休閒類軟性新聞為主的《Mill Milk》,嘗試深入探討流行文化現象的《Wave流行文化誌》,夾雜新聞報道及評論的《ReNews》,有基督宗教背景但亦多關注及報道社會議題的《低聲道》等,再加上既有的如《獨立媒體》和《端傳媒》等網絡媒體,以及個別資深新聞工作者在社交媒體平台上開設個人專頁或頻道繼續評論時事(其中較為香港市民熟悉的有前有線電視記者林妙茵和前香港記者協會主席楊健興)。不算正規新聞媒體,但也跟新聞資訊傳播息息相關的,有事實查核組織的發展(Feng et al. 2021)。在網絡以外,方可成及其團隊也關注到社區報的發展,指在後國安法年代,香港的社區報發展出一種「超高度地區性的公民新聞」(Fang et al. 2024)。因此,到2024年為止,香港的媒體領域不能說是一潭死水。

誠然,各種新和舊的媒體實驗在不同程度上均要面對風險的

問題，港區國安法以及煽動罪均常被批評為界線模糊，容易造成寒蟬效應（Lai 2023）。而堅持專業及批判性報道的媒體和記者，則需要時常衡量風險。筆者在2022年1月至2023年中總共對超過70位新聞工作者進行訪談研究，其中一個重點就是新聞工作者如何處理工作上可能要面對的法律和政治風險。筆者在一篇文章中指出（Lee 2023），不同的香港新聞機構均發展出評估和管理風險的方法。評估風險的方法因個人和機構而異，例如一些跟建制人士較多接觸的資深記者，可能從建制人士跟自己互動時的態度來揣測自己的文章有沒有觸碰到權力的神經，一些有豐富的中國大陸採訪經驗的記者，則可能運用他們對大陸官方跟媒體如何互動的理解去評估當下香港的狀況，記者亦可能關注在跟言論和表達自由相關的法庭案件中，律政部門和法官的發言和取態，去嘗試觸摸那難以觸摸的紅線。

在評估風險之餘，媒體機構和記者可能有各種管理風險的方式，除了小心報道的用詞外，一些網媒可能故意多做非政治敏感以及軟性的題材以「沖淡」媒體機構的批判傾向，媒體在進行批判報道時會特地提出可能的解決方案以顯示報道沒有惡意和具「建設性」等等。另外，個別網媒或社區報章把自己的關注焦點鎖定在法庭案件或高度地區性的議題上，也帶有風險管理的意味。不同的機構和新聞工作者，可以因機構傳統、個人條件，以及專業理念的強弱程度等因素而有不同程度的風險胃納（risk appetite）。評估方式、管理方法以及風險胃納，構成一種風險文化，而不同的媒體機構可以發展出稍有不同的風險文化。

對本文的主題而言，新聞工作者堅持專業報道，甚至願意為報道承擔或大或小的風險，展示了自由主義理念指導下的新聞工作的韌性。有被訪者認為，縱使新聞自由大不如前，但就著很多重要的社會議題，媒體仍然有報道的空間，亦有被訪者指出，在涉及政治的題目以外，進行調查報道是仍然可能的。另外一些被訪者則調整了心態和目標，覺得媒體就算不能像以往一般對政府構成較大的壓力以及影響社會，媒體至少可以在香港出現大變時留下重要的歷史記錄。

不過，研究訪談中接觸到的新聞工作者，對未來的前景其實並沒有感到樂觀。大部分被訪者都表達出一種「當下主義」的心態，即是將注意力集中在當下能做的事情，其中一位被訪者被問到在今天的政治和社會環境中堅持專業新聞報道的意義是甚麼時，直截了當地回應說，「我仍然存在本身就是意義」。一位年輕記者在2021年前於《蘋果日報》工作，報章結業後轉往《立場新聞》，被問到當時為甚麼要去明知被打壓風險極高的《立場新聞》時，被訪者回應說，「就是知道它很可能很快就不再存在，才更加要去」。

就算不談政治風險，大部分網媒其實並沒有明確的可持續的營運模式，不少網媒負責人均指出，自己的媒體根本談不上有任何較長遠的財政計劃，基本上都是先確保未來一年有足夠資本，半年後才再思考下一年的事情。這涉及韌性的局限和挑戰，下一節會再討論，但這裏值得指出的是，越是困難重重，新聞工作者表現出來的就越是一種韌性。

傳統公民社會組織如何面對政治環境轉變，跟上面所談的新聞界有不少相近的地方，但也有公民社會組織獨有的可能性或要面對的問題。本文作者在2023年中訪問了約20名公民社會組織的工作者。研究中的公民社會組織包括環保團體、勞工組織、關心性別議題和不同性向人士的權益的組織、關注城市發展和土地議題的組織等。較完整的分析在另一篇學術文章發表（Lee 2025），這裏可以對訪談內容和研究發現作一個簡介。

首先，不少被訪者承認，港區國安法推出時，不少組織內部都感到恐懼，一位被訪者的說法是：「那些不太懂政治的很擔心，那些很懂政治的更加擔心。」不少組織亦出現內部士氣問題，有不少人離職，包括因為要移民而離開崗位。同時，社會環境的轉變，移民潮的出現，令部分組織的捐款收入大打折扣。有熟悉勞工團體的被訪者就指出，在屬於民主派的職工盟解散之後，有部分職工盟的屬會亦隨之而解散，但只有部分屬會解散是由於政治壓力或風險的考慮，很多職工盟的屬會解散是因為資源問題，又或者是在領頭組織不復存在時，覺得失去了方向。

仍然留下持續運作的團體，要評估及管理風險。當然，評估及管理風險的需要有多大會因組織而異，一個組織越容易觸碰一些敏感議題、越著重倡議工作、越多國際連結，以及負責人跟民主運動的關係越深，評估風險的需要就越大。另外，不同組織也會衡量不同議題或工作模式的風險，例如有被訪者直言，「聚眾的事會特別敏感。」有不止一位被訪者指出，警察成為了絕大部分組織不敢批評的對象，一位被訪者直截了當地說：「警權問題，

現在香港沒有任何一個團體夠膽做,你明白啦。」

值得指出的是,公民社會組織面對的往往不是直接的法律風險,而是若果他們成為被針對的對象,會使工作變得困難或甚至不可能。例如有被訪者解釋,關注囚犯的社會工作組織很難批評懲教處,因為他們要接觸囚犯,是一定要通過懲教處的,而懲教處又不是一個特別願意接受批評的機構。一位做社區工作的被訪者指,若果自己積極參與一個高調的反填海行動,一定會被自己區內的其他人士和組織孤立,而令自己的社區工作變得不可能。也有被訪者以另一個組織為例,指該組織原本是職工盟旗下的社會企業,關注環保議題,但後來被《大公報》點名批評,指該組織想成為「工盟2.0」,之後就完全收不到環保署的撥款。可見,相對於新聞界,很多公民社會組織要面對的,其實主要是「社會性抹殺」的風險,同時也跟新聞界不同的是,對很多公民社會組織而言,集中進行服務和連結的工作,低調行事,盡量不在公共領域中曝光,是一種可行的選擇。

在大環境的轉變和上述風險之下,除了低調行事之外,不同組織也會有其他的風險管理方式,例如個別組織在國安法成立後不久就改變了會員制度或某些內部規條,令所有責任和風險只集中到幾個負責人身上。更普遍的,是議程上收窄關注焦點以及調整工作重點。過往香港的公民社會往往以不同領域的組織組成聯盟的形式,去爭取更廣義的人權和社會公義,例如多年來七一遊行的發起者民間人權陣線,原本就由50多個本身關注不同議題的組織組成(Lee and Chan, 2011)。但在國安法後的香港,公民社

會組織大都回歸自己專注的議題,一位性別議題組織的負責人就指,想不出有甚麼是超越了性別議題本身而是其組織在當前的政治和社會環境中仍然可以做的。同時,部分組織意識到知識傳承和公民社會能力建構的需要,例如剛提及的性別組織負責人也指出,自己看到很多年輕人嘗試就性別議題提出一些計劃,但這些年輕人沒有向私人基金或政府部門做計劃書爭取資助的經驗,在這方向,自己的組織就可以幫忙。

各種風險管理方法和工作上的調整,展示的是公民社會組織如何適應環境轉變,但在適應的同時,很多被訪者仍然希望盡量發掘工作的空間。跟新聞工作者一樣的是,風險胃納始終因人和組織背景而異。一位勞工組織的被訪者指出,自己始終是希望透過勞工工作去改變社會,「如果去到只做花瓶,就沒有意義再做下去」,他對另一些在他眼中過份低調的組織有點不以為然,他強調自己不是要硬碰紅線,但「有些人是,紅線在這裏,我就走呀走呀走到好遠」。另一位被訪者在訪談中強調要低調做事,但卻有自行出版書籍去分享公民社會工作的經驗,他指出,出了書就可以到書店做分享,會遇到很多仍然想為社會做些事情,又不太知道可以如何做的人。

對當下在香港社會繼續公民社會的工作的意義在那裏,不少被訪者均指出「發聲」的重要性。一位被訪者指,「好過完全無聲」,他指出,就算是過往的香港,很多時候公民社會做了很多事情,政府都是沒有正面回應的,但不會因此不提訴求。另一位被訪者指,事情也不是完全不能被推動,分別是以前可以推動到

兩至三成,現在可能只是兩至三個百分點。整體而言,部分公民社會組織者也抱著一種當下主義的心態,一位被訪者指「存在已經很重要」,另一位被訪者則明言「不要太遙遠的奢望,反而可以令我們保持動力」。不過,也有部分被訪者承認,對未來不是完全沒有想法的,一位被訪者指出,「有些事情做了,突然形勢轉變,就可能有轉機」。

「軟管控」下的持續性

以上兩節分別從個人心理層面和社會組織層面探討了香港社會如何在民主倒退下展現跟價值理念相關的韌性。不過,不能否定的是民主韌性仍受著民主倒退的持續挑戰。同時,權力擁有者對社會上可能以不同形式出現的抵抗和異議是有顧慮的。2021年4月15日,中聯辦主任駱惠寧在香港的「國家安全教育日」的一個活動中提出,「凡破壞國家安全的,屬『硬對抗』就依法打擊,屬『軟對抗』就依法規管」。從此,「軟對抗」一詞進入了公共領域,軟對抗所指向的是甚麼,具有一定程度的模糊性,但正是這種模糊性,容許官員及親政府的政治人物借用此語來對很多不同的現象作出批評。如Lee與Chan(2023)所言,「軟對抗」一說,為強化意識形態管控提供了話語基礎。

需要指出的是,在很多社會組織者以至市民心中,他們的工作未必有「對抗」的成分。70至80年代個別東歐國家的公民社會有「自我設限」(self-limitation)之說,強調社會組織無意奪取國

家手上的政治權力,而只是嘗試建立社會自理(societal self-governance)的能力(Baker 2002)。自我設限的說法,一方面有不要觸碰政權神經的策略性考慮,但同時也指向一種關於公民社會的規範性願景。在當下的香港,至少個別公民社會組織者也有類似的想法,如一位被訪者從事的是對某個弱勢社群提供服務的工作,他強調其組織一直不拿政府的錢做事,那不是因為他們從原則上反政府,而是覺得政府部門所提出的跟資助掛勾的目標,並不符合該弱勢社群真正的需要。而不拿政府的錢,就是要嘗試拓展一個獨立於政府官僚架構以外的空間,更恰當地幫助有需要的人。

不過,正如上一節最後的部分指出,很多社會組織者也明白,一個社會的自理能力,長遠而言和在某些環境條件下,是可能產生政治影響的。所以,一個威權主義國家在多大程度上會容許民間社會發展出強大的自理能力,從來是一個問號。回到香港的具體狀況,國家機關管理香港社會的策略如何演變下去,會繼續影響到民主韌性的維護和發展。事實上,2024年3月底香港政府完成23條立法,就把一些事情的法律風險進一步提高。在之前跟記者和公民社會組織者的訪談中,個別被訪者會指出,自己的工作唯一較可能觸犯的是煽動罪,而煽動罪的最高刑罰「只是」兩年監禁,是可以承受的最壞結果。但23條立法之後,煽動罪的最高刑罰變為7年監禁。執筆之時,23條立法的實際影響仍未可見,但邏輯上,23條立法可以改變人們的風險估算,從而影響人們能否堅持某些工作,如網媒會否持續地作出批判性的調查報道。

當然,被建立的法律工具會否恆常地被使用,是一個未知

數。不少威權主義國家為了製造一個面向國際社會的民主假象（democratic façade），會容許一些組織和制度的存在。同樣地，高調地使用法律工具可以有其成本。所以，威權主義國家常常會用行政或資源管控的手段來增加社會組織運作的難度，用政治學者Margaret Roberts（2018）的說法，就是審查可以通過增加事情的「磨擦力」來達成。舉例說，在2020年後，香港出現了很多獨立書店。獨立書店也是一種獨特的社會組織，除了買賣一些主流書店不一定有的「敏感書籍」之外，也為持共同理念的市民提供一個連結的空間，不少獨立書店經常舉辦講座和活動，強化民間的交流。但個別較為社會人士熟悉的獨立書店，卻可能受到不同政府部門的「關注」，指書店可能違反各種較為技術性的條例（如跟消防安全有關的條例），有書店更因不堪其煩而選擇結業。

2024年初，媒體也多於一次報道，有藝術表演團體疑因負責人或參與者的政治背景，在表演或活動舉行之日將要到來時，突然接到場地負責人的通知取消場地的租借。一些曾被官員批評的社會組織，如香港記者協會，就被稅局追收利得稅。誠然，旁觀者沒有直接證據證明各個案背後是否都有政治因素，但各個個案加起來，的確形成一個圖像，指向的是政治權力可以運用較為技術性或行政性質較重的手段，增加各種社會組織和行動的磨擦力。

除了使用行政手段外，對威權主義政權的研究也指出，政權會嘗試使用事前預防和警告的手段，令社會組織放棄和停止某些行動，使其沒有執法的需要（Dmitrov 2023）。不少新聞界和公民社會的被訪者都知道中國大陸的國安部門有跟受監視的人和組織

「飲茶」的做法，官方會在有需要的時候向社會組織者發放一些訊號，讓他們自行收歛。在香港，一些新聞事件也顯示，有關部門也開始運用非正式的事前警告來進行社會控制。例如2022年6月底，香港政黨社會民主連線就稱被國安處約談。社會民主連線在2021年7月1日回歸紀念日前，會申請於當日遊行，但遭警方發放反對通知。在2022年，於被約談後，社會民主連線公開表明不會在7月1日舉行任何活動。另外，2023年6月初，前身為香港大學民意研究計劃的民意調查機構香港民意研究所宣佈，因應相關政府部門的風險評估，決定取消發佈六四民意調查報告。到6月底，香港民意研究所進一步宣佈，取消及不再公布8類民意調查及結果，其中包括六四事件周年民調、港人身份認同，以及兩岸問題。在這些事例中，政府部門都是通過直接與社會組織溝通，令社會組織「自願放棄」某些行動或工作。

到了2024年下半年，香港社會亦出現了社會行動者和專業記者受到滋擾的狀況。9月中，香港記者協會召開記者招待會，指經過組織的資料搜集之後，得知數十名記者在2024年6至8月之間受到各種滋擾，涉及的傳媒機構共13間（香港記者協會2024）。

無論是行政手段、資源控制、預防式的溝通或警告，抑或是來歷不明的滋擾，都令政治權力可以在不高調地使用國安法等容易惹來國際矚目的法例的情況下，達到審查和控制的客觀效果。我們可以把各種不會在個別界別以外惹來強烈反響，亦不涉及直接和嚴重的法律懲罰手段，統稱為「軟管控」。軟管控往往是香港的社會組織者必須更實際面對的問題。但從另一角度看，各種

關於軟管控事件的報道，也側面地說明了政治權力和民間社會之間仍然存有持續的拉鋸。

回到個人心理層面，支持民主理念的香港市民若要持續展現韌性，也面對著不同的挑戰。如文章先前指出，個人心理層面的韌性和社會組織的韌性是互相扣連的，例如Lee（2024）關於香港人迴避新聞的分析就發現，仍然認為新聞媒體可以影響社會的人，較少迴避新聞，但人們會否繼續認為新聞媒體可以監督社會，始終要看新聞媒體本身的表現。

更普遍地說，社會組織的持續運作，可以為市民提供互相連結的平台、資訊傳播的渠道，以及相關的行動機會。例如先前提及的政治消費行動，雖然對個人來說，實踐政治消費不會有特別的風險，但在政治氣氛以至經濟環境不佳的情況下，「黃店」能否存活，本身卻是一個問題。而且，在2019年及2020年間，政治消費之所以能夠活躍，有賴於市民自發地建立各種網絡頻道或平台，提供及整理資訊，令人很容易知道自己的日常生活範圍內有甚麼持不同立場的商店（Poon and Tse 2024）。但在國安法下的香港，這類資訊不再流通，相關店鋪若要通過內部裝飾來表現政治立場，也變得要非常小心。這些都會影響到跟民主運動相關的政治消費能延續下去的程度有多大。

在政治消費之外，要維繫價值理念和批判意識，理論上也依賴人們能否接觸到相關的資訊和論述。就此而言，2010年代香港的網絡另類媒體有其重要性。如今，雖然獨立和具批判性的網媒仍然存在，但他們未必能夠持續營運，他們的影響力也不能跟

2019年前的網絡另類媒體相提並論,而當前政治環境下所需的風險管理,也限制了他們能夠提供的資訊和論述。這裏值得補充的是,2020年後有很多香港的意見領袖移居外地,他們同時繼續在網絡營運各自的平台,一些移居外地的香港新聞工作者亦建立了海外港人媒體。但部分海外媒體平台一樣會面對經營困難,而且身處香港的人若向海外某些意見領袖或媒體提供財政支持,又或者在網上分享他們一些較為「激烈」的言論,都會冒上法律風險。在23條立法設立了境外干預罪之後,這法律風險應該變得更大。這些發展都可能限制香港人能夠接觸的批判性資訊和論述,從而使其更難保持價值理念上的韌性。

心理學家研究的韌性問題,多集中在人們如何面對災難事件,但災難事件本身往往只佔很短的時間,就算是2020年開始的新冠疫情,到最後也只是維持了不足三年。相比之下,民主倒退作為一個過程,有可能持續更長的時間。香港社會的民主韌性本身有多少韌性(how resilient the resilience is),這個課題有待我們長期觀察。

結語

本文探討香港社會的民主韌性。在概念上,香港作為一個經歷民主倒退的混合政體,其民主韌性體現於:個人或社會組織能否在適應環境轉變的同時,更在某些社會領域中保存自由民主等價值理念,維繫對威權政體的批判意識。實際上,民主韌性可以

從個人心理層面和社會組織層面去探究。本文以調查數據展示出反修例運動參與者以至一般香港市民對社會政治環境轉變的適應程度,更重要的是,至少在民主運動最堅實的支持者當中,對社會政治環境轉變的適應程度跟價值理念能否持續是相關的。在社會組織層面上,本文亦通過對新聞工作者以及公民社會組織者的訪談,展示他們如何調整工作方式和範圍,來回應政治環境的轉變及管理風險,但同時仍嘗試在特定的範疇中改進社會,以及保存公民社會的力量。

韌性與價值轉變的分析相關。但韌性這個概念指向的課題和現象,不是人和社會的價值理念如何跟從政治和社會結構的轉變,而是人和社會的價值理念在多大程度上能夠抗拒政治轉變帶來的壓力。韌性的概念,可以開拓很多研究的空間以及連結現有的研究課題。首先最明顯的,就是民主韌性在不同領域或界別中的體現和掙扎;本文較多討論了新聞工作和公民社會,但如法律界、教育界等等的領域,一樣可以用韌性作為核心概念,探討價值理念上的保存和實踐上的適應問題。另外,我們亦可以關注民間社會能否發展出一些跟韌性相關的社會或文化制度(cultural institutions),例如本文提及但並沒有深入討論的獨立書店現象。概念部分提到,在威權主義社會下,文化和藝術創作往往是重要的渠道,以較為隱晦的方式表達社會或政治思想(Valiente 2015)。已經開始有不少香港研究的學者分析文化藝術創作如何回應時代,文化和創意表達跟香港社會的民主韌性的關係,是一個需要更多探討的範疇。

在個人心理層面，我們也需要更多研究，分析人們對政治和社會環境的持續適應，跟其價值理念以至行為上的韌性之間的關係。同時，需要探討有哪些社會心理機制能帶來韌性。另外，正如文章先前提及，在政治轉變的過程中，維持價值理念不是必然結果，人們可以隨波逐流而改變自己的想法，人們也可以變得犬儒和漠不關心；能稱得上展現韌性的人有多少，依從權力的人有多少，犬儒冷漠的人有多少，甚麼因素使人走上不同的軌跡，也是需要探究的問題。

　　最後值得指出的是，探究韌性的問題，代表我們無需僅從負面描述民主倒退下的香港社會，但同時亦不是盲目地樂觀和無視現實困境。在本文作者跟公民社會組織者的訪談中，一位被訪者嘗試形容當下香港公民社會的狀態，指國安法下的香港就像一個黑暗大海裏的孤島群，島上都有人在耕耘，但他們彼此看不見對方，需要偶而有船經過，發出亮光，讓島上的人看到彼此，船經過後，大家又各自默默地工作。

　　這被訪者很形象化地表述了他眼中的香港公民社會現狀，同時也可以說是表達了韌性問題的本質。首先，他肯定了很多人仍在社會不同角落裏努力這一事實。同時，由於很多人和組織都要保持低調，又或是因為媒體的關注不如過往，所以社會上的人不一定清楚地看得見各種努力。不過，讓大家看到其他人也在工作是重要的，因為如此一來知道自己並不孤單，是一種重要的鼓勵。有趣的是，被訪者不是期待白天到來，或認為需要建立一種長時間照亮各處的方式，他只是寄望於偶而有船經過，讓大家知

道彼此存在就足夠；背後的假設是，這始終是一個黑暗的時代，大部分人也只好暗地裏努力。

參考書目

周嘉浩,2024,〈傷痕文學視角下的後社運香港流行曲：沉默、抒情與暗碼書寫〉。《台灣傳播學刊》(45): 109–145。

香港記者協會,2024,〈數十名記者遭滋擾　家人僱主收匿名不實恐嚇投訴　記協：絕不容忍霸道欺凌行為　嚴重干預新聞自由〉。

區家麟,2017,《二十道陰影下的自由》。香港：中文大學出版社。

Baker, Gideon, 2002, *Civil Society and Democratic Theory: Alternative Voices*. London: Routledge.

Barrios, Marta Milena and Toby Miller, 2021, "Voices of Resilience: Colombian Journalists and Self-Censorship in the Post-Conflict Period." *Journalism Practice* 15(10): 1423–1440.

Bermeo, Nancy, 2016, "On Democratic Backsliding." *Journal of Democracy* 27(1): 5–19.

Boese, Vanessa A. et al., 2021, "How Democracies Prevail: Democratic Resilience as a Two-Stage Process." *Democratization* 28(5): 885–907.

Boese, Vanessa A. et al., 2022, "State of the World 2021: Autocratization Changing Its Nature?" *Democratization* 29(6): 983–1013.

Bonanno, George A. et al., 2024, "Resilience and Disaster: Flexible Adaptation in the Face of Uncertain Threat." *Annual Review of Psychology* 75: 573–599.

Brandtstädter, Jochen and Gerolf Renner, 1990, "Tenacious Goal Pursuit and Flexible Goal Adjustment: Explication and Age-Related Analysis of Assimilative and Accommodative Strategies of Coping." *Psychology and Aging* 5(1): 58–67.

Burnell, Peter and Peter Calvert, 1999, "The Resilience of Democracy: An Introduction." *Democratization* 6(1): 1–32.

Calhoun, Lawrence G., Arnie Cann and Richard G. Tedeschi, 2010, "The Posttraumatic Growth Model: Sociocultural Considerations." Pp. 1–14 in *Posttraumatic Growth and Culturally Competent Practice*, edited by Tzipi Weiss and Roni Berger. Hobroken, NJ: John Wiley & Sons.

Cann, Arnie et al., 2010, "A Short Form of the Posttraumatic Growth Inventory." *Anxiety, Stress, & Coping* 23(2): 127–137.

Chan, Debby Sze Wan, 2022, "The Consumption Power of the Politically Powerless: The Yellow Economy in Hong Kong." *Journal of Civil Society* 18(1): 69–86.

Chan, Elaine and Joseph Chan, 2017, "Hong Kong 2007-2017: A Backlash in Civil Society." *Asia Pacific Journal of Public Administration* 39(2): 135–152.

Coiro, Mary Jo et al., 2023, "Coping with COVID-19 Stress: Associations with Depression and Anxiety in a Diverse Sample of U.S. Adults." *Current Psychology* 42(14): 11497–11509.

Erkmen, Özlem, Bora Ataman and Barış Çoban, 2023, "Worsening Safety Conditions for Women Journalists in Turkey's Alternative News Media." *Journalism Studies* 24(7): 857–875.

Fang, Kecheng, Mengzhe Feng and Chun Hong Tse, 2024, "Hyperlocal Citizen Journalism in Hong Kong: Resilience through Community Newspapers." *Journalism*. DOI: 10.1177/14648849241246900.

Feng, Mengzhe, Nathan L. T. Tsang and Francis L. F. Lee, 2021, "Fact-Checking as Mobilization and Counter-Mobilization: The Case of the Anti-Extradition Bill Movement in Hong Kong." *Journalism Studies* 22(10): 1358–1375.

Freedom House, 2024, "Hong Kong: Freedom in the World 2024 Country Report."

Frey, Elsebeth, 2023, "Preparing for Risks and Building Resilience." *Journalism Studies* 24(7): 1008–1025.

Gade, Tine, 2019, "Together All the Way? Abeyance and Co-Optation of Sunni Networks in Lebanon." *Social Movement Studies* 18(1): 56–77.

Haggard, Stephan, 2021, *Backsliding: Democratic Regress in the Contemporary World*. Cambridge: Cambridge University Press.

Havel, Vaclav, 1985, *The Power of the Powerless*. New York: M. E. Sharpe.

Holloway, Josh and Rob Manwaring, 2023, "How Well Does 'Resilience' Apply to Democracy? A Systematic Review." *Contemporary Politics* 29(1): 68–92.

Hong Kong Free Press, 2022, "Timeline: 59 Hong Kong Civil Society Groups Disband Following the Onset of the Security Law." *Hong Kong Free Press*, June 30.

Jones, Carol A. G., 2015, *Lost in China? Law, Culture and Identity in Post-1997 Hong Kong*. Cambridge: Cambridge University Press.

Kobayashi, Tetsuro and Polly Chan, 2022a, "Psychological Underpinnings of Self-Censorship in Post-NSL Hong Kong." Presented at the Interrupted Revolutionary Movements Workshop, Australian National University, December.

——, 2022b, "Political Sensitivity Bias in Autocratizing Hong Kong." *International Journal of Public Opinion Research*. DOI: 10.1093/ijpor/edac028.

Lai, Yan-ho, 2023, "Securitisation or Autocratisation? Hong Kong's Rule of Law under the Shadow of China's Authoritarian Governance." *Journal of Asian and African Studies* 58(1): 8–25.

Lee, Francis L. F., 2011, *Media, Social Mobilization and Mass Protests in Post-Colonial Hong Kong: The Power of a Critical Event*. London: Routledge.

——, 2023, "Beyond Self-Censorship: Hong Kong's Journalistic Risk Culture under the National Security Law." *The China Journal* 90: 129–153.

——, 2024, "Politically Driven Intentional News Avoidance under Democratic Backsliding." *The International Journal of Press/Politics*. DOI: 10.1177/19401612241253196.

——, 2025, "Civil Society Organizations under Rapid Democratic Backsliding: The Case of Hong Kong." *Journal of Civil Society*. DOI: 10.1080/17448689.2024.2448156.

Lee, Francis L. F. and Chi-Kit Chan, 2023, "Legalization of Press Control under Democratic Backsliding: The Case of Post-National Security Law Hong Kong." *Media, Culture & Society* 45(5): 916–931.

Lee, Francis L. F., Michael Chan and Hsuan-Ting Chen, 2023, "Paying for Online News as Political Consumption in Hong Kong." *Digital Journalism* 1–18.

Lee, Francis L. F., Samson Yuen and Gary K. Y. Tang, 2024, "Adaptation and Resilience: How Pro-Democracy Protesters Respond to Autocratisation in Hong Kong." *Journal of Contemporary Asia*. DOI: 10.1080/00472336.2024.2424173.

Leung, Dennis K. K. and Francis L. F. Lee, 2014, "Cultivating an Active Online Counterpublic: Examining Usage and Political Impact of Internet Alternative Media." *The International Journal of Press/Politics* 19(3): 340–359.

Leung, Kanis, 2023, "Hong Kongers Hold First Protest in Years under Strict Rules." *Associated Press*, March 26.

Levitsky, Steven and Lucan A. Way, 2023, "Democracy's Surprising Resilience." *Journal of Democracy* 34(4): 5–20.

Lührmann, Anna, 2021, "Disrupting the Autocratization Sequence: Towards Democratic Resilience." *Democratization* 28(5): 1017–1039.

Lui, Lake, 2023, "National Security Education and the Infrapolitical Resistance of Parent-Stayers in Hong Kong." *Journal of Asian and African Studies* 58(1): 86–100.

Merkel, Wolfgang and Anna Lührmann, 2021, "Resilience of Democracies: Responses to Illiberal and Authoritarian Challenges." *Democratization* 28(5): 869–884.

Morling, Beth and Sharrilyn Evered, 2006, "Secondary Control Reviewed and Defined." *Psychological Bulletin* 132(2): 269–296.

Newth, George, 2022, "Populism in Abeyance: The Survival of Populist Repertoires of Contention in North Italy." *Social Movement Studies* 21(4): 511–529.

Poon, Hannah and Tommy Tse, 2024, "Enacting Cross-Platform (Buy/Boy)Cotts: Yellow Economic Circle and the New Citizen-Consumer Politics in Hong Kong." *New Media & Society* 26(5): 2971-2991.

Reynolds, John R. and Chardie L. Baird, 2010, "Is There a Downside to Shooting for the Stars? Unrealized Educational Expectations and Symptoms of Depression." *American Sociological Review* 75(1): 151-172.

Roberts, Margaret E., 2018, *Censored: Distraction and Diversion inside China's Great Firewall*. Princeton, NJ: Princeton University Press.

Rothbaum, Fred, John R. Weisz and Samuel S. Snyder, 1982, "Changing the World and Changing the Self: A Two-Process Model of Perceived Control." *Journal of Personality and Social Psychology* 42(1): 5-37.

Reporters Without Borders, 2016, "2016 World Press Freedom Index."

Sawyers, Traci M. and David S. Meyer, 1999, "Missed Opportunities: Social Movement Abeyance and Public Policy." *Social Problems* 46(2): 187-206.

Shen, Xiaoxiao and Rory Truex, 2021, "In Search of Self-Censorship." *British Journal of Political Science* 51(4): 1672-1684.

Southwick, Steven M. et al., 2016, "Why Are Some Individuals More Resilient than Others: The Role of Social Support." *World Psychiatry* 15(1): 77-79.

Tedeschi, Richard G. and Lawrence G. Calhoun, 1996, "The Posttraumatic Growth Inventory: Measuring the Positive Legacy of Trauma." *Journal of Traumatic Stress* 9(3): 455-471.

Tedeschi, Richard G., Lawrence G. Calhoun and Arnie Cann, 2007, "Evaluating Resource Gain: Understanding and Misunderstanding Posttraumatic Growth." *Applied Psychology* 56(3): 396-406.

Thompson, Suzanne C., Christopher Nanni and Alexandra Levine, 1994, "Primary versus Secondary and Central versus Consequence-Related Control in HIV-Positive Men." *Journal of Personality and Social Psychology* 67(3): 540-547.

Toff, Benjamin and Antonis Kalogeropoulos, 2020, "All the News That's Fit to Ignore: How the Information Environment Does and Does Not Shape News Avoidance." *Public Opinion Quarterly* 84(S1): 366-390.

Valiente, Celia, 2015, "Social Movements in Abeyance in Non-Democracies: The Women's Movement in Franco's Spain." *Research in Social Movements, Conflicts and Change* 38: 259-290.

Veugelers, John W. P., 2011, "Dissenting Families and Social Movement Abeyance: The Transmission of Neo-Fascist Frames in Postwar Italy." *The British Journal of Sociol-*

ogy 62(2): 241–261.

Wadsworth, Martha E., Catherine DeCarlo Santiago and Lindsey Einhorn, 2009, "Coping with Displacement from Hurricane Katrina: Predictors of One-Year Post-Traumatic Stress and Depression Symptom Trajectories." *Anxiety, Stress, & Coping* 22(4): 413–432.

Wellman, Brian, 2023, "Fall of Democratic Dreams in Hong Kong." *Democratic Erosion*, December 5.

Yuen, Samson and Francis L. F. Lee, 2025, "Echoes of Silence: How Social Influence Fosters Self-Censorship under Democratic Backsliding." *Democratization*. DOI: 10.1080/13510347.2025.2455127.

第三部

專題分析

6　香港社區報熱潮的前世今生

梁啟智

摘要

　　於2019年至2021年期間,最少有40份社區報在香港創立。社區報在反修例運動後的爆發式發展引起廣泛注意,示威遊行遭到變相禁絕後,社區報被視為新興的公民參與模式。然而來到2024年,許多在熱潮期間創辦的社區報均已結束,仍然維持出版的報刊許多都處於相當不穩定的狀態。香港社區報出版的潮起潮落,很大程度上反映了民主運動在不同時段所面對的限制和機遇。本文梳理香港社區報、區議會與社區政治的歷史,以及社區報在反修例運動期間及其後的發展,藉以說明近年社區報熱潮的特殊性,從而協助理解香港公民參與在休整期的具體處境。

關鍵詞

　　社區報、社區媒介、公民媒介、反修例運動、香港

簡介

自《中華人民共和國香港特別行政區維護國家安全法》(下稱「港區國安法」)於2020年實施以來，香港的公民社會全面收縮，大量新老團體被迫解散或進入休眠狀態，許多具影響力的媒體紛紛結業或大幅改變編輯路線。過去在香港常見的公民參與模式如示威遊行等，在疫情期間因防疫措施全面終止，卻未能在疫情完結後恢復，而是在新的政治環境下被變相禁絕。從休整（abeyance）的角度分析香港公民參與的現況和出路，成為學者關心的重要課題。

回到2014年占領運動後的香港，當時在運動後各種公民參與模式同樣經歷了一些調整。當憲制改革前無去路，社區參與成為不少組織者的著力點，亦有所謂「傘落社區」（取「散落社區」之諧音）的說法，而此類嘗試後來在政治層面造成顯著影響。例如Yuen與Mok（2023）就發現在2019年前成立的社區組織所支持的候選人，在區議會選舉中比其他的民主派候選人有較佳表現。今天香港公民參與的制度環境固然和後占領時期非常不同，然而許多組織者仍然重視社區參與。在其他模式的公民參與變得消沉的同時，各種社區參與得以維持，特別值得注目。

在各種社區參與的模式當中，社區報在反修例運動後的爆發式發展特別受到注意。於2019年至2021年期間，我們紀錄到最少有40份社區報創立。社區報的嘗試在反修例運動前已萌芽，在反修例運動期間成為運動的一部分，在2020年初運動隨疫情

終結後持續壯大,並在「港區國安法」實施後仍一度保持一定的組織力量。雖然反修例運動後創立的社區報多數已經結束運作,然而至2024年,仍有個別社區報維持實體出版。此時間跨度之廣闊,讓社區報成為一扇窗口,我們可藉此觀察近年香港公民參與的起跌和轉變。

本文旨在以香港社區政治和公民參與的轉變為框架,回顧和分析社區報熱潮的起落。在香港的民主運動中,社區並非一直是最受重視的尺度,而社區層面的政治參與更一度被親北京政團所壟斷。社區報熱潮的出現,很大程度上反映了民主運動在不同時段所面對的限制和機遇。反過來說,通過梳理現時香港社區報的狀況,可協助理解香港公民參與在休整期的具體處境。

本文的研究材料來自台灣中央研究院社會學研究所香港研究資料庫的社區報系列,該資料庫的社區報館藏來源包括支援社區報的團體及個人,以及出版團隊本身的網上發佈,合共約400筆資料,相信已包括近十年創辦的絕大部分社區報。為免相關社區報的成員承受政治壓力,除歷史回顧外,本文將不會引述2019年或以後所創辦的社區報的名稱。

社區報作為社區媒介與公民新聞

社區報可視為一種社區媒介(community media)。由於社區媒介的資訊產製過程更貼近閱聽人,一般認為它可更忠實呈現民情,照顧「在地話題」,有助在社區中建立共同的公共意識

（Metzgar et al. 2011）。相對來說，全國性以至跨國媒體則較難長期持續關注單一社區的議題。在民主社會中，媒介理當協助公民掌握信息，以提升其自決能力。而若地方治理缺乏公眾關注，便容易弊端叢生，使當權者有權無責。由此觀之，社區媒介可作為公民參與地方治理的重要環節，不僅協助居民掌握地方事務，亦反映社區中各種聲音，並監察本地官員及民意代表（Carpenter et al. 2015）。

社區報很多時候也是一種公民新聞（citizen journalism）的實踐，即作者也是讀者；非專業記者的公民左右甚至主導了新聞和信息的搜集、分析、報道，和發放，出版團隊相對地去專業化和去制度化（Wall 2015）。例如，當專業記者未能到達現場採訪時，在地人的第一手信息發放可以成為重要的補充。而當有新聞故事因為各種原因無法進入公眾視野（如在市場經濟中能吸引的讀者有限而被忽略，或在專制社會中因審查而被壓制），公民新聞可提供重要的支援。參與新聞編採的公民也可以在過程中獲得充權，對公眾議題有更深厚的認識，同時培養出更強的公民使命感（孫曼蘋 2011），因此公民新聞常被民主實踐的重要元素。在台灣，社區報曾在民主運動中作出貢獻，例如1974年在高雄美濃發行的《今日美濃》就是報禁開放前首份民間草根報章。

社區媒介和公民新聞都涉及媒介在民主社會中的重要角色，兩者相關但不完全重疊。有些社區媒介是由社區中的在地人主理，公民新聞的性質比較強；但也有一些社區媒介在不同程度上倚賴專業記者或其他機構，在地人的主導性相對較低。此外，雖

然社區媒介和公民新聞的研究往往集中於自由民主社會，但也有研究注意到它們在專制社會或民主倒退過程中的角色，特別是傳統媒介的民主監督角色受挫後，社區媒介和公民新聞的補充角色（Khamis and Vaughn 2011）。香港於「港區國安法」實施後新聞自由受壓的情況（見 Lee and Chan 2023），正正和這些研究相對應。

香港的社區報實踐，很大程度上把社區媒介和公民新聞的特點連結在一起：專注社區，並由在地的志願者主導。當公民社會的空間全面收縮，大型動員變得不再可能，此時，通過社區層面來維繫人際網絡和認同感，可成為重要的運動休整進路（Yuen and Mok 2023）。按 Fang 等人（2024）對香港社區報的研究，出版團隊成員對於選題的考量，確實反映出社區媒介和公民新聞所關顧的參與和充權。例如有團隊成員指當時主流媒體減少報道區議會會議，而社區報正可補充信息缺口，更自視社區報為壓力團體，可確保地區事務的決策過程保持公開透明。亦有成員指，報道規劃和發展議題可鼓勵社區中人參與想像社區的未來發展，也有成員希望通過加強社區內的認同感，提高關注和參與社區事務的意欲。

與此同時，社區媒介和公民新聞也面對各種挑戰，而這些挑戰在香港的社區報實踐當中亦相當明顯。首先，社區媒介相對主流媒介來說，經常面對資源不足和管理不專業的問題。社區媒介規模較小、去制度化，因此難以提供充分報酬給團隊成員，不利長期吸納和保留優秀人才；團隊組成不穩定也會加深內部合作困難，容易引發管理問題。從公民新聞的角度去看，由於成員大多不具備專業新聞背景，其事實核查和客觀報道的能力常常受到

專業記者的質疑（Carr et al. 2014）；對於重要的新聞倫理議題，如保護弱勢和避免利益衝突等，亦未必有足夠的知識或經驗作出合適判斷和應對，面對這些問題時，因組織規模較小，往往缺乏緩解空間。最後，社區報作為公民社會中的一員，其發展無可避免會受宏觀政治環境的影響。黃順星（2020）就詳細說明了台灣的社區報發展的不同階段和當時政治和文化制度特徵的關係。回到香港，除了因反修例運動一度帶起社區參與的熱潮，長期而言人手不足的問題還是一直困擾著香港的社區報出版。隨近年香港政治環境的大幅改變，出版界首當其衝；即使專業記者也要艱難應對，由志願者為主的社區報出版團隊所承受的壓力更不容低估。

香港社區報特點

本文所指的社區報，是指內容以社區事務為主，讀者群設定主要來自社區，和出版團隊相對獨立的定期實體出版。這些出版團隊的成員一般為義務工作而不領工資，也往往是在地人，例如區內居民或在當地就業或上學。它們一般在財政上相對獨立，或接受社會團體在專業或經費上的資助、讀者的訂閱和捐贈，以及來自在地商號的廣告收入。

社區報的定義在香港有一定模糊性，有些地區出版的形式類近，但實際運作存有差異，未必應被視為社區報。例如有傳統報章曾在各區出版《地區星報》，並接受區議會的資助（李立峯 2018）；《地區星報》後來又改為每星期出版的《地區報》，按當時

立法會地區直選五大選區劃分,每份的覆蓋人口過百萬,於港鐵車站出入口及私人屋苑住客會所等地免費派發。這些地區出版的編採過程由其所屬的傳統報章主導,和民間自發成立的社區報明顯有別,將剔除在本文的研究範圍之外。

此外,過去不少地區從政者如區議員會出版定期刊物向區內居民介紹地區事務,雖然從議題關注來說和本文所指的社區報相當類似,但其出版目的明顯在於協助宣傳個別政治人物或政黨,實際上和議員工作報告幾無分別,只是被冠以「地區報」的名字。與此同時,也有「地區報」在表面上不依附政黨或政治人物營運,然而內容編採取向完全靠向親北京的一方(例如受訪的地區政治人物清一色來自親北京陣營)。還有一些定期社區出版是由區內的社會服務機構(例如青年服務組織)或大學研究或服務團隊統籌,在地人的參與程度各異,甚至同一名稱的刊物在不同期數之間的運作模式也可以有明顯差異。

要界定各種於社區中出版的刊物應否被視為社區報有一定困難。若欲以政治立場出發,有明確政治議程的定期社區出版並不罕見,既有如前所述完全站緊親北京立場的出版,在反修例運動期間也有完全以運動動員為主導內容的出版,兩者都可自稱反映社區內聲音,因此以政治立場作為社區報的標準並不適宜。若把重點放在出版團隊,考慮到在反修例運動期間一些出版活動因安全考慮而轉為地下運作,要確認各項出版背後的團隊亦不容易。本文把研究範圍限為民間出版,因此剔除各種完全確定由在任民意代表主導,而且目的明顯是為個人宣傳的出版;至於由潛在參

選人主理的出版，在有需要時仍會提及。

　　媒介型態方面，本文討論將限於以定期實體出版為目標，並最少曾有一期實體印刷的出版。網上各種以香港各區為主題的網站或社區媒介專頁為數不少，例如以交通和歷史為主題的就十分普遍。它們的運作極具彈性，各自規模差異極大，不適合放在本文一同處理。

　　香港的社區報一般非常強調紙媒實體印刷。一般社區報的實體印刷方式類近傳統大報，普遍為縱向版式，垂直對半摺疊，全頁尺寸通常為每幅420×594毫米（即A2標準），合共四頁或八頁，派發時先再橫向對摺。也有一些社區報是以較大或較小的尺寸印刷，亦有少數是多頁釘裝的小冊子或膠裝書的形式。對於多數社區報為何採取仿效傳統大報的印刷形態，有出版團隊成員稱不同的印刷大小和厚薄會影響途人領取的意欲，過小或過薄的印刷會讓途人誤以為是一般廣告單張而拒絕接受，而類似傳統大報的型態也有助建立作為報章的形象。雖然這些社區報絕大多數都在社交媒體設有專頁，但仍然十分重視實體印刷和派發，出版團隊認為社交媒體的受眾往往來自政治立場相對開明的「同溫層」，而在街頭派發更有機會接觸到其他讀者；途人領取到印刷物回家後有機會與家人傳閱，進一步促使社區報內容更可能受到傳播和討論。

　　空間尺度方面，地方行政區是社區報十分常用的空間尺度，不少刊物均以地方行政區的範圍設定內容和讀者群，覆蓋人口可達數十萬。不過也有不少社區報選擇以小於地方行政區的地理尺

度作自我定義,其覆蓋範圍的人口可以少至只有數萬甚至不足兩萬人,唯未有任何一份社區報的覆蓋人口是少於一萬人。[1]社區報的空間尺度甚少橫跨多於一個地方行政區,只有編採取向完全靠向親北京,編採團隊不明的社區報例外。

社區報、區議會與社區政治

曾任灣仔區議員的金佩瑋(2017)認為,在香港的政治脈絡下,社區是各方社區建設勢力之間「相互鬥爭、協作、勾結、強迫、反抗和談判的產物」。包括社區報在內各種形式的社區出版,在過去數十年來的潮起潮落,都可連結到香港宏觀政治與社區參與的格局轉變。

居民運動長期以來是香港社會運動的重要部分,香港的社會工作者一直保有一項傳統,即是試圖強化鄰里關係,以使居民更加理解社區問題,進而集體解決問題。社區發展在行內被稱為「做CD」(Community Development),組織者則稱為「CD佬」(莫泰基等人1995)。1970年代至80年代是社工參與社區發展的高潮期,回看社區報的歷史,亦可見當時社區報被用於社區營造,以至協助動員組織居民運動。1973年創刊的《大坑東之聲》,在創刊辭中就提出「到底有些什麼輿論能代表廣大居民的真正要求和呼

---

[1] 由於香港人口稠密,市區內每平方公里內有過萬居民並不罕見,如果覆蓋人口過少的話空間尺度將會變得十分細小。

聲」，以強調其為居民發聲的定位（尹詩瑜 2020）。

不容忽視的是，各種社區參與的興起，原因既包括由下而上的抗爭，也有包括由上而下的規訓。1966年因天星小輪加價引發的「九龍騷亂」，揭示了港英政府與華人社會之間的鴻溝，港府隨後在港九各區設立民政專員，以地區為行動單位來促進居民聯繫。到了1970年代，又發展出三層諮詢架構，積極介入地方事務。面對社工在社區層面的動員，政府也嘗試吸納社工到體制當中，推出「鄰舍層面社區發展計劃」，借助社工的社區發展工作來穩定社會，社工則反過來利用此一機遇來組織居民（梁祖彬 1995），可見社區參與的模式和不同時期的宏觀政治環境關係密切。

「九七大限」於1970年代末成為政治議題，1984年的《中英聯合聲明》確立了中英雙方一項共識，即是九七後實行某種意義下的「港人治港」，而地方層面的民主化則成為對政權而言相對安全的試點。如是者，港府自1980年代起通過區議會推動代議政制，地方行政區成為香港社區政治的基本單位。現時全港共劃分為18區，[2] 人口由十多萬到六十多萬不等。在2023年大幅修改區議會選舉方法前，每個地方行政區均由多個選區組成，採單議席單票制（領先者當選）選出一名區議員。以2019年的選舉為例，就有452個民選議席，每個選區的人口基準為約16,600人，當選者連同少數當然議員（鄉村代表）組成各地方行政區的區議會，每區有十多名至超過四十名區議員。

---

[2] 曾於1985年增加為19區，又於1994年縮減至18區。

區議會選舉出現後,各種形式的社區參與被吸納至選舉政治當中。不少區議員為了保持與選民的聯繫,會在選區內派發各種宣傳單張介紹社區事務和其政績。一些區議員和潛在的參選人逐漸把這些單張發展為「地區報」,以類似報章的方式排版以吸引選民閱讀,其中較為有名的有范國威議員辦事處出版的《將軍報》(取其服務地區將軍澳的諧音)。這些「地區報」雖然很大程度上和議員工作報告無異,但對日後的社區報熱潮在形式和內容上仍有先導作用。

　　至於區議會的出現本身,使得原有的社區參與在一定程度上變得制度化,吸納了社區中的各種文娛康樂活動、居民服務,以至政治參與;甚至可以說是意圖馴化社區中的政治角力。這情況在九七後特別明顯。1980年代的民主派通過居民運動在區議會取得政治權力,然而九七後的形勢對民主派越來越不利,特別是親北京政治團體經歷了2003年區議會選舉的失敗後,投入大量資源經營地方人脈網絡,這些經營自2007年區議會選舉起帶來明顯成果(費臣 2007)。與此同時,區議員工作走向專職化,親北京政治團體的基層攏絡手段漸見純熟,選民對區議員的期望趨向變成「街坊保長」(蔡子強等人 2021)。這使得擁有豐厚政治和財務資源的親北京政團在區議會選舉獲明顯優勢,翻轉民主派在立法會選舉所得的主流支持,[3]成功取得多個地方行政區的主導權;而這些親北京政團的區議員,則在立法會選舉中發揮樁腳功效。至2019年

3　又稱「六四黃金比例」,指民主派一般獲六成選民支持,親北京政團則為四成。

中，民主派和親北京政團的區議員比例已達124對327，親北京政團的區議員在許多選區已能連續多屆在無人競爭下自動當選。

　　親北京政團主導區議會，從而與立法會中受傳媒注視的民主派分庭抗禮。每當香港出現重大的政治爭議，親北京政團的區議員便會在各區區議會營造政府政策獲民意支持的表象，反過來向立法會施加政治壓力。例如在2017年至2018年期間的高鐵「一地兩檢」爭議，雖然背後的重點是全港性的憲制和司法問題，卻有多個區議會以居民關注高鐵何時通車為由，通過支持政府立場的議案。

　　雖然親北京政團在逐步壟斷區議會的過程中經常利用區議會就全港性議題的政治表態，然而區議員的日常工作卻越來越重視選民服務，例如跟進個案和處理投訴。區議會的整體議政水平日漸低落，各種錯誤決策經常成為公眾取笑的對象，東區區議會曾撥款21萬港元興建兩座不能避雨的避雨亭就是一例（自由時報 2015）。雖然不少居民對親北京政團的區議員熱衷於聯誼活動或只在選舉期間出現感到失望，但長期缺乏競爭之下也難以說清想得到怎樣的改變，繼而對社區政治參與產生強烈的無力感（梁啟智 2019）。香港中文大學政治與行政學系曾於2016年進行意見調查，量度市民對自己社區的歸屬感及自覺對改變社區的影響力，結果發現香港人的社區歸屬感雖然不算低，但年輕人和高學歷人士對社區特別感到疏離和無力，甚至認為自己對香港整體的影響力比對社區的影響力還要高；換言之，即認為在社區中動員比針對全港性議題動員更為困難（黃偉豪、陳慧華 2015）。對此，評論歸

咎於當時區議會的制度沒有實權,難以發揮。金佩瑋(2017)把區議員熱衷舉辦的各種嘉年華會活動稱為「舞台社區」,並認為區議會在香港的社區發展中貌似提供社區參與,卻沒有帶來真實的充權,有如「空匙餵飼」。

在很特殊的情況下,九七後的區議會亦曾促進居民從下而上參與社區政治。2003年起的灣仔利東街重建爭議引發了香港公民社會的空間轉向,許多組織者開始重新關注各種城市發展爭議以及其中的社區網絡和社區認同意涵,並引發天星碼頭、皇后碼頭,以至反高鐵運動等一連串的抗爭。2006年出版的《灣仔街紙》目的即在回應利東街重建爭議,而由當時政治上較為開明的灣仔區議會贊助(鄭敏華 2006)。雖然《灣仔街紙》本身並非一份定期刊物,卻可稱是先驅,及後其他組織者紛紛通過社區出版帶動議題和組織動員。

與此同時,在2010年代興起的本土思潮,雖然從組織動員和意識形態上和先前因城市發展爭議而起的抗爭有明顯差別(Kaeding 2017; Ip 2019),但也分享其社區本位的關注。例如北區和元朗等地方因為大量跨境水貨客的出現引發市容混亂和居民與水貨客之間的矛盾,就被本土思潮的支持者認為是香港整體自主性被剝奪的寫照。在社區中發動的抗爭,如2012年的「光復上水站」和2015年的「光復屯門」、「捍衛沙田」和「光復元朗」等一系列抗議活動,亦加強了社區作為政治動員場域的位置。

此外,隨社交媒體的興起,自2010年代出現了許多網上社區群組,例如2009年成立的「西環變幻時」,以及超過十萬會員

的「大埔TAI PO」群組，促進在地人分享在地生活。有些群組更演化出線下活動，例如大埔居民曾發起「大埔街坊泥鯭」群組推廣共乘活動。社區群組也激發居民反思「蛇齋餅糭」[4]如何淹沒了社區政治，例如2015年中西區般咸道四棵長逾百年的石牆古樹被斬，來自親北京政團的時任當區區議員被指未有阻止，就在社區群組中引發熱烈討論（李慧筠2016）。

換言之，香港人並非欠缺社區認同，例如大埔區的居民往往以「大埔人」自居，西環和沙田的居民會自稱「西柚」和「沙田柚」（取粵語「柚」和「友」同音），[5]但受到親北京政團壟斷的區議會，往往未能將這些想像和認同轉化為廣泛的政治參與。

來到2014年，中國全國人民代表大會常務委員會於8月31日通過《全國人民代表大會常務委員會關於香港特別行政區行政長官普選問題和2016年立法會產生辦法的決定》（八三一決定），申明《基本法》當中雖承諾行政長官普選，但候選人的產生實際上仍然由中國政府主導的選舉委員會決定。對於許多港人來說，八三一決定等同表明在制度內追求民主的路已走盡，占領運動（又稱雨傘運動）亦於2014年9月底爆發。中國政府雖然未有收

---

4 「蛇宴」、「齋宴」、「月餅」、「端午糭」的總稱，意謂通過各種小恩小惠收買人心，是許多區議員建立選民聯繫的重要手段。

5 地方行政區的空間尺度和香港人的社區想像和認同有一定重疊，不過一些人口較多或幅員較廣的分區會因應地理環境和交通網絡衍生次一層的認同，例如元朗區之下會分成元朗市區和天水圍的認同，沙田區之下會分為沙田市區和馬鞍山的認同等。也有一些社區的認同感明顯不和地方行政區重疊，例如黃埔花園雖然位處九龍城區，居民卻甚少自稱為九龍城居民，見梁啟智（2019）。

回八三一決定,然而占領運動帶來的政治壓力亦迫使立法會未能通過框架下的選舉方案。香港自1980年代起在體制內逐步民主化的道路,至此驟然終止。

憲制改革前無去路,便有組織者鼓吹以社區參與延續運動,號召「傘落社區」。例如在占領運動後期成立的「維修香港」,即通過由義工到舊區協助居民維修電器和家具,建立人際網絡從而推動民主意識。社區報亦成為占領運動後其中一種號召社區參與的模式。南區的《南圖》和西貢的《貢想》都在2017年成立。

值得注意的,這一波社區報的嘗試並非憑空而起,而是在占領運動前已開始。隨2000年代接連爆發的城市發展爭議,從利東街、天星碼頭、皇后碼頭,以至反高鐵運動,社區層面的關注變得普遍,連主流的娛樂潮流雜誌介紹地區小店時也會加入鄰里關係和「人情味」等書寫角度。自發的社區出版也開始出現,於2012年至2014年期間於筲箕灣出版的《紙筲箕》就是一例。

社會運動活躍人士在這階段也起了重要作用。曾深入參與上述各項城市發展爭議特別是菜園村反高鐵抗爭的朱凱迪,利用他過去任職記者的編採經驗,在2012年至2014年期間於菜園村所在的八鄉和錦田一帶以月報形式出版《八鄉錦田地區報》,又在2014年至2015年期間以導師身份獲邀主編由香港中文大學學生出版的大埔社區報《埔紙》。往後的社區報和這些刊物在形式和內容上十分相似,都以近似主流報章的型態印刷,內容以城市規劃或交通新聞為主,配以小店介紹或人物專訪等軟性內容。

朱凱迪於2015年11月參選八鄉和錦田所處的元朗區區議會

選舉，及後亦有個別社區報的成立明顯重疊到一些社區組織者參選區議會的籌備。例如「青衣島民」於2018年起發行同名社區報，其召集人於2019年參選青衣島所在的葵青區區議會；於2017年起於旺角和油麻地一帶發行的《油紙》，則成為參政團體「社區前進」向選民介紹成員的平台，這些成員也於2019年參選旺角和油麻地所在的油尖旺區區議會。

在上述的案例外，於占領運動後到2019年反修例運動前所誕生的社區報，多數的目標並不是支持個別候選人或政黨。不過，它們鼓勵社區政治參與的導向也十分明顯，特別是強調要監督區議會。由獨立媒體（香港）於2018年發起的「社區新聞計劃」清楚表明，他們認為傳統媒體未能有效監察區議會的運作，希望通過社區新聞填補。獨立媒體（香港）在發起計劃之前已有支持個別社區報出版，「社區新聞計劃」則是通過眾籌，擴大培訓社區新聞記者以及資助社區報出版。計劃開宗明義強調鼓勵社區政治參與，發起人學者梁啟智（亦為本章作者）指「媒體未能覆蓋社區新聞，期望項目能推動街坊知道區議會及社區發生的事」，另一位發起人前香港專上學生聯會前秘書長周永康則稱「一般街坊未必了解『大政治』，但會對身邊生活的事情更關注」，更直接提出「重奪區議會」為民主運動的願景（獨立媒體（香港）2018）。朱凱迪此時已以「票王」的地位當選立法會議員，亦同為此計劃的發起人之一。計劃於2019年初（反修例運動前）催生出兩份社區報，它們都長期維持出版。許多在2020年及以後出版的社區報亦受獨立媒體（香港）的財務或專業支持。

總括而言,公民社會在占領運動後對社區媒介的關注,其出發點在谷底:整體民主運動前無去路,社區政治參與亦是舉步維艱。對社區媒介的再次興起,李立峯(2018)總結為「幾場社會運動過後,一些市民開始重新想像社區生活的可能性」。而當社區想像開始擴闊,居民對社區媒介也有新的想像。

2019年以來的潮起潮落

反修例運動的來臨,大幅消彌了香港人對社區政治參與的無力感。首先,反修例運動與過去香港多數抗爭事件有明顯分別:空間覆蓋範圍全面,而且持續地深入社區。此前香港每年兩個最重大的集體行動(六四集會和七一遊行)都在固定地點,即維多利亞公園和從維多利亞公園到政府總部的主要幹道。這些地點都位於香港島的傳統商業區,而非在大多數香港人的日常生活環境當中,大多數參與者必須刻意前往。反修例運動期間則出現了大量深入社區的集體行動,從七月六日的「光復屯門公園」、七月七日的「七七九龍區大遊行」、七月十三日的「光復上水」,到七月十四日的「沙田反修例遊行」,於各區舉辦遊行一度成為反修例運動的重要劇目。各區居民亦按地方行政區成立通訊軟件群組,討論和籌組各式抗爭行動。反修例運動的一些轉捩點事件也發生在遠離市中心的居民生活區,包括七月二十一日元朗的白衣人襲擊事件,以及十一月於將軍澳發生的周梓樂墮樓事件。

基於地區身份的動員,是反修例運動的一個特點(馬嶽

2020)。對於不少抗爭者來說,在自己居住和生活的社區中與警方衝突,以及在過程中接受同區居民的支援,讓他們重拾社區認同。即使沒有直接參與衝突的居民,看到日常生活的環境因衝突而變得面目全非,例如交通燈和港鐵站被破壞,警察發射的催淚煙傳到家中,亦使他們需要直面社區生活的政治面向。運動期間於各區湧現「連儂牆」供運動支持者張貼宣傳,亦成為凝聚社區政治參與的重要場所。當居民以至保全成功拒絕警察進入私人住宅範圍,則會被理解為「成功保衛家園」。不同社區居民更會互相比較抗爭的激烈程度,例如黃大仙區街頭衝突的草根性就使該區被一些支持運動的網民稱為香港的「首都」(多啦A夢 2019)。

2019年亦為區議會選舉年,選舉成為香港人就反修例運動表態的機會。有組織者號召政治素人參與民主派未能安排候選人參選的選區,確保所有選區都有競爭,以圖牽制親北京政團的部署。在熾熱的政治關注下,投票率達71%,比去屆急升24個百分點。民主派的候選人取得390席,親北京政團只取得89席。民主派於17區取得過半數,在個別區議會更取得所有民選議席。至此,社區政治從香港公民社會的一個艱難議題,一下子變成重要的突破口。

隨新一屆由民主派佔大多數的區議員就任,香港人對區議會和社區政治的期望明顯改變。香港民意研究所於2019年12月的民意調查問到香港人對新任區議員的期望,44%的受訪者認為是「促進民主」,29%認為是「政策創新」;選擇「跟進個案」和「提供福利」這兩項傳統功能的,則分別只有18%和6%(香港民意研

究所2019）。新當選的區議員紛紛以改革區議會為目標，期望在社區層面落實運動帶來的民主訴求。

香港的社區報熱潮，背景是這個對公民參與社區政治充滿希望的環境。自2019年6月至2022年12月，我們紀錄到最少42份社區報的創立（表6.1）。這些社區報絕大部分都是在反修例運動後的第一年所創立的。在2019年的首五個月共紀錄有3份社區報創立；在反修例運動期間（即6月至12月），共紀錄有5份社區報創立；在2020年全年，共紀錄有25份社區報創立；在2021年全年，則紀錄有7份社區報創立；在2022年全年，則只有兩份社區報創立，並且都在上半年。自2022年下半年以來，只有一份實體社區報獲紀錄創立（2024年）。換言之，社區報的創立是一個有時效性的熱潮，而這熱潮已經大致完結。

這些社區報維持出版的時間長短不一，有9份社區報出版了創刊號便未有出版第二期，也有多份社區報出版了10期或以上。

社區報熱潮的出現，很大程度上反映了公民社會本身在反修例運動前後不同階段所面對的限制和機遇。在運動進行期間，雖然有個別的社區報創辦，更有個別社區報開宗明義表示其目標在宣傳運動，但整個社區報熱潮還是要在運動完結後才開始。畢竟在運動期間，許多組織者的精力都集中在街頭抗爭。而希望通過文字或圖像與同區居民分享政見的民眾，亦可直接到各區的連儂牆張貼他們的作品。

來到2020年，雖然街頭抗爭因為疫情來臨而中斷，但當時仍有一定民意希望延續抗爭。按香港中文大學傳播與民意調查中

表6.1 | 2019年至2022年期間社區報的創辦數目

月份	2019年	2020年	2021年	2022年
1月	0	4	0	1
2月	2	1	2	0
3月	0	1	1	0
4月	0	2	0	0
5月	1	0	0	0
6月	1	2	1	1
7月	0	2	0	0
8月	1	1	0	0
9月	0	4	1	0
10月	0	2	0	0
11月	2	5	0	0
12月	1	1	2	0
合計	8	25	7	2

註：灰格代表反修例運動期間。
資料來源：研究者整理

心於2020年5月所作的民意調查，有39%的受訪者支持「反修例運動以各種方式繼續延續下去」。而在15至24歲的年輕人組別，支持的比例更高達72%（李立峯 2020）。雖然漫長的疫情和公民社會的進一步收緊，使得大規模群眾運動無法重來，但民眾對公民參與維持強烈意願，社區報如雨後春筍般的創立正提供了另一種參與方式。同一時間，「黃色經濟圈」也是另一條讓運動在日常生活中延續下去的進路（Li and Whitworth 2024）；不少「黃店」也通過在社區報刊登廣告支持社區報的出版。

儘管許多早期社區報推動者的原意是要監察由親北京政團所壟斷的區議會，此時期的社區報面對的卻是罕見由民主派主導的局面，社區報與民主派區議員形成合作關係，民主派區議員會為社區報的編採角度提供意見，協助派發甚至籌款。不過，亦有出版團隊表明即使得到區議員的協助，也不會為對方「歌功頌德」（曾曉玲 2020）。

「港區國安法」於2020年6月底生效後，很快便影響到社區報的出版。有社區報於法例生效數日後表示，因感到未能完全理解執法範圍及定罪標準，為免影響受訪者和協助社區報出版的區內人士，決定回收和銷毀當時剛準備好的反修例運動一周年特刊。

雖然如此，仍有多份社區報在「港區國安法」生效後創立。事實上，2020年上半年創立的社區報有10份，下半年創立的則有15份，比法例生效前還要多。疫情之下，不少社區報擔當起社區內疫情發佈和鄰里支援的角色。香港整體公民社會的急速轉向要到2021年中期才發生，而連帶對社區報的影響亦到當時才變得明顯。

2021年6月至8月期間，香港的公民社會迎來歷史性的急速收縮。最重要的民主派報章《蘋果日報》有多名高層於6月17日被捕，警方指報章出版文章與外國或境外勢力串謀，歷時26年的日報出版於6月24日終止。與此同時，香港電台諷刺時事的評論節目《頭條新聞》在通訊事務管理局的壓力下暫停製作，並於6月19日播出最後一集。

香港數個極為重要的公民社會團體亦於短時間內紛紛終止活

動。曾為最大單一行業工會的香港教育專業人員協會於8月10日宣佈解散；曾為最重要政治及民主議題聯合平台的民間人權陣線於8月13日宣佈解散；於反修例運動中提供人道支援予受傷、被捕或有關人士的612人道支援基金，於8月18日宣佈將有序停止運作；香港獨立工會運動的代表香港職工會聯盟，則於9月16日通過啟動解散程序；因八九民運成立的香港市民支援愛國民主運動聯合會，則於9月25日通過解散決議。與此同時，亦有許多占領運動後成立的小型民主派專業團體和社區組織，均在6月至9月期間宣佈結束。

同一時間，社區政治也起了翻天覆地的變化。「港區國安法」列明公職人員宣誓時必須擁護香港基本法以及效忠特區政府，此要求通過2021年5月生效的《2021年公職（參選及任職）（雜項修訂）條例》實施。過去區議員就任不設宣誓程序，此次條例加入了「區議會誓言」的規定，並可因為區議員沒有「真心地及真誠地遵守、支持、維護及信奉」《基本法》而剝奪其資格。當時政界更傳出政府會追討被剝奪資格的區議員就任以來的酬金。面對嚴峻壓力，390名民主派區議員當中，有219人於7月6至21日期間辭職。來到9月至10月舉行的宣誓儀式，共51人被判定宣誓無效，另有10人缺席宣誓。連同宣誓儀式前辭職的區議員，宣誓後各區議會的議員人數大幅減少，479個議席僅有147席仍然有議員就任；其中原為25席的黃大仙區議會，宣誓後僅餘兩名議員仍然就任。

政治環境驟然轉變，雖然有個別的社區報選擇結束，亦有

不少維持營運。到了2021年下半年，仍有約10份社區報維持每兩到三個月一期的出版，個別社區報亦有為區議員離職潮作專題報道，並且刊登這些民主派前區議員的離職感言和未來計劃。不過，從內容來看，社區報的編採取向在「港區國安法」生效以來有相當明顯的改變。過去曾有社區報以軟性手法介紹參與抗爭的區內居民背後的故事，為他們建立同情和支持，甚至鼓勵讀者到法庭旁聽；這類型的題材到2022年中期已不復見。過去支持「黃色經濟圈」的區內商號在社區報中刊登廣告時，內容並非推廣該商號的產品或服務，而是純粹表達政治立場，這類型的廣告同樣已經消失。

按Fang等人（2024）的分析，「港區國安法」生效後社區報的題材有明顯改變，評論和政治題材明顯減少，硬新聞反而明顯增加，作者認為後一改變是為了營造「客觀」形象所致。在政治憂慮下，有社區報調整了報道中的用詞，例如把「黃店」改稱為「小店」，讓讀者自行領會該店的政治立場。儘管如此，這些社區報的成員仍然試圖在有限的政治空間下，維持公眾議題的討論。事實上，這時期的社區報雖然已鮮再提及反修例運動相關的議題，但在報道題材上仍有批判性，並把許多社區中較為隱藏的面向呈現出來。多份社區報製作了區內南亞族裔專題，鼓勵讀者認識這個在香港備受歧視的族群；有社區報製作「劏房」和街友專題，直面社區中的貧困和不平等；有社區報更擔當起倡議角色，鼓勵讀者對政府於區內廣受爭議的城市發展計劃提出反對意見。

來到2023年，要繼續維持出版已變得相當困難。即使過去

表6.2｜三份主要社區報於2020年以來的出版頻率

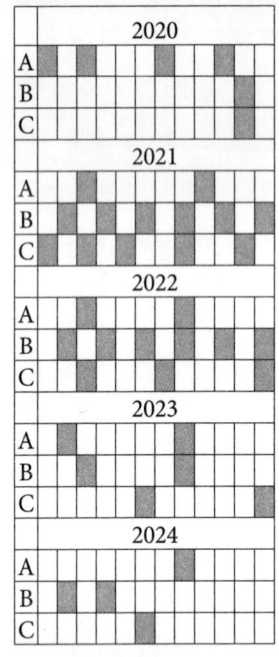

註：灰格代表該月份有出版。
資料來源：研究者整理

一直維持定期出版的社區報，活躍程度也明顯大不如前。在2024年1月至12月期間，排除兩份親北京陣營社區報（一直維持每兩週出版一期），共紀錄到9份社區報仍維持最少一期的實體出版。不過它們許多都處於相當不穩定的狀態，沒有一份在這12個月內能夠出版多於兩期。

表6.2紀錄了三份出版期數較多，不屬於親北京陣營的社區報的出版情況。社區報A於2019年初創刊，於首年一直維持大約每兩個月出版一期；自2020年起，出版周期開始拉長和不規則；到了2023年，出版間距拉長至每6個月一期。社區報B於2020年末創刊，首兩年基本上維持每兩個月出版一期，2023年起出版周期開始拉長和不規則，最長曾經6個月出版一期。社區報C同樣於2020年末創刊，一開始也是每兩個月出版一期，接下來的周期愈拉愈長，於2022年底開始也變成每6個月出版一期。從出版周期的拉長和不穩定可見，社

區報出版熱潮已明顯退卻。

躺平和轉化：社區出版的未來

　　社區報熱潮的出現，很大程度上是期望以社區參與的模式繼續延續運動。那麼社區報熱潮的退卻，是否意味此延續模式已變得不再可行？回到2019年之前，當時的社區報已面對社區媒介與公民新聞常見的人手和資源不足問題。及後社區報熱潮期間，人手和資源一度相對充裕，很大程度上是大規模街頭運動被迫終止後的例外情況。隨社會環境在政治壓力下持續轉變，數個不利維持人手和資源的因素逐漸浮現。

　　首先，移民潮把許多人手和資源從香港帶走。2020年以來，估計有數十萬港人離開香港。離港者不少屬專業背景，教育程度較高，過去較願意直接支持公民社會發展，他們的離開削弱了留港者可動用的人手和資源。有教會機構於2024年初的調查顯示，移民潮下不少機構出現財務困難，要發起緊急籌款（王澤山 2024）。政府監管慈善團體和涉及「政治目的」的眾籌活動，也使公眾更為謹慎，不再隨意支持公民社會團體（沈偉男 2023）。獨立媒體（香港）曾在2018年和2019年兩次發起眾籌支持社區報出版，唯在當前的政治環境要再次發起眾籌已近乎不可能。個別社區報曾通過採取訂閱制和招募廣告以支持出版開支，唯考慮到疫情的經濟影響和支持社區報的「黃店」本身亦經營困難，實際成效有限；例如前文提及的社區報A，在2022年至2023年期間連

續三期沒有任何廣告。

　　區議會本身的轉變，也使社區媒介更不容易進行新聞報道。獨立媒體（香港）發起的「社區新聞計劃」明言其目標在於監督區議會，然而經歷2021年的區議員離職潮和宣誓後的議員資格剝奪，政府又拒絕為出缺的議席舉行補選，大多數區議會陷入癱瘓狀態，再難從區議會的會議議程中尋求社區新聞。

　　香港政府於2023年5月推出《完善地區治理建議方案》，徹底改變區議會的產生方式，民選議席從452席大幅減少至88席，每名民選區議員的選區覆蓋人口以倍數增長，因此難以維持過去區議員與選區居民的緊密鄰里關係。與此同時，議席改為出自政府委任和地區委員會（本身亦由政府委任），於是，比起爭取選票，出任區議員更直接和重要的手段變成對政權表達忠誠和經營建制內的人脈，政治團體不再有誘因要主動在居民面前發掘議題。此外，由於參選門檻大幅提高，而且候選人須先經資格審查，民主派無從參選，候選人的政治光譜大幅收窄，選舉競爭程度大不如前。改制後首屆於2023年舉行的區議會選舉，投票率僅為28%，不僅遠低於2019年的71%，就連港英年代約三到四成的投票率都不如。

　　缺乏民選區議員和潛在候選人的日常比拼，社區事務失去了原有的辯論空間和可供創造意義的制度載體，為社區報報道社區新聞增加不少困難。這不是說社區中已沒有值得報道的新聞，而是社區新聞變得難以發酵和聚焦，因為社區報原本能合作或監督的民選區議員大幅減少，許多過去能帶動議題的社區組織又隨公

民社會組織的解散潮而消失。當報道失去著力點,就難以鼓勵參與和觸發影響,如此一來社區媒介原有的人力和資源限制很容易變本加厲。

雖然整體環境明顯不利於社區報的持續出版,然而其他形式的社區出版以至社區參與,在社區報熱潮退卻後仍然持續。

自2023年以來,出現了許多以地方書寫為題材的書籍,成為香港出版市場的重要新興趨勢。這些書籍既有研究不同鄉郊和城市社區的歷史,亦有新市鎮居民描述生活日常,更有以仍然進行中的居民運動為題的書寫。僅於2024年已有最少10本以地方書寫為題材的書籍在香港出版。伴隨著這些地方書寫的湧現,則是一波更廣闊的關注香港城市空間和建築特色的出版熱潮(見 Sampson Wong 2022; 彭展華 2023; 林曉敏 2024)。

當社會經歷重大轉變,難免會出現對於歷史和本土文化的鄉愁意識,而文化保育本身也常是身份認同衝突的重要載體,在公民社會空間受限制的環境下往往成為凝聚關注的議題。值得注意的是,這些以地方書寫為題的書籍出版並非單純是公眾情感投射的產物,不少書籍背後都有長期在地深耕的研究團隊支持,包括大學研究團隊和傳統社會服務機構,也有獨立的組織者以至前社區報的出版團隊。也就是說,雖然社區報因各種限制而熱潮退卻,但香港仍有閱讀地方議題的需求,與研究和書寫這些議題的能力,並可能正通過其他形式維持和深化。

順帶一提,在反修例運動後「散落社區」的組織者,除了出版社區報外,也有不少走上獨立書店之路,從而建立在地連結。

各社區報與地方書寫的出版團隊亦和這些獨立書店保持聯繫，例如不時借用場地舉辦活動。這些獨立書店在反修例運動後走過的軌跡和社區報有類近之處，詳見鄭祖邦在本書的專文（第七章）。

最後，也有社區報團隊在減少或終止實體出版後，仍然在社交媒體上保持一定的活躍程度，不時轉載以至主動發掘社區消息。有些社區報團隊的區內即時新聞報道更獲主流媒體轉載和跟進。社交媒體上亦有不少網民自發的各區交通關注組保持活躍，成員更會就政府每年的公車路線計劃撰寫正式書面意見。類似同時維持線上和線下活動連結的，還有網民自發的各區流浪動物照顧和收養社交媒體專頁等。

儘管正規的社區政治參與在過去數年經歷了翻天覆地的改變，但在地人對其他形式的社區參與仍有不同嘗試。經歷了2019年反修例運動期間及區議會一度「變天」後短暫的百花齊放，各種社區參與的可能性已被揭起。社區報的潮起潮落是其中一幕，接下來的內容將由在地人繼續書寫。

參考書目

Sampson Wong,2022,《香港散步學》。香港:白卷出版社。
尹詩瑜,2020,〈街坊自發辦地區報:我們的社區,我們自己來書寫〉。端傳媒,7月5日。
王澤山,2024,〈調查:逾六成受訪機構全年錄虧損 去年十間機構曾發起緊急籌款〉。時代論壇,3月6日。
多啦A夢,2019,〈香港首都排行榜〉。LIHKG討論區,8月5日。
自由時報,2015,〈香港不能避雨的「避雨亭」 竟要價將近百萬!〉。5月12日。
沈偉男,2023,《香港眾籌法——國安法時代下,民間團體面對的新挑戰》。端傳媒,4月12日。
李立峯,2018,〈「社區媒體」是和社區運動緊密相連的傳播工作〉。香港01,1月31日。
──,2020,〈一年過後,抗爭運動會如何延續下去?〉。明報,觀點版,6月11日。
李慧筠,2016,《【西環變幻時(上)】線上與線下的社區連結》。香港01,3月9日。
金佩瑋,2017,〈空匙餵飼:英治時代社區建設之殖民性〉。頁163–198,收錄於張少強等編,《香港・社會・角力》。香港:匯智出版有限公司。
林曉敏,2024,《香港遺美:香港老店記錄》修訂版。香港:非凡出版社。
香港民意研究所,2019,〈《香港民研公布「年終回顧前瞻」及「我們香港人」最新結果(2019.12.30) Part 1》〉。YouTube,12月30日。
孫曼蘋,2011,〈在地發聲、媒介素養與社區行動——彰化縣員林鎮《員林鄉親報》之個案研究〉。《新聞學研究》108: 59–102。
莫泰基、郭凱儀、梁寶霖編,1995,《香港社區工作:反思與前瞻》。香港:中華書局。
馬嶽,2020,〈地區身份動員〉。頁306–311,收錄於馬嶽著,《反抗的共同體》。台北:左岸文化。
梁祖彬,1995,〈香港社區工作發展史〉。頁2–15,收錄於莫泰基等編,《香港社區工作:反思與前瞻》。香港:中華書局。
梁啟智,2019,〈區議會可以如何選———個學術研究〉。Medium,7月5日。
彭展華,2023,《未知的香港粗獷建築》。香港:三聯出版社。
曾曉玲,2020,〈未來城市:紅線無形又憂無錢 社區報如何永續不凋?〉。明報,7月19日。
費臣,2007,〈區選無間道〉。明報,11月25日。
黃偉豪、陳慧華,2015,〈改變社區比改變香港更難〉。明報,觀點版,7月31日。
黃順星,2020,〈媒社區:以媒介化理論檢視臺灣社區報發展〉。《中華傳播學刊》38: 139–176。

蔡子強、馬嶽、陳雋文，2021，〈區議會選舉〉。頁55-72，收錄於蔡子強等著，《特區選舉：制度與投票行為》。香港：香港城市大學。
鄭敏華，2006，《灣仔街紙：市區重建策略檢討公民參與文件》。香港：思網絡。
獨立媒體（香港），2018，〈立即支持【社區新聞眾籌計劃】！〉。1月5日。
Carpenter, Serena, Seungahn Nah and Deborah Chung, 2015, "A Study of US Online Community Journalists and Their Organizational Characteristics and Story Generation Routines." *Journalism* 16(4): 505–520.
Carr, D. Jasun et al., 2014, "Cynics and Skeptics: Evaluating the Credibility of Mainstream and Citizen Journalism." *Journalism & Mass Communication Quarterly* 91(3): 452–470.
Fang, Kecheng, Mengzhe Feng and Chun Hong Tse, 2024, "Hyperlocal Citizen Journalism in Hong Kong: Resilience through Community Newspapers." *Journalism*. DOI: 10.1177/14648849241246900.
Ip, YC, 2019, "Political De-Institutionalization and the Rise of Right-Wing Nativism." Pp. 462–473 in *Routledge Handbook of Contemporary Hong Kong*, edited by Tai-Lok Lui, Stephen Wing-Kai Chiu and Ray Yep. Oxford and New York: Routledge.
Kaeding, Malte Philipp, 2017, "The Rise of 'Localism' in Hong Kong." *Journal of Democracy* 28(1): 157–171.
Khamis, Sahar and Katherine Vaughn, 2011, "Cyberactivism in the Egyptian Revolution: How Civic Engagement and Citizen Journalism Tilted the Balance." *Arab Media & Society* 14(3): 1–25.
Lee, Francis L. F. and Chi-Kit Chan, 2023, "Legalization of Press Control under Democratic Backsliding: The Case of Post-National Security Law Hong Kong." *Media, Culture & Society* 45(5): 916–931.
Li, Yao-Tai and Katherine Whitworth, 2023, "Redefining Consumer Nationalism: The Ambiguities of Shopping Yellow during the 2019 Hong Kong Anti-ELAB Movement." *Journal of Consumer Culture* 23(3): 517–535.
Metzgar, Emily T., David D. Kurpius and Karen M. Rowley, 2011, "Defining Hyperlocal Media: Proposing a Framework for Discussion." *New Media & Society* 13(5): 772–787.
Wall, Melissa, 2015, "Citizen Journalism: A Retrospective on What We Know, an Agenda for What We Don't." *Digital Journalism* 3(6): 797–813.
Yuen, Samson and Chit Wai John Mok, 2023, "Groundwork for Democracy? Community Abeyance and Lived Citizenship in Hong Kong." *The China Journal* 90: 78–105.

7　2019年後香港獨立書店的微光

鄭祖邦

摘要

　　當前的香港進入了一個民主運動和公民社會崩解的年代，政權以「國家安全」之名滲入各個意識形態的陣地，不只是學校的通識教育終結、新聞與言論自由受到全面限制。一個醒目的現象就是，許多出版品因國安理由在香港公共圖書館或大學圖書館「被下架」。更有許多作家、學者、漫畫家，其文章和書籍被指控「顛覆國家政權」，而被迫停止創作。不過，值得注意的是，正當這座城市在恐懼的壓力下陷入沉默，似乎邁入一個禁書時代，在不同的社區角落卻出現了一間間的獨立書店。在一個連鎖與網路書店橫行的年代，再加上政權各方面的政治控制，為什麼這些獨立書店會紛紛出現呢？在香港的案例中，我們可以發現到，當前獨立書店的發展，不僅是在抗衡大型書商販售體制，也不僅是展現文青式生活風格，更是要透過彈性的經營策略、販售敏感書籍、辦理各式公眾活動，試圖在國安法的灰色間隙中維持或保留市民一個公共與開放的空間。在國安法的法律網絡下，書店可能成為一個潛在的雷

區，但也可以成為社區連結的樞紐。面對政治權力的壓制，經營者遵守或試探法律的紅線，他們在經營上的自我審查並不是為了屈就順從，而是要在恐懼與謊言逐漸瀰漫的社會中尋找真誠與自由。在大規模的抗爭之後，在這政治抗爭極速凍結的社會中，書店成為市民心靈療癒、意見表達與群體連結的空間與媒介。

關鍵詞

獨立書店、國安法、敏感書籍、自我審查、公民社會

一、前言

港版國安法的立法和實施（2020年6月30日），不僅震懾著香港社會，壓制反對威權的力量，其影響幾乎摧毀了香港過去三十年民主運動取得的成果。對當今的政府而言，香港已經走出黑暴「撥亂反正」了。為了落實「愛國者治港」，從特首到公務員都是由「愛國愛港」人士出任，並藉由「完善」選舉制度排除異己，清除議會中所有反對力量。此外，更發動政治清洗，關押政治領袖與異議分子，最終讓市民因恐懼而噤聲。既存的公民社會也不斷崩解，再溫和的集會遊行都無法獲得政府的不反對同意書，包括年年舉辦且歷經三十年的六四維園紀念晚會，也在2019年劃下句點。2021年，在政府的壓力下，大量公民團體或

組織紛紛解散，從香港最大的民主運動平台「民間人權陣線」，一直到成立有超過50年歷史的「教協」（教育人員協會）乃至於「愛國組織」「支聯會」都成為國安法清算的對象。2022年，港府更稱外部勢力不時刻意對國家抹黑造謠、歪曲香港現狀，因此要求港人「說好香港故事」，強調香港已由2019年反修例的黑暴亂港之後進入「由亂及治，由治及興」的新階段。無疑地，種種壓制措施都只是試圖馴化香港市民，並透過儀式性的語言來改變群眾的記憶與認知，鞏固政權統治的意識形態與價值系統的運作。正如鄂蘭（2022: 808, 813-4）所提醒的，「恐怖」和「意識形態」是當代極權主義政體的重要元素。在國安法的威嚇所帶來的恐懼之下，港人沒有機會公開表達自己的觀點，這樣的價值空白，正好可以容納政權提供的意識形態，任憑謊言來取代真實。

當政治領袖接連被捕，公民團體紛紛解散，香港進入了一個民主運動和公民社會崩解的年代。政權以「國家安全」之名滲入各個意識形態的陣地，不只是學校的通識教育終結、新聞與言論自由受到全面限制。一個醒目的現象就是，許多出版品因模糊不清的國安理由在香港公共圖書館或大學圖書館「被下架」。更有許多作家、學者、漫畫家，其文章和書籍被指控「顛覆國家政權」，而被迫停止創作。不過，值得注意的是，正當這座城市在恐懼的壓力下陷入沉默，似乎邁入一個禁書時代時，在不同的社區角落卻出現了一間間的獨立書店。在一個連鎖與網路書店橫行的年代，再加上政權各方面的政治控制，為什麼這些獨立書店會紛紛出現呢？筆者希望進一步掌握此一現象，然而，香港的獨立書店並沒

有相關的協會或公會等組織，政府機關也未定期公布獨立書店的相關統計數據。因此，筆者透過各種網路與書面資料，整理香港獨立書店近年的開業情形。圖7.1是2007年至2023年，香港獨立書店的開業趨勢統計圖。[1]

就統計數據來看，我們可以發現到，在2014年前後隨著香港民主運動的激進化，獨立書店的開業有所增加。到了2019年之後獨立書店的開業數更是呈現出明顯的增長。一直到2023年，香港獨立書店的開業數已累積至70間（詳細開業名單請參閱附錄7.1）。這也不禁讓筆者想問，為什麼在一個政權試圖進行文化與思想控制而眾人噤聲的時代，卻出現大量獨立書店？在大規模的抗爭之後，在這政治抗爭極速凍結的社會中，香港的獨立書店反映出怎樣的社會意義呢？

二、香港獨立書店的發展型態與轉變

近年來許多國家或地區都出現獨立書店風潮，但是，「獨立書店」卻不容易以精確的定義來界定。或許，我們可以從獨立書店的對立面「連鎖書店」來進行相關的思考。從經營特點來看，

---

[1] 此一統計資料主要是針對「書店的開業數」，並未統計歇業或倒閉的情形。香港獨立書店的發展歷史悠久，本研究選取從2007年開始進行統計，主要是當年度「序言書室」開幕，此一書店突破了傳統文青式獨立書店的格局，在經營上更貼近香港政治與社會的變化脈絡，可謂開創新的典範。有關於香港獨立書店發展型態的轉變，將在第二節進一步討論。完整的獨立書店整理名單請參閱附錄7.1。

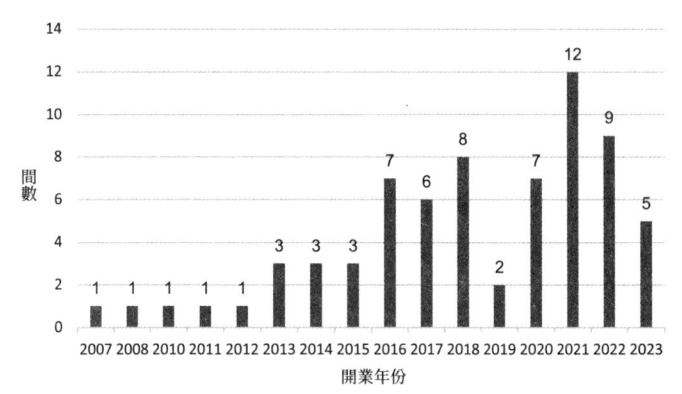

圖 7.1 | 2007年至2023年獨立書店開業趨勢

開業年份	間數
2007	1
2008	1
2010	1
2011	1
2012	1
2013	3
2014	3
2015	3
2016	7
2017	6
2018	8
2019	2
2020	7
2021	12
2022	9
2023	5

資料來源：本研究整理

所謂的連鎖書店通常是指以同一個品牌、同樣形式、在不同地點經營的多間店面，例如：在台灣的金石堂、誠品等書店，在香港被合稱「三中商」的三聯、商務和中華三間書局。相對來看，獨立書店往往是一人或數人合作或持股，小單位、小成本的獨立經營，這類書店也往往與在地社區更加緊密結合。此外，隨著網路時代的到來，大型網路書店以低價折扣、電子書以及強大的物流配送，更進一步改變了當代書店產業的型態，以「實體書店」為主的連鎖或獨立書店面對嚴峻的挑戰。《書店不屈宣言》一書的作者田口久美子（2019: 272-283）就將亞馬遜網路書店進入日本比做「黑船」入侵，網路書店抓住了實體書店無法將書便宜賣給客人、下訂後取書需要時間的弱點，深深打擊了日本既存的出版和書店產業。從「連鎖書店／獨立書店」到「網路書店／實體書店」或「電子書／紙本書」這一系列的對比，除了可以凸顯出所謂獨

立書店若干基本特點,也可以了解當代獨立書店在經營上所面對的困境。獨立書店除了在經營上不同於連鎖書店或網路書店,也更容易通過販賣的書籍(選書)和書店的空間布置,展現經營者的理念與態度。台灣獨立書店文化協會在2017年出版的《Indie Reader 獨書人》試刊號〈一間獨立書店之必要?〉一文中就提到,會去開一間獨立書店的書店人就是要去「反對資本文化對生活的全面殖民」。這些書店人企圖以個別品牌反擊大品牌的壟斷專權,以獨特的美學選書挑戰排行榜時代的暢銷書種,以走進社區探索在地的小寫計畫來反動千篇一律的成功傳記,在資本主義資訊氾濫卻造成性質同一化的洪流裡,表現獨樹一格的知識理性(Indie Reader 編輯室 2017)。所以,獨立書店的「選書」與連鎖／網路書店的「排行榜」形成了另一組對照,不同於連鎖書店的「千篇一律」,獨立書店更強化「在地經營」與社區連結。

回到香港的發展脈絡來看,早期的獨立書店代表著一種文藝或文化的空間,被香港人稱作「二樓書店」或「樓上書店」。香港獨立書店的經營者除了要面對連鎖書店的削價競爭,在地狹人稠寸土寸金的香港,店面租金也十分高昂,為避免陷入經營上的困難,業者往往將書店開設在二樓以上,因而得此稱呼。像是1998年創立的東岸書店,由幾位詩人和文藝愛好者創立,舉辦了許多詩聚、詩歌朗誦會、讀書會的活動,到了2002年仍因成本虧蝕過甚而結業。在九十年代湧現的「二樓書店」開設熱潮中,不僅東岸,還有許多書店都聚集在旺角的西洋菜南街(「書店街」),例如:精神、文星、洪葉、田園、開益、榆林、學津、

東岸、紫羅蘭、樂文、博學軒、尚書房等。不過到了2000年之後，許多這類型的二樓書店也紛紛消失歇業。其中也包括以販賣台灣書籍作為特色的洪葉書店，這間書店因附有咖啡座的經營方式，在全盛時期擁有三家店面，2005年時仍不敵內部人事和經營成本壓力而歇業。此外，還有2006年青文書店、2008年文星圖書、2009年阿麥書房、2011年馬健記圖書、2013年紫羅蘭圖書，可說見證了當時二手書店衰退的浪潮。[2]

然而，就在這波二樓書店的歇業潮中，2007年開幕的序言書室似乎跳脫了香港二樓書店的傳統路線和格局。三位創辦人中的李達寧就讀中大哲學系，自身也有參與社會運動的經驗。所以，序言書室在經營上較為關注各式社會議題，大量舉辦各種講座、對談、新書發表會等相關活動，讓這間書店不僅販售書籍（偏社科與哲學學術書籍），還成為一個能緊貼社會脈動的社運書店。書店中各類活動經年累月持續不懈地舉辦，讓它成為一種談論學術與公共事務的空間。在當時的獨立書店中，這項成就無人能及。儘管，序言書室的幾位創辦人認為會開這間書店是受到曙光書店的幫助和啟發，然而，曙光書店的創辦人馬國明（2017: 40-42）卻認為，曙光在1980年代創立時，適逢引介西方學術思想的熱潮，只是跟著這樣的潮流純粹售賣書籍。序言創立時卻無法借助西方盛行的學術風氣，但似乎摸索到一條更切合香港情況

---

2 本段相關討論整理自伍嘉敏與趙潤滿（2024）、關夢南（2018）、鄧小樺（2019: 112-5）。

的路線。不過,人的眼界和視野往往受制於當時的歷史條件。馬國明的談論可以讓我們注意到,香港獨立書店的發展型態受到當下社會條件的影響,曙光成長於對西方學術求知若渴的時代,而序言書室的路線則是與回歸中國以來香港民主運動的發展脈絡密切相關。

總體而言,香港回歸中國之後,書業的發展就與中國對香港的統治密不可分,這也是香港獨立書店在發展上的特殊性。首先,從香港書業的市場競爭結構來看,相對於獨立的二樓書店,三中商連鎖書店佔了八成的生意。而香港書業競爭的特殊之處,不僅在於資本主義市場運作的邏輯,更重要的是三家連鎖書店都具有國家資本背景,它們都是間接地由中央人民政府駐香港特別行政區聯絡辦公室(中聯辦)全資擁有。所以,三中商的大老闆就是中共政權。而且三中商同時是出版社、發行商、印刷商,其對香港書業的壟斷是垂直和平面的(李達寧 2017: 5)。此外,2015年銅鑼灣書店的股東和員工在海外與香港境內先後遭到中國公安逮捕,這也暴露出香港書業無論在出版或經營販售方面的政治風險。由於銅鑼灣書店出版和販售許多關於中國派系政治、領導階層祕聞的書籍,因此,北京政府的越境抓人,開始讓港人對一國兩制下的出版和言論自由產生了疑慮和警惕(李達寧 2020)。在國安法實施之後,有許多書籍被公共圖書館下架。在 2020 年至 2021 年間,香港語言治療師工會成員出版 3 本以羊村為主題的兒童繪本(《羊村守衛者》、《羊村十二勇士》、《羊村清道夫》)。然而,因其內容涉及反修例運動、12 港人案等,被政府認為是煽

動對立、製造仇恨，最終有五名成員以「串謀發布煽動刊物罪」入獄服刑。這些發展更讓香港出版業者感受到國安法下肅殺的氣氛，對於言論、出版自由和資訊流通上更為保守與謹慎。不過，如同前述，正是在此種愈趨高度政治敏感的情境下，香港獨立書店的開業數反而成長了。本文嘗試從上述的發展脈絡來進一步解析，2019年之後新型態獨立書店的出現，其背後所反映出在國安法下香港社會的變化。

三、研究對象與方法

本研究主要針對香港獨立書店的經營者與小型出版社進行深度訪談，並輔以相關文獻資料的收集，來進一步了解國安法下香港獨立書店的發展狀況。在2023年期間總共完成13份正式的深度訪談，其中包括12間的獨立書店店長或店員，1間小型出版社的負責人（訪談引用名單請參閱附錄7.2）。其它尚有若干訪談紀錄，但由於當下的環境狀況不適宜錄音，訪談者以田野筆記的方式加以記錄。這12間獨立書店先後創立於2018年至2022年期間，對本研究而言具有相當程度的代表性。當然，選擇這些書店並不意味著彼此之間具有同質性或經營上想法完全一致，其間的差異仍是值得我們留意。不過，衡諸香港當下的政治狀況，在本文後續的分析中，筆者基於研究需求引用相關受訪者的觀點時，並不會特別去指明這是哪個特定書店經營者的看法，以免造成個別書店的困擾，儘管如此一來無法凸顯經營者彼此之間的差異，

但這是目前必要之舉。

本文將從三個面向來說明國安法下香港獨立書店的發展樣態。首先，筆者認為，正是在國安法的情境下，意外地創造了一個獨立書店的商業空間（商機），讓新型態的獨立書店紛紛出現。其次，在書店業者的經營上，筆者想要了解他們如何在國安法的壓迫與恐懼中進行自我審查，進而在法律的夾縫中維持書店持續存在。最後，面對香港公民社會的崩解，在經營者的努力下，讓書籍和書店作為一個媒介，重新成為（再）連結人們的空間。

四、國安法下的「商業空間」／「抗爭空間」

2019年之後，新型態獨立書店之所以紛紛出現，並非偶然。特別是2020年6月國安法實施之後，就有媒體（如：《明報》、《獨立媒體》、《HKFP》、《立場新聞》等）注意到康文署轄下的香港公共圖書館在下架一些有涉國家安全的「政治敏感書籍」。根據當時媒體的整理，從主題來看，凡涉及「六四」（如：《王丹回憶錄：從六四到流亡》）、「社會運動」（如：《傘聚》、《抗命時代的日常》）、「港獨與本土議題」（如：《香港城邦論》、《香港思潮：本土意識的興起與爭議》）皆被下架清零。其它與香港無直接關聯但涉及中國事務者（如：馮客的中國三部曲、陳冠中《建豐二年：新中國烏有史》、余杰《卑賤的中國人》）都是遭到被下架的命運。從作者來看，無論是《蘋果日報》或支聯會的出版品通通不行，個別作者無論是激進港獨或溫和泛民也通通都在下架之

列。其中包括了司徒華《大江東去：司徒華回憶錄》、何俊仁《謙卑的奮鬥》、戴耀廷《愛與和平：未完成的抗爭之旅》、黃之鋒《我不是英雄》、陳淑莊《邊走邊吃邊抗爭》、媒體人區家麟《二十道陰影下的自由》、練乙錚的文集、已故作家李怡的著作，亦有學者如：馬嶽《民主十問》、許寶強《限富扶貧：富裕中的貧乏》等，已連載四十年的政治漫畫家尊子，其著作亦被停刊、下架。欠缺明確標準的下架規則，被港人稱作是「焚書坑儒」、「文化大革命」、香港的「文字獄」。除了政府相關單位主動下架，中共黨媒（如：《文匯報》）還會主動舉報書籍，如戴耀廷和朱耀明等人撰寫的《公民抗命與佔領中環：香港基督徒的信仰省思》；但是同樣是討論佔領運動，中國港澳研究會理事田飛龍和《文匯報》編撰的書卻仍在架上（理爾、張瑛瑜 2022; 麥燕庭 2023）。此外，建制派政黨民建聯執委李家良還主動成立「香港圖書質素關注組」來調查「部分問題圖書」。2024年有部分下架書籍被重新上架，如吳靄儀一些討論金庸小說的著作，但是，政府單位同樣沒有說明重新上架的標準何在。

不過，政權積極強化對意識形態的政治控制，卻非意圖地為獨立書店打開了一個意外的「商業空間」或「創業空間」。有書店店長受訪時就提到當時他們看到這個「商機」：

> 那個時候香港有一些變化出現，就是圖書館，公立的還是學校裡面的圖書館都將一些圖書下架，所以這個是一個很重要的轉變的時候。因為我就在想會不會有一些圖書，一般人

就沒辦法再看到，所以我就想，如果有一間小書店的話，我就可以放他們下架的書放在裡面。（訪談編號：HK230205）

非常感謝三中商不進這本書，像每一次政府在圖書館下架某些書，或是什麼新聞出來，我們的生意就會變好，很感謝這樣子。（訪談編號：HK230206）

港人在民主運動的過程中，一直善用經濟力量或消費行動來支持與進行抗爭活動，也就是以金錢（money）來達成政治動員的效果。一個最顯著的例子，就是在2019年反送中運動期間的「黃色經濟圈」（Yellow Economic Circle）。在激烈的運動過程中，並非每一位市民都願意或可以公開站上街頭。當時香港人將商家區分為「黃店」（支持抗爭者）和「藍店」（支持政府），即使不能上街頭的人，也可以在黃店消費，讓這些店家可以再去支援或庇護街頭的抗爭者，鞏固運動抗爭的力量；對他們來說也是一個較為安全與匿名的表達管道（Ho 2004: 440-441）。這樣的抗爭經驗似乎在國安法的情境中得到延續。雖然在國安法下，沒有公開或大型的表達意見的機會與空間，但是，在獨立書店購買一本被政府下架的書籍，似乎是另一種表達抗議的方式，而其風險較有限。正如L書店的店長所感受到的：「我們賣的書，現在香港的連鎖書店已經不能賣了，所以獨立書店還能看到這些書對香港人來說好像有一種價值還沒被破壞。」（訪談編號：HK230105）

除了國安法所創造的商業空間，使獨立書店形成一種可以運

作的商業模式之外，開設一間獨立書店也涉及到行動者對自身生命的安排與選擇。隨著運動沉寂，政治形勢急轉直下，許多港人被迫或選擇離開香港，然而，在國安法時代仍願意留下來的人，應該如何或以什麼樣的樣態繼續生存下去呢？特別是在政權的壓迫下，除了臣服與順從，留下來的人還可以做什麼呢？

> 我開一間書店是要為香港做一些事，這個事情一定香港才能做。（訪談編號：HK230204）

> 一是想要做點什麼事，又不會被抓的。那另外一個是，書店本來是很想做的事，是夢想或幻想的一部分。（訪談編號：HK230206）

> 2021就是初選案被拘捕的時候，那個打擊實在太大對於香港的社會氛圍，2021算是最大、最低的谷底……2019後我們就是給人壓在地上打的感覺，當時香港有一種風氣是說大家那就躺平，國安法來了我們就躺平吧！我不喜歡，就是感覺很被動！但也不是說一定要去革命或者是抗爭，或者是做什麼很厲害的事情……我覺得因為香港現在公民社會的空間越來越少，獨立書店是填補了這樣的一些空間。或者大家有想做的事情很容易就想到要開書店，因為開書店的門檻還是比開咖啡店還要低一點，所以那是一個比較入門的選擇。（訪談編號：HK230105）

從這段訪談內容中我們可以發現到，開設一間獨立書店是一種在理想與現實間的權衡選擇。在國安法下，許多原本穩定的工作，變成不再是理想職業，例如：政治工作、記者、教師等等。創業的選項似乎讓人可以保持自我、維持生活，而書店創業門檻較低，自然成為一個較有吸引力的方式。此外，國安法讓香港失去了政治的自由化與多元性，公眾缺乏公開討論和表達意見的管道，而經營者可以透過書店的選書，展現自己的個性，書籍更是可以讓他們傳播價值與理念的媒介。所以，開設一間獨立書店既是生活現實的考慮，也在一定程度上摻雜了抗爭精神，這是一個國安法所創造的「商業空間」，也是「抗爭空間」。正如 Kimberly Kinder（2021: 3-6）在《激進書店》（*The Radical Bookstore*）一書中也注意到了獨立書店隱含著物質現實與抗爭理想相互關連的雙面性，她認為販售印刷書籍可以讓我們付房租維持生活，同時也有可能去維持一個促進異議的「反空間」（counter space）（支持抗爭政治的空間），在創業同時也是一種組織政治的工具。經營書店雖然必須面對市場的要求與政府的管制，但在其中可以摻雜著抗爭的實踐。

五、國安法下獨立書店的「自我審查」

要選怎樣的書來販售是獨立書店經營上的一大課題，它可以傳播經營者與書店的獨特理念，進而吸引讀者及社區居民的關注與認同。不過，香港獨立書店的經營者卻需要審慎應對選書課題。

隨著公共圖書館下架許多書籍，許多經營者、媒體記者乃至於社會大眾都想了解，為什麼這些書被下架？政府是否有禁書清單？然而，相關單位除了聲稱下架書籍違反法律，從未清楚指明什麼內容或主題違法了怎樣的法律。充其量只會有一些目標與指引，讓你自己去猜，一條自我審查的紅線，無形中就在人們的心中建立起來。正如有店主就提到他的感受：「政府要創造一個氣氛，讓你們自己去審查自己……思考要不要賣這本書。我覺得他要創造的是這樣的一種內心的，每一個人自己內心的、自己的妥協……每一個都要檢查的話，那個成本是太高，所以，它用最小的成本去做最大的效果。」（訪談編號：HK230205）港版國安法就是一種中國威權法律形式移植到香港的產物（Lo 2021: 41），法律任由當權者詮釋，有時放鬆，有時收緊，大部分人無從得知客觀標準，甚至沒有標準，只能靠自己猜，政權也希望你猜，你就自然不敢碰觸敏感的東西。威權管制建立在權勢的威嚇，而非有形的條文或法例。

國安法下的審查紅線確實迅速壓制了公開抗爭，並在社會中製造恐懼。然而，這條紅線模糊而不確定，因此它並非是一堵結實的高牆，就算是握有優勢的鎮壓權力，仍然需要不斷建構與維繫這道邊界。正如 James Scott（1990: 193）所強調的：「大多數從屬者之所以遵守和服從，不是因為他們內化了支配者的各種規範，而是因為監控和獎懲的結構讓他們選擇了謹小慎微的順從。」所以，在壓制性的政治體制下，從屬者不會是全然順從，也不會是全然不順從。「既不是對有權者採取公開的集體對抗，也不是對霸權的完全順從，而是位於這兩個對立端點之間的廣闊領域」

（1990: 136）。這樣的領域正是一個雙方進行博弈與抗爭的空間，無權者的底層政治正是透過不斷地擠壓，測試和試探出掌權者所允許的界線（1990: 200）。所以，模糊的「審查紅線」也可以作為一條「抵抗的界線」，這是一條動態邊界，而不是僵化、固定、無法改變的；行動者不斷擠壓、試探和尋求其行為受到容許的程度。

在應對這條審查紅線時，有店主就觀察到，若是政府自身想要徹底執行這條不明確的審查紅線，也需要付出統治成本：

> 這是一些很弔詭的狀況。如果我賣了這本書它要抓我，首先要確保我有看過，這樣斷定它是不可以的。還有一點門檻是它的成本其實也不低，對它來講也不容易，不像我上街喊一個口號那麼容易。如果我賣一本書，他怎麼斷定這個書有煽動或者分化？違反國安法意圖？要做到這件事不怎麼容易我覺得，這個官僚系統其實是很僵化的，他們在我的眼裡是蠻笨的，就是他只是看到某些字他就是會很sensitive，他們就會：喔，這個不對！我們就是盡量避開這些可能觸動他們神經某一些特別的字眼，但是我覺得某一些轉換，變了某些東西他其實就反應不過來。（訪談編號：HK230105）

就店主的實際經驗，面對相關政府單位來店「關心」或檢查時，就要靈活去應對僵化的官僚體系。「就是盡量避開那些可能觸動他們神經某一些特別的字眼」（訪談編號：HK230105），像是6月4日那天，店主把莊梅岩編劇的《5月35日》這本書拿出來販

售,就沒有任何問題。事實上,這樣的狀況所彰顯的不僅只是一般官僚制的形式主義問題,更包含著極權社會中無法免除的政治儀式主義。如同哈維爾(2004: 81-83)在《無權力者的權力》所提出的例子,為什麼一間蔬果店的經理要在店門口的櫥窗上張貼「全世界的工人們,聯合起來」這個標語,事實上沒有一個人會認真去看甚至注意。但是,在極權社會裡需要這樣儀式性的語言、儀式性的權力運作,人們必須去參與這種總體性的、盲目的自動制約機制,人們必須去接受裡頭的謊言。這是一種表裡不一的文化,政權不在乎你是否真心,只在乎你是否順從與配合。

此外,從書籍販售的商業流程來看,出版社才是一本書誕生的上游,更易於處於政府政治控制的前線。正如店主所說:「這個難處〔賣書〕不是在〔書店〕這邊,是在出版社那邊⋯⋯如果政府有什麼立場啊!或者什麼奇怪的動作啊!其實肯定是出版社首先會遇到問題,我們反而是比較後一排。」(訪談編號:HK230208)近年,香港政府的確加強管控出版社,羊村繪本事件不僅讓許多出版社紛紛結業,甚至連印刷廠在接案時都相當謹慎。我們所訪談的出版業者就提到,當國安法剛出來的時候,他們想要出一本關於學運的書,「還讓讀者預購數量已經到2,000本,但是印刷廠看到案件都不敢印⋯⋯我們就說哪一些內容他們覺得比較敏感我們可以調整⋯⋯最後我們很幸運地找到印刷這本書的方法,就是分開印,一部分給誰一部分給誰。」(訪談編號:HK230203)

隨著香港本地出版愈來愈困難,台灣因緣際會逐漸成為香港人或香港議題出版的重要基地。從雨傘運動開始,台灣社會已開

始注意到香港的議題，在2019年反送中運動時，台灣人出於「芒果乾」(亡國感)對一國兩制下的香港產生更為深切的共鳴，台灣社會加強聲援與關注香港。在這樣的社會氣氛下，台灣出版社就積極出版了許多關於反送中運動的書籍，春山出版社的《2019香港風暴》、報導者的《烈火黑潮》都提供台灣讀者相關的第一手報導和評論。在國安法實施之後，台灣更成為了港人可以用華文自由發表言論與文字的重要處所，例如：馬嶽的《反抗的共同體》、陳健民《受苦與反抗》、張燦輝《我城存歿》、李怡《失敗者回憶錄》、朱耀明《敲鐘者言》等等。甚至於有港人開始在台灣成立出版社（如：一八四一、二〇四六）、成立雜誌（《如水》）、開設獨立書店（銅鑼灣書店、飛地）。正如近年大量出版香港議題書籍的左岸文化總編輯黃秀如所說：「現在，我應該可以確定『香港』是左岸出版路線了。」她更指出這些努力背後的深遠意義：「在台灣出版香港，是一種對極權的抵抗。」關於香港議題的書籍在台灣能順利發表與出版，也讓香港獨立書店與台灣出版業產生了聯繫，不僅維持了獨立書店持續販售敏感書籍的來源，更讓離散港人與留下來的人彼此之間仍然可以透過書籍產生交流與連結。不過，在香港獨立書店販售台灣出版書籍的時候，仍是需要相當謹慎且必須進行自我審查，例如，一位店長就提到《時代革命的電影訪談錄》這本書販售時：「我們沒有賣，沒有把它擺在檯面上賣，我沒有就是放在書架上發售。對，就有人問起就會賣。」(訪談編號：HK230105)

六、國安法下公民社會的重新連結

筆者在訪問一位民主派政黨人士時,曾詢問其對國安法實施後香港變化的看法:

> 中共把民主派團體瓦解,把我們散了,把我們每一個人都切割,切割每一個小部分,然後把我們分在一個黑箱裡,如果我們每一個人,都生活在一個黑箱裡面,我們就會覺得我們是很孤單,這個社會沒有聲音,因為沒有人發聲我們很孤單,然後我也不敢發聲。(訪談編號:HK220108)

如同鄂蘭(2022: 823)所言:「只有對於彼此孤立的眾人,恐怖才能施加絕對統治,因此所有暴政政府關注的首要事情之一,也就正是要讓這種孤立狀態出現。孤立或許正是恐怖的開端;它無疑是恐怖最豐饒的地基;也向來是其結果。被孤立的眾人在定義上就是無權力的。」李立峯(2023: 29)針對港人在國安法下的適應韌性研究中,提到一位受訪者的想法:「(當前香港公民社會如)在黑暗大海上的孤島群,上面都有人,都在默默地工作,但他們看不見對方,需要偶然有船經過,閃光一下,讓人們看見彼此。」克林南柏格(2018: 10-28)在《沒有人是一座孤島》提出「社會性基礎設施」(social infrastructure)這個概念,它可以包括公共機構(圖書館、公園)、社會團體(教會)、商業機構(咖啡廳、書店)等等。它們是形塑民眾如何互動的實際場所和組織,而面

對面的互動是建構社會連帶和公眾生活的基石,決定社會資本能否發展起來的社會條件。儘管克林南柏格所思考的是如何克服民主社會中的疏離和原子化,以重建公民社會,不過,他的看法仍間接提醒了我們,一間社區書店不僅是一個商業單位,它也可以積極促進公民社會的建立。所以,從這樣角度來看,在國安法所形塑的黑暗大海之中,一間間的獨立書店似乎為每一個孤立的個體提供了那一道能照亮彼此的微光。有一位店長就很清楚地意識到這樣的想法:

> 有一個奇怪的情況出現就是,再也沒有人能夠組織下去,討論也好、關心什麼也好,沒有人也沒有空間,議員不能夠做、NGO 也不能夠做,因為他們也有很大的壓力,所以很多事情都不能夠說、也不能夠討論,不能夠待在一起大家去討論。所以,在這個好像是一個空白的時代,小書店就有一個角色去扮演,因為書店就什麼書也有,所以我們要談論什麼也有一個道理。所以這個是以前的書店沒有這個社會的要求,也沒有這個需要,書店就賣書就可以了。(訪談編號:HK230205)

當香港公民社會的空間不斷地被壓縮,獨立書店似乎「自動地」填補了這樣的一個空間。「在這個僅有的空間裡,盡可聯繫到不同的人,補充一些權力中心分佈底下被限制的東西,書店就是作為這個角色。」(訪談編號:HK230210)正如另一位店長提到:

「每年的六四香港最矚目的當然就是維多利亞公園，每年大家悼念的地方，但是沒有了維園的機會、也沒有了支聯會，也沒有了別的什麼東西。反而大家居然是會來〔書店〕，好像某一種悼念活動是來書店。」（訪談編號：HK230105）這位受訪的店長提到當天他就在店裡擺放一些蠟燭，但並沒有刻意大張旗鼓想要去舉辦什麼活動，「但是大家沒有地方去，也想做些什麼的時候，要去的地方就是我們的書店。」（訪談編號：HK230105）就是在這種非意圖的，大家心照不宣下，書店替代了維園，成為一個重聚和圍爐的公共空間。

除了販售書籍，許多獨立書店會經常性地舉辦各式多元化的活動，來加強與讀者顧客之間的連結，例如：新書分享會、作者簽名會、讀書會、音樂會、電影放映會等。然而，不同於序言書室以學術或社運取向的活動為主，若干獨立書店在場地允許下，所舉辦的活動更具多元性，更加強調與在地社區的連結，以此來強化自身的生存與競爭能力。例如：舉辦香港郊野或社區的深度探訪活動、義賣書籍、體驗課程（如：瑜珈）等。舉辦活動時，自然也會涉及到敏感的議題或書籍，例如，有書店就邀請講者來分享台灣的青鳥行動、西藏的議題。為進行風險管理以及保護參與者的安全性，避免政府來「放蛇」（偷拍活動或書店內部）、小心臥底，許多書店會將這些活動設定為私人活動，只供會員參與，必須預先報名等。此外，由於許多的書籍已經無法參與政府單位每年定期舉辦的香港書展，獨立書店就會自行舉辦書展，讓在地小型出版社所出版的書籍或一些敏感書籍有販售的空間，透

過彼此扶持，促進獨立書店之間、獨立書店與小型出版社之間的連結。最後，值得一提的是，獨立書店的空間布置也充滿了巧思（周家盈 2021: 22; 陳奉京 2021）。店家會在書格間或書店的小角落貼上紙張或利用便利貼寫上一些文字標語，或者販售一些帶有標語的飾物。例如有多間書店都有貼出「活得磊落真誠」（Living in truth）這句哈維爾充滿抵抗極權精神的用語，有一些則是跟過往抗爭運動有關（如：「煲底見」、「We are Hongkongers」）。其它像是「致一直還在堅持的人」、「好好呼吸」、「記下是為了不忘記」、「香港的將來由我們記錄下來」、「思考是行動的種子」、「活著去抵抗世界荒誕」、「抗爭在日常」、「不要自願馴服」、「盡力保持勇氣」、「注意政權用語」。這些文字標語除了讓人們重新凝聚共同的信念與價值，也在國安法的時代療癒和撫慰彼此的心。有店家會讓前來的顧客寫便利貼或留言，可以寫給牆內的人、他鄉的人，過去或是未來的自己。可以寫記得的、寫想忘記的、寫思念的、寫憤怒的、寫悲傷的、寫希望的。最後，面對香港政府不斷鼓吹「由治及興」這些說好香港故事的論述，也有獨立書店辦的書展就以「由字及興」為主標題，在似乎不違背政府的原則下行銷書展的活動。

七、結語：一個終究會被肅清的公民社會？

在香港的案例中，我們可以發現到，當前獨立書店的發展，不僅是在抗衡大型書商販售體制，也不僅是展現文青式生活風

格,更是要透過彈性的經營策略、販售敏感書籍、辦理各式公眾活動,試圖在國安法的灰色間隙中維持或保留市民一個公共與開放的空間。在國安法法律網絡下,書店可能成為一個潛在的雷區,但也可以成為社區連結的樞紐。面對政治權力的壓制,經營者遵守或試探法律的紅線,他們在經營上的自我審查並不是為了屈就順從,而是在恐懼與謊言逐漸瀰漫的社會中尋找真誠與自由。在大規模的抗爭之後,在這政治抗爭極速凍結的社會中,書店又成為市民心靈療癒、意見表達與群體連結的空間與媒介。此外,正當香港陷入出版困境時,台灣漸漸在香港議題的出版上扮演重要的角色,成為離散港人華文作品重要的出版基地(陳怡靜 2024)。如果說國安法「意外」催生了新一批獨立書店在香港的出現,與此同時「國安法正把香港研究推向全世界」(梁啟智 2023: 8)。面對著香港出版和言論自由的收窄,有一批港台學者在台灣研究機構(中研院)的支持下,開始建構「香港研究資料庫」,接收和收集被香港政府下架的書籍、無法自由流通的資料檔案,希望在香港言論出版自由快速收縮的當下能夠盡速「備份香港」。

在2021年4月的國家安全教育日,時任香港中聯辦主任、香港特區國安委國安顧問駱惠寧就提到「軟對抗」的問題。2023年港澳辦主任夏寶龍再次提到香港社會看似平靜,實則「軟對抗」暗中作亂。2024年香港書展開幕前夕,警務處副處長簡啟恩更直指「軟對抗一直存在,這些軟對抗已被《國安法》及《維護國家安全條例》『震懾』」,不敢明目張膽地做,繼而轉向地下化,用『擦邊球』方式在日常生活以網絡、藝術、書本、電影等,使人

潛移默化地『入腦』，適當時機煽動他人犯法」（光傳媒 2024）。顯然，獨立書店不可控的結社與思想傳播的可能性，難以見容於當下香港的政治體制。2024 年 3 月 31 日，位於上環太平街的見山書店因難抵瘋狂的投訴和政府單位的「關注」而選擇歇業，引發了許多市民的不捨與「悼念潮」。某位同業如此感懷：「獨立書店夢想的『其門如市』，買書人龍真的出現了，賣最多書的時候正是她準備不再賣書的時候。最後的見山卻不是平日的見山，算是『收成正果』，還是『愛得太遲』？不過，消失了的，就是沒有了。漂亮的結局不等於是一個我們想要的結局。」儘管 2019 年後一間間新型態獨立書店開業，讓我們看到了香港人在民主運動中所鍛鍊出一種不屈的精神，但是，隨著政治控制不斷收緊逼迫，這一間間書店是否會像是政治上的唐吉軻德（愚勇或送頭），最終慢慢地漸漸地倒下？這將是香港極權化程度的信號。某間書店店長曾經自我反思「何謂好書店？」他認為真正的問題不是「最好的書店」而是「怎樣才能成為夠好在香港生存的書店」。所以，儘管我們無法預知這些書店未來的命運，不過，或許我們應該先去感受他們正努力散發出的那道溫暖的微光。

CHAPTER 7 | 2019年後香港獨立書店的微光

附錄 7.1 | 2007 至 2023 年香港獨立書店名單

開業時間	店名	地點	創辦人	經營特點
2007年	序言書室	旺角	李達寧、黃天微、李文漢（皆為哲學系畢業生）	常舉辦各類文化活動，如讀書會、座談會及新書發布會。受銅鑼灣事件影響，不保留會員購書紀錄。
2008年	艺鵠書店 | ACO Books	灣仔	May Fung、Mimi	書店主要出售以人文、哲學、藝術、本土為主的書籍。
2010年	突破書廊（佐敦店）	佐敦	溫婉輝	希望為處受壓的年輕人提供喘息的空間。時常舉辦經驗分享會，互相分享自身的經歷。
2011年	日本書蟲	深水埗	阿心	主打各類日本書籍及雜誌。
2012年	博雅小書店 Boyabooks	旺角	查無	專營台版及港版圖書。
2013年	Wildfire 把幾火書店（2024年初結業，原因不明）	觀塘	查無	店主似乎是勇武派。
	發條貓（2018年搬遷已停業）	九龍荔枝角	黃先生	店主自選新書及二手書為主。
	綠腳丫親子讀書會．百好繪本士多 | 閱讀空間	新界屯門	柯佳列	主打童書、繪本，用繪本來教育小孩。
2014年	我的書房	九龍太子	莫思維	透過社交平台上載所收購的書籍，並將線上的舊書愛好者社群與線下的實體店舖結合。香港首個「連鎖式舊書店集團」。
	小息書店（2021年已結業，原因是「重新調配資源人手」）	九龍長沙灣	鄭俊明	小息書店舊址已經轉型成為一個活動空間，適合閱讀、自修，亦可以舉辦活動、展覽，希望在鬧市中為身心靈帶來片刻歇息。

巨浪後

開業時間	店名	地點	創辦人	經營特點
	德慧文化 Life Reading 繪本館（憶慧文化荃灣書店）（2024年結業）	香港荃灣	陳培德牧師、陳張懿縈師母	「生命」、「情感」為主，陪伴讀者思考生命、正向社會和公民等的課題，實踐生命閱讀。
2015年	童書館 My Storybook	觀塘	倩雯	專售優質兒童圖書及親子學習教養書籍，為家長和孩子們打造一個舒適的共讀環境。
	樂活書緣	新界屯門置樂花園39號舖地下	阿謙	店主阿謙會做了九年的社工。
	Book B（2021年10月已關店，原因空間未獲續約）	深水埗	胡阜斌、黃思哲	同為出版社也為獨立書店，主要發行藝術相關書籍。
2016年	九龍舊書店	旺角	阿然	蒐集了許多日佔時期的刊物，極具研讀價值。
	清山塾 Casphalt（2021年3月已停業，原因不明）	香港屯門屯富路清涼法苑	胡敏儀、洪永起	2021年3月轉由生活書院營運。清山塾前身為清涼法苑轄下佛教男見修幼稚園。
	生活書社（2021年5月已結業，原因是租約期滿）	元朗	鍾耀華、葉泳琳	該社在網絡上的知名度亦為數一數二，略高於另一間樓上書店序言書室。
	解憂舊書店	大埔	陳立程	受台灣作家石芳瑜影響而開始經營書店。
	比比書屋	鰂田	Ringo、Teresa	
	有為繪本館（2019年已結業，原因不明）	旺角	查無	主打繪本、兒童圖書；為香港繪本館的前身。
	開懷舊書店	黃大仙	阿Bill	主要提供傷殘人士一個友善的閱讀空間。

開業時間	店名	地點	創辦人	經營特點
2017年	偏見書房（2024年4月結業，原因是政府刁難）	觀塘	范立基	二十四小時營業的無人書店。
	Urban Space 都市空間（2022年8月已停業，原因不明）	土瓜灣	由母女倆經營	
	虎地書室（2022年已結業，原因是校方刁難）	屯門	嶺南學生自主經營	結業原由是因校方強制將場地收回。
	青葉書局	屯門	黃泳希	主要售賣中小學教科書、補充練習、兒童圖書、中港合圖書、旅遊書籍等。
	莉莉書店	上環	Lily	二手藏書約有數萬本，絕大部分是英文書。
	MOSSES（2019年結業，原因不明）	灣仔	胡卓斌、黃思哲	專注藝術書籍。
2018年	博勢力書店	觀塘	阿Man	書店櫃枱自助付款，年中無休。
	Booska 古本屋	深水埗	馮慶強	主要是以漫畫書、稀有藏書為主。
	蜂鳥書屋（實體已停業，原因不明）	九龍灣	Yannes、Raina	
	義守書社	柴灣	Ken	書店的核心理念：「希望令讀者從死看生，以閱讀思考活下去的意義」。
	打書釘 Nose in the Books｜閱讀空間	銅鑼灣	司徒敵、羅小風	形形色色的書本來自前香港大學比較文學系助理教授司徒薇。

巨浪後

開業時間	店名	地點	創辦人	經營特點
	Bleak House Books（清明堂）（2021年10月15日已結業，原因為政治壓力）	新蒲崗	溫敬豪 Albert Wan	溫敬豪曾於美國擔任人權律師，長期關注社會議題，《香港國安法》實施之後，迫於政治壓力關閉書店。
	見山書店 Mount Zero（2024年3月休業，原因是香港政府各部門的警告、檢控）	上環	陳幸苑（Sharon）	藝文界人士經常駐足的地點。
	Toast Books（2020年10月已結業，原因是經營困難）	石硤尾	Jerry	店主希望把小書店建立成一個交流文化藝術的空間。書店本身書店一向專營藝術和哲學書籍。
2019年	貳叄書房 jisaam books	旺角	Sherry、Joyce、阿翹	書店會舉辦音樂會、讀書會、發布會等活動。
	言志區（2021年11月關閉實體書店，原因是經營困難）	旺角	關震海	結合獨立出版的一間書店。在2019年7月成立了以專題為主的網絡媒體《誌》。
2020年	書少少 × 同渡館	元朗	阿信	店主2014年開始至書店工作，直到2020年同事離職，自己出來開書店。書店主打出售舊書籍。
	迴響 Homecoming（2022年實體店結束，店面結束，原因是經營困難）	鯉田公路	三位年青人老闆	已結束實體店營業，但仍在線上經營。舉辦回鄉節、回鄉知音等活動，邀請忙碌的都市人回歸鄉郊，感受港式慢活。
	瀟書窩 Still Book Nest（2024年10月結束營業，原因不明）	大嶼山	蔡刀	實行會員預約制度，店亦只開放周五及周六。

CHAPTER 7 │ 2019年後香港獨立書店的微光

關業時間	店名	地點	創辦人	經營特點
	Kadey Jadey 繪本童樂（2024年11月結束營業，原因是經營困難）	觀塘	香港夫婦	只賣繪本的獨立書店。
	夕拾 × 閒社（2024年5月被指違反大廈公契而結束實體店面）	觀塘	馮永權	在選書上，該店以「香港出版」為主，並盡量引入由香港不同獨立出版社所出版的書籍，而有關書籍或未必能於坊間主流書店尋獲（如部分關於反對逃犯條例修訂草案運動，又或作者不願在「三中商」販售的書籍等），並會按社會和讀者的需要，而適時引進相關書籍。
	一拳書館	深水埗	龐一鳴	嘗試舉辦活動以連結社區。
	閱讀時代（2023年4月1日已結業）	太子	Eric	書店主打歷史、文學和香港出版刊物。舉辦不同類型的讀書會和分享會。
2021年	Vhite Store 伯店（2023年12月因內部整頓而暫停營業）	炮台山	阿寶	除了賣書以外，伯店還寄賣黑膠、卡帶、畫作，是個多元化的藝文空間。
	紙本分格實體店 zbfghk store	觀塘	ET、Karman	主要販賣漫畫書籍為主，從事跟漫畫相關的業務。
	神話書店	西貢	Stephanie	Stephanie 在書架上設計出不同分類專題，如重要的時期或者主題。
	島民空間	坪洲	阿傑、Myriem	常舉辦工作坊、讀書會、音樂會等，以島民方式進行社區實驗。
	一瓢書店	荃灣	KO、阿昌	一個月只以一本書為主題，只售此書。
	隔離書舍（2023年4月已結業，原因不明）	粉嶺	Brian（蕭晰）	主要販售漫畫、休閒、社科、史地、哲學書籍。

開業時間	店名	地點	創辦人	經營特點
	足跡書店	炮台山	Map（社工）	不賣書、不借書，提供自由的空間讓人免費看書。
	舍下書店	西營盤	Gabriel、Michael、Kenneth、Joanne	不定期舉辦展覽和活動。
	七份一書店（2022年3月15日已關店）	深水埗	社企Rolling Book 莊國棟（計畫發起人）	書店店長培育計畫，在不同地區開展為期六個月的實體書店。
	七份一書店@東南樓（2021年9月1日已關店）	油麻地	社企Rolling Book 莊國棟（計畫發起人）	書店店長培育計畫，在不同地區開展為期六個月的實體書店。
	渡日書店	長洲	阿煇，共有7名店主	書店取名「渡日」，寓意港人藉閱讀，能逐步「渡過艱關」或者「渡過苦難」。
	七份一書店Square（2022年12月31日已關店）	軒尼詩道	社企Rolling Book 莊國棟（計畫發起人）	書店店長培育計畫，在不同地區開展為期六個月的實體書店。
2022年	精神書局（灣仔店、二手書店）	灣仔	黃淼（黃寶龍的爺爺）、黃寶龍Sam（書店第三代傳人）	
	界限書店	旺角	店主之一Minami	以香港歷史及文化作主軸，藉書店讓港人熟知本地歷史。
	偏見書房｜24小時葵興店（2023年1月因業績欠佳而結業）	葵興	范立基	為偏見書房第二間

開業時間	店名	地點	創辦人	經營特點
	獵人書店	深水埗	黃文萱（前區議員）	被政府各部門頻密巡查。
	留下書舍	太子	Kris、岑蘊華	書店期望能創造一個空間，為「留下來的人」提供一個歇息、圍爐之地。
	獅墨書店	深水埗	Dexter	大批書籍遭圖書館下架，該店仍如常出售學術水平的歷史書籍。
	七份一@wontonmeen（2022年12月31日已關店）	深水埗	社企 Rolling Book 莊國棟（計畫發起人）	書店店長培音計畫，任不同地區開展為期六個月的實體書店。
	字字研究所	軒尼詩道	呂嘉俊 Michael	創香港首間飲食書店。
	繪本・空間	油麻地	高佩聰	繪本、講座。
2023年	閱讀俱樂部	深水埗	Melody、Parsons	會是七份一書店計畫的成員之一。理念是希望人們覺得它不像一間書店，反而是單純的閱讀空間。
	49份格仔書店@土瓜灣（2023年11月結業，原因不明）	土瓜灣	Ken、Nicole	49份格仔書店，是七份一書店項目之一，由 Rolling Books 策劃。
	Knock Knock 覓閣書店	西環	Noah	覓閣前身為書店「舍下 Hiding Place」。
	二拳書館 Book Punch Quarry Bay（2024年11月因顧客太少而結業）	鰂魚涌	龐一鳴	為「一拳書館」的分店，主要販售哲學、電影、性別、文學、藝術、歷史，社會幾個大類。
	黑月沙龍 Black Moon Salon	大坑	胡蒲詩	店主之前為 Now 新聞及財經主播，記者與前港台電視主持、記者。

資料來源：本研究整理

附錄 7.2 ｜ 訪談記錄一覽表

訪談編號	受訪者身分	訪談日期	訪談地點
HK220108	泛民政黨核心成員	2022/10/06	線上
HK230105	L書店店長	2023/06/15	香港
HK230203	R出版社社長	2023/10/13	香港
HK230204	C書店店長	2023/10/13	香港
HK230205	M書店店長	2023/10/13	香港
HK230206	B書店店長	2023/10/14	香港
HK230208	T書店店長	2023/10/14	香港
HK230210	N書店店長	2023/10/15	香港

參考書目

Indie Reader 編輯室，2017，〈獨立書店的浪潮與離騷（或牢騷與嘮叨）〉。《Indie Reader 獨書人》試刊號。
大城誌，2024，〈香港禁書｜獨立書店狹路生存　圖書館下架潮激發市民搶救舊書〉。Yahoo 新聞，4 月 21 日。
田口久美子著、顏雪雪譯，2019，《書店不屈宣言》。台北：馬可孛羅。
伍嘉敏、趙潤滿，2024，〈與時代同行：三代獨立書店見證香港變遷〉。大學線，2 月 26 日。
光傳媒，2024，〈警務處副處長簡啟恩：軟對抗持續　以書本、藝術、電影方式滲透〉。7 月 8 日。
克林南柏格（Eric Klinenberg）著、吳煒聲譯，2021，《沒有人是一座孤島》。台北：臉譜。
李立峯，2023，〈民主退潮下的社會心理學——反修例運動參與者的適應性韌性〉。《當代中國研究通訊》35: 28-32。
李達寧，2017，〈香港書業構成〉。《閱讀的島》4: 4-7。
──，2020，〈星火燎原：書店作為思想傳播的樞紐〉。《Indie Reader 獨書人》。
周家盈，2021，《書店有時》。香港：格子盒作室。
哈維爾（Václav Havel）著、崔衛平等譯，2003，《無權力者的權力》。新北：左岸。
香港審計署，2023，〈公共圖書館的管理〉。《審計署署長第八十號報告書》第六章。
陳奉京，2021，〈在垃圾年代重新走進一家書店：香港崩壞時的獨立書店新浪潮〉。端傳媒，10 月 12 日。
陳怡靜，2024，〈不只是離散書寫，台灣的「香港學」出版基地如何有機生長？〉。報導者，6 月 14 日。
馬國明，2017，〈序言十年〉。頁 40-42，收錄於黃天微編，《十年一隅——序言書室十年紀念集》。香港：序言書室。
鄂蘭（Hannah Arendt）著、李雨鍾譯，2022，《極權主義的起源》第三部。台北：商周。
麥燕庭，2023，〈港府公共圖書館除書：5 作者及四成政治議題作品被疑危害國安而下架〉。RFI，5 月 15 日。
梁啟智，2023，〈在台灣建構香港研究資料庫〉。《當代中國研究通訊》35: 8-14。
理爾、張瑛瑜，2022，〈黨報狙擊　香港公共圖書館再下架書籍〉。大紀元，11 月 11 日。
黃天微編，2017，《十年一隅——序言書室十年紀念集》。香港：序言書室。
黃秀如，2023，〈出版香港是抵抗極權〉。《當代中國研究通訊》35: 15-20。
鄧小樺，2019，《恍惚書》。台北：時報。

蘇啓康，2021，〈香港獨立書店地圖：8間好去處與他們的鎮店之寶〉。端傳媒，10月13日。

關夢南，2018，〈閑話「書局街」〉。虛詞，8月8日。

Ho, Ming-Sho, 2024, "Movement Meaning of Money: Monetary Mobilization in Hong Kong's Prodemocracy Movement." *The Sociological Review* 72(2): 432–450.

Kinder, Kimberley, 2021, *The Radical Bookstore: Counterspace for Social Movements*. Minneapolis, MN: University of Minnesota Press.

Lo, Sonny S. H., 2021, "Hong Kong in 2020: National Security Law and Truncated Autonomy." *Asian Survey* 61(1): 34–42.

Scott, James C., 1990, *Domination and the Arts of Resistance: Hidden Transcripts*. New Haven: Yale University Press.

[8] 港人跨國離散媒體——新聞或倡議？

鄭樂恒*

摘要

　　本文意在探討在新聞專業意識形態與倡議抗爭政治行動之間的張力。2019年反修例運動、香港國家安全法和基本法第23條立法後，離開香港的記者創立了諸多香港海外新聞機構。這些媒體持續倡導香港民主自由，繼續充當政治運動的渠道，並培養高度政治化的海外香港人身份認同；香港本地的親民主派新聞媒體因國安法而接連倒下，海外香港媒體填補了遺留的空白。然而記者們要如何平衡新聞專業判斷及延續香港民主運動？本文通過框架及內容分析（Framing and Content analysis）來解讀海外香港媒體的成立背景、創刊辭、對於海外示威及文化活動的報導手法，發現這些媒體均面臨類似離散媒體（Diaspora Media）及流亡媒體（Exile Media）的困境——當原居地發生政治鉅

---

* 致為香港民主及新聞自由奮鬥
　得散落各地，或獄中友儕
　來日眾聚，觥籌交錯

變,海外媒體一方面苦於持守自身專業定位、維持公信力,另一方面仍需保留明確政治理念,這樣的張力使其呈現出一種模糊傳統新聞專業的客觀報導立場,以此兼顧鼓動社會參與的跨國離散倡議型新聞(Transnational Diaspora Advocacy Journalism)。本文認為,海外香港媒體實處於專業及倡議型媒體之間,屬一獨特之存在。

關鍵詞

香港、海外香港媒體、離散媒體、流亡媒體、新聞專業

引言

在2019年香港反修例運動期間,網上媒體如《香港獨立媒體》、《TMHK》、《立場新聞》、《眾新聞》等,利用現場報導及直播,挑戰香港政府、中國政府、親北京媒體對於運動的負面敘事,與社會運動及動員相輔相成(Feng 2017; Frisch et al. 2018)。此次社會運動高度網絡化,而媒體的報導不斷強化示威者觀點(李立峯 2019),[1] 致使政權視這些網上媒體為威脅,[2] 敵視記者及媒體

---

1 當中最為人所知例子必為前《立場新聞》記者何桂藍在2019年7月21日新界元朗西鐵(現稱屯馬線)元朗站以社交媒體Facebook直播白衣人以藤條、雨傘、金屬垃圾桶蓋襲擊途人、市民及記者。直至《立場新聞》因殖民地年代之煽動法例被迫倒閉前,該片段錄得超過380萬次點擊(Lau 2021)。

機構，擔心影響民情及其管治（Luqiu 2021; Reuters 2019; Yeung 2020a, 2020b）。至2021年，政權利用既有殖民地法律跟國安法的有機結合，打壓親民主媒體如《蘋果日報》及《立場新聞》，令其被迫倒閉（Chan et al. 2022; Lee and Chan 2023）。[3]

因應政權的打擊、威脅、以至恐嚇，不少香港記者選擇離開香港，流散世界各地。部分曾任職上述親民主傳媒的記者，則在海外創立新媒體報導香港新聞，以數碼另類／非主流方式運作，嘗試規避主流媒體在政治、經濟及意識形態上所受的限制，並且避免重蹈香港主流媒體的覆轍，亦即，其老闆或高層必須與北京及港府共謀合作（Leung 2015; Lee and Chan 2016; Genovese 2023）。這些在海外組成的網上數碼離散媒體（下稱「海外香港媒體」）大多規模甚小，集中某一類型報導，意欲重拾親民主、自由主義及香港人本位的報導方向。從這些海外香港媒體的成立背景、創刊辭、及報導海外示威及文化活動時採納的報導手法可見，他們與其他專業新聞媒體及純粹倡議型媒體之間有一定程度的異同。海外香港媒體的關鍵作用，或在於補位——填補國安法實施後，本

2　見香港特別行政區 訴 Best Pencil (Hong Kong) Limited及另二人 [2024] HKDC 1430, 第247段：「但毫無疑問，《立場》的追蹤者是至少接近160萬人。傳媒的工作最重要的是成功爭取願意進入它的頻道的讀者或聽眾。毫無疑問，《立場》從2019年起直至結束時，它做到了，它的影響力極為龐大。」

3　見 *HKSAR v Ng Hau Yi Sidney* [2021] HKCFA 42, 第17-31段，該案例確立國安原則適用於循國安法而設立的罪行，及既有香港法例下的罪行；同時確立了法院在批出保釋時，需要考量國安法第42(2)條的嚴苛保釋要求，參照: *HKSAR v Lai Chee Ying* [2021] 24 HKCFAR 33。

地媒體被迫結業所遺下的空白。此外，自國安法立法以來，本地媒體多避談政治敏感議題，以免步《蘋果日報》後塵，被指勾結外國勢力，顛覆香港政府。

李立峯在本書第五章指出，香港在政府的威權打壓下，正經歷急速民主倒退，公民社會進入休整期。在此背景之下，海外香港媒體則希望持續倡導香港民主自由，藉此避免香港人的身份認同消亡（Cheung and Lui 2024）。他們繼續充當香港政治運動的渠道，報導寄居地與之相關的社會運動及文化活動，從而有意識地推廣議題，以培養高度政治化的海外香港人身份認同。

這些海外香港媒體的發展及報導方向，亦如同敘利亞、埃塞俄比亞、津巴布韋的離散媒體和西藏流亡媒體：其受眾為寄居地的特定民族、語言和／或宗教群體，媒體則需突顯自己在多元文化社會中的位置，型塑一個以數碼媒體環境為基礎的空間，涵納全球化議題，同時連接離散社群所關注的原居地和在地議題的新聞網絡（Georgiou 2005），通過參與式製作（participatory production）去累積名聲（Deuze 2006）。這些離散媒體逐漸形成一個維繫離散社群的跨國離散倡議型新聞網絡（Transnational Diaspora Advocacy Journalism Network）：既提供專業、客觀的新聞報導，又鼓勵社會動員及參與，令倡議與新聞之間的界線變得模糊。

本文希望探討海外香港媒體是否將自己定位成倡議者，欲繼續在海外推動香港民主運動和培養香港人身份認同，還是他們更希望持守媒體專業，發佈客觀、富含脈絡和闡釋的報導（Interpretive Journalism）。本文會運用數據分析（data analysis）、框架分析和

內容分析（framing and content analysis），以及引用此前跟編輯們的私下訪談，[4] 檢視這些媒體如何通過其編採方向來體現其新聞傳播角色定位。研究的變項包括創刊辭、媒體目標、道德準則和／或編輯方針，及其報導之遣詞用字，以察見海外香港媒體如何建構和呈現新聞，及其自身定位為專業媒體，或是倡議型媒體。

本文將分為六個部分。第一部分首先闡述研究背景，回顧香港媒體生態及現狀，以及海外香港傳媒跟離散媒體的異同；第二部分回顧新聞專業理論，族裔媒體、離散媒體及流亡媒體的學術文獻，以及這些傳媒如何輔助建構政治導向的身份認同；第三部分則分析三間海外香港媒體的創辦背景及創刊辭；第四部分聚焦分析兩個個案，審視這些海外香港媒體的聲明及文章用字，如何影響社會運動動員；第五部分則綜上所論，分析這些媒體的角色定位，如何達至平衡新聞專業及抗爭行動倡議；最後，結論部分將總結全文，並討論海外香港媒體未來路向。

---

4 該些與編輯的半結構化訪談（semi structured interviews），是本文作者此前為自由亞洲電台及其他未有被媒體刊載的報導而作，時長約為一小時。訪談主要欲了解設立新媒體的決定、日常編採及運作過程、如何持續運營，以及對新聞專業的考量。所有訪問均有錄音，唯基於安全及風險考慮，受訪者均為匿名，僅有《光傳媒》總編輯梁嘉麗公開身份，唯因海外香港媒體僅有數間，部分讀者或非常容易辨認到受訪者身份。訪問時，本文作者亦曾提醒及允許受訪者，在敏感話題上提供非正式記錄（off record）的意見，並保證不予公開引用。

一、香港本地及海外傳媒生態

（一）香港媒體的歷史與現狀

香港的新聞自由及專業，在1980年代以前實際上一直受限。Ng（2022）指英國殖民地政府一直保有新聞審查，直至1970年代，方為著增加英國跟中國就主權移交談判的籌碼而「解放」。即管看似比1970年代之前，政府更容忍異見聲音（Ma 2007），[5]但有些「模糊的政治紅線」（ambiguous political red lines）如煽動罪，仍然以法律條文形式保留，隨時可對新聞媒體動刀。

過去多年，新聞界的自我審查在中國共產黨的陰影下變得制度化，Luqiu（2017），區家麟（2017）及Koo（2024）等好幾位曾任資深新聞工作者的學者都曾分析，指自我審查已內化到主流媒體的各編採層面，在國安法通過後則更形加劇，令記者難以自由採訪。過往中國透過資本控制媒體老闆的立場，以影響新聞議題設定，如今則進化到以網絡新聞點擊率為由，減少甚至完全不做涉及政治及敏感議題的新聞，多做罪案、娛樂、生活的題材。

Lee與Chan（2023）形容，後國安法時代是以法律監控政治及新聞。2023年，香港外國記者會的調查指出，有三分之二的記者及編輯會避免撰寫敏感題目，近四分三擔心會因編採被捕（Parker 2023）。路透新聞學研究機構的2023年數碼新聞報告亦指，

---

[5] 在《立場新聞》案（香港特別行政區 訴 Best Pencil (Hong Kong) Limited及另二人 [2024] HKDC 1430）前，唯一被煽動罪起訴並罪成的新聞媒體是親北京的《大公報》：*Fei Yi Ming & Lee Tsung Ying v. R* [1952] 36 HKLR 133。

自國安法於2020年生效後，香港傳媒的自我審查不斷增加，部分敏感政治議題報導大減（Chan et al. 2023）。至2024年，甚至有些記者遭到不明來歷者滋擾、起底、甚至恐嚇其人身安全（見香港記者協會 2024）。

翻查香港最全面保存新聞剪報的WiseNews平台，可發現部分議題在2020年國安法生效後，報導次數大跌，除非涉及法律訂立或修訂、法庭判案，以及政府行動（見圖8.1）。其中「光復香港 時代革命」口號大減九成四，即使用以規避法律風險的「光時」一詞，在2022年後亦大減。「願榮光」、「香港獨立」、「羅冠聰」亦同告下跌，直至2023年因播錯國歌事件及國安通緝令後方有上升。

圖8.1 ｜「敏感」議題報導次數大減

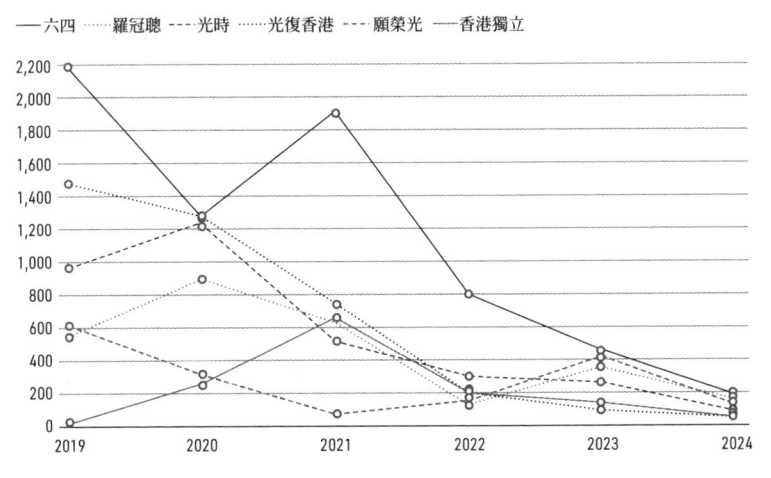

― 六四　⋯⋯ 羅冠聰　--- 光時　⋯⋯ 光復香港　― 願榮光　― 香港獨立

截至2024年6月21日的 WiseNews 數據，量度現存香港印刷及網上媒體對部分用詞報導之次數。

由是，相對於本地香港媒體高度自我審查的現狀，海外香港媒體必然與之有別：特別是海外媒體創辦者多半正是因親民主媒體的崩潰及自我審查加劇情況下失去工作，才選擇離開香港新聞界，重新在海外尋找報導空間，規避政權的打壓（Lee et al. 2023）。

（二）從海外報導香港

　　這種離散的跨國報導者身份獨特之處，在於記者是為著報導真相的信念而選擇出走，以逃離缺乏新聞自由的地方（O'Loughlin and Schafraad 2016）。李立峯在《綠豆》的訪問中亦提到，離散的香港記者堅持必須毫無審查，報導在香港被視之政治敏感，缺乏篇幅的新聞（Green Bean Media 2023）。同時，海外香港傳媒亦能刊載海外民主運動新聞，補足本地媒體報導的缺口。

　　海外香港媒體的創刊辭亦反映出，他們的角色在於代表、連結，以及反映離散群體的聲音，助其傳播訊息，輻射回香港（創刊辭見光傳媒 2023; 稜角 2023a; 追新聞 2022）。而更關鍵的角色是填補本地媒體在國安法時代留下的空白，保存香港文化、言語，以至借「文化香港」的媒介，以香港式的俚語及粵語書寫，承傳香港的身份認同（Yang 2023）。

　　由是，海外香港媒體已經跨越了傳統的族裔媒體（ethnic media）、離散媒體（diaspora media）及流亡媒體（exile media）之分類，其定位融合三者特徵：既如族裔媒體般，以族群語言報導社群新聞，照料哺養自身族裔；又如離散媒體般，連結原居地與寄居地的新聞脈絡；更如流亡媒體般，持續關注原居地的自由與政局發

展。這些媒體在流亡狀態下,有責任成為海外香港社群的社會運動平台。示威現場以至批評政權的觀點,在本地媒體與主流論述中已被噤聲,海外媒體必須予以呈現,將這些聲音傳遞給仍身在香港的讀者。

Shum(2023)特別提到,當香港移民在海外與香港本地保持跨國連結,以至參與推動原居地改變的行動時,行動者與參與者都有一共同意識是,這些行動必須能夠吸引媒體報導,以宣揚理念。故此,海外香港媒體從創立之始,已經面臨雙重任務之間的拉扯:一方面需堅守新聞專業,另一方面又需鼓勵社群動員參與。

香港離散社群需要一個能夠替代本地媒體的平台,以便讓外界持續關注香港局勢(Ho 2024)。而以倡議為主導,連結原居地與寄居地的新興離散傳媒,自然會跟原居地的政治議題進行連動。這些媒體亦同樣面對如西藏媒體的情況,無法在地實體報導之餘,更得面對原居地政權的針對及報復(Crete-Nishihata and Tsui 2023)。

二、新聞專業與身份認同

(一)離散媒體的新聞專業論

離散或流亡的記者如何平衡抗爭政治倡議及新聞專業?幾位學者以記者的角色及專業操守,剖釋新聞專業中對客觀詮釋事件的角度、原則、處理偏見或倡議抗爭政治的張力。Tuchman(1972)提出的新聞專業論是指一系列策略性的儀式,記者用這些儀式保障自己不被批評為偏頗或報導不客觀,而新聞專業是一套經行業

自我認可及共同認知的價值觀：客觀報導兩邊觀點，驗證事實，自主及不受干預，道德價值等等（Deuze 2005: 445-447）。Deuze（2005）將之擴充，把新聞專業歸納為五項職業價值：公共服務、客觀性、自主性、時效性及倫理性。記者必須遵守基本報導原則；若欲在報導中呈現特定觀點，只能透過選材及重點的取捨進行有限調整。Schudson（2001: 150）的見解則是新聞客觀性要求記者「不對新聞進行評論、扭曲或操控其呈現方式……並排除不準確的消息、虛假陳述及錯誤資訊」，這成為記者職業操守的核心原則。

來到互聯網年代，數碼技術令到記者的專業獲得新發展，只要能運用數碼科技，即可製作報導（Deuze 1999）。Deuze（1999: 382-384）提出新的專業價值當為：讓讀者便於取用一篇新聞背後的原始資料及該篇報導的相關訊息；網站有一個清晰詳細的「關於我們」部分向讀者闡釋理念；務求達至互動，唯Deuze（2005）亦警告，新聞製作模式的轉變「已在業界內部及記者間構成可見的張力，並可能衝擊新聞專業所奉行的理想價值」（2005: 452），認為「在流動的現代新聞環境中」，高舉自主、時效及倫理的新聞舊思維，亦應遵循數碼科技發展更易（2005: 458）。

數碼媒體及互聯網無分國界，特別是能夠進入一些受極權高壓統治，新聞工作極其艱難之地。離散社群若具備新聞專業知識，即可運用數碼科技突破傳播及新聞封鎖，跨國監察以至介入原居地及寄居地的政治及公民活動（Mellado 2015）。這些社群的報導可以採用一種雙向的倡議型新聞框架：強調事實基礎，「以個人動機參與運動」（Hanitzsch and Vos 2018），時刻真確報導。情況

就如Badran與De Angelis（2016）審視在敘利亞東北部的實質自治區運作的獨立庫爾德人（Kurdish）媒體，即便遠離長久實施新聞審查及高壓統治的敘利亞政權，它們仍然無可避免地需面對控制當地的政治勢力，其影響深入整個政治生活、公民社會，以至新聞自由（2016: 340）。獨立媒體的應對方法是選擇不偏不倚，不黨不爭，採納一個以公民及民主為本的敘利亞人身份，以庫爾德語、阿拉伯語、英語等撰寫報導，實務地去廣泛吸納讀者，以至非政府組織及政府的財政資助（2016: 346-347）。

（二）跨國離散倡議型新聞

循此路徑，Skjerdal（2011）認為離散媒體應該客觀、自主、包容讀者參與，唯讀者參與新聞製作的同時，亦需符合新聞專業的價值。他的研究聚焦埃塞俄比亞的離散媒體，該國連年內戰，致使人民及記者大規模遷徙流離，即使近年國內新聞自由有所提升，讀者仍多依賴外國及離散媒體的新聞。離散的埃塞俄比亞記者以雙面刃方式（double-edged approach）作報導：一邊力陳客觀，編輯方向明言需提供真確、多元的新聞，管理公眾留言，為留守母國者提供流通的資訊；同時支持人權，贊成以抗爭行動主義去對抗打壓，嘗試提升國內行動者的能動性（agency），公開地在報導及分析中陳述自己的政見，挑戰客觀原則。編輯們之所以採取這些宛如抗爭政治的鮮明立場，正正是因為希望可以延續在原居地已然散失的專業新聞工作，「以倡儀言論自由、人權及民主，並非政黨政治」（2011: 738-739）。

Anden-Papadopoulos 與 Pantti（2013）亦留意到，敘利亞的離散行動者以「中介」（brokers）身份協助媒體採訪當地社會及社會行動資訊。這些在地示威者與外界的連繫，或然會影響媒體的報導框架及報導方向，模糊了新聞專業客觀的界線。

Arafat（2021）及 Balasundaram（2019）發現，離散或流亡的記者的角色實際上有如抗爭行動者。即管難以再於原居地進行採訪工作，他們仍會報導原居地人權問題，藉此嘗試爭取並倡議國際關注原居地被壓迫的人民。Ogunyemi（2015）提出，這種模式或可稱為「跨國離散數碼新聞倡議網絡」（Transnational Diaspora Advocacy Journalism Network）：一方面，離散記者及媒體專注於服務多元文化社會中的特定族群，這些族群可能是根據地緣界線所劃分，或是在文化、語言、宗教上具有明顯區隔的單一族群（Georgiou 2005）；透過媒體傳播，這些記者嘗試促進族群內部的資訊流通。另一方面，這些離散媒體正形成一個具備新聞專業權威的機構，並在保持專業標準的同時，積極納入個人以及團體的參與式製作（participatory production），提供平台予他們參與日常節目製作（Deuze 2006），為社群呈現多元化的資訊。在加拿大等等的多元文化國家中，這些針對特定族群設立的媒體平台，往往一方面以族群自己的語言去報導在地的政經議題，另一方面也製作具有全球視野的新聞節目，持續關注原居地的政治與社會發展。

過去數年，散落各地的香港社群開始利用社交媒體，針對原居地的政治及文化構築新的互動策略，他們保持跟原居地的經濟來往之餘，亦發展出對自身政治及文化身份的自覺（Castells

2015）。Bennett與Segerberg（2013）形容這些數碼媒體，特別是社交網絡中的媒體專頁及獨立的網上媒體，在策略上屬抗爭政治（contentious politics）的一環，力求建構與強化「香港人」的身份認同：例如，刊載海外示威的日程表，報導寄居地的文化活動，務求凝聚散落各地的香港人群體，借政治及文化活動相互聯結。僅以溫哥華為例，海外香港媒體的報導可提倡公民自發的行動，關心香港的民主自由狀況，提升參與者的能動性，以重新跟原居地連結（Lee 2023）。

（三）傳媒輔助建構身份認同

香港2019年的抗爭活動對海外港人是一個關鍵事件，催化出離散社群的社群想像，將海外香港社群組織起來，而原本這些社群之間甚少以社會運動彼此連結（Sökefeld 2006: 275）。這些香港離散社群自2014年雨傘運動後，終於能再次動員組織示威抗議活動來維繫社群（Wong 2021）。唯香港當前日益跌入威權統治，本地媒體或主動自我審查，不報導這些示威活動；以至美國政府2025年3月中突然終止美國全球媒體總署（United States Agency for Global Media）的撥款，令到存在數十年，傳遞民主意識形態的《自由亞洲電台》（Radio Free Asia）及《美國之音》（Voice of America）被迫暫停製作，海外香港媒體便成為報導這些事件的唯一關鍵媒介。

Fong（2022）引用Redclift（2016）的論述分析2019年後的新香港移民群體，以及部分因香港抗爭活動而再度活躍的海外港人群體，他們具有明確意識去建立社群支持香港民主運動。其研究發

圖 8.2 ｜海外港人的社會運動動員架構

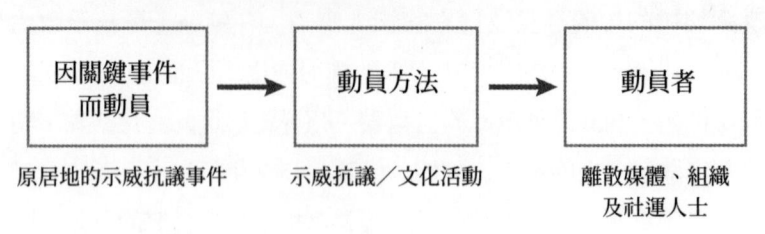

```
因關鍵事件          動員方法            動員者
而動員    →                  →
原居地的示威抗議事件   示威抗議／文化活動   離散媒體、組織
                                    及社運人士
```

註：修改自 Sökefeld（2006: 271, 277–278）。

現，海外香港人開始形成如同「無國家的民族」（stateless nation）：他們並非通過實體或身體感知來共感2019年抗爭和社會運動的共同記憶，而是通過觀看示威直播和閱讀社交媒體上分享的媒體報導，來感知社運經歷（見圖8.2）。

　　這些群體通過社交媒體進行倡議行動，目標明確地以示威抗議來爭取媒體關注，為香港的反修例運動爭取全球支持。對比傳統的海外華人社群，特別是那些與中國共產黨利益一致的團體，這批海外香港人是刻意主動爭取全球媒體關注，借用媒體報導去塑造一個獨特又正面的親民主形象，有別於傳統華人（Lee 2023）。

　　而這種有別於民族認同的政治身份認同，正如Ma（2019）所述，也建基於香港本土主義：生於1970至2000年的年青一代拒絕中國的民族主義，欲跟其社會制度和價值觀劃清界線（Kaeding 2017; Veg 2017; Ma 2019; Carrico 2023; Tsing 2023; Yu 2023）。但自國安法及廿三條立法後，政治壓力不斷增加，移民潮如1980至1990再臨，隨之而來的是不情願的離散（reluctant exile）：對香港的依戀和對寄居國本地政治的疏離，促生強烈的「離散」意識，形塑了一

種源自政治因素的「想像的跨國社群」(Redclift 2016: 504, 515)。

總結而言，Browne（2005）及 Budarick（2019）關於族裔媒體的審議民主進路（deliberative democracy approach）觀點，或然僅可部分適用於海外香港媒體：香港人這種流動亦跨國的公民身份和認同，難以套用傳統的身份認同及移民的定義，而海外香港媒體意欲持續關注和參與原居地的社會政治發展，同時報導寄居地新聞，此一視角也跟傳統的族裔媒體、離散媒體及流亡媒體有所差距。

三、分析：創辦背景決定媒體框架及立場

Deuze（1999）提出，網上媒體應設置完整的「關於我們」欄目，闡明機構的編採方針、廣告政策、組織目標及指導原則，從而建立公信力，使讀者能作出知情的選擇，決定是否信任並閱讀其內容。由是，報導取向的差異，將體現於海外港人媒體的創刊辭、目標、新聞道德及／或編輯守則中。

我的分析聚焦於三個以文字報導為主的數碼海外香港媒體：《追新聞》、《棱角》及《光傳媒》的創刊辭／目標和編輯們的公開訪談（見表8.1）。這三家媒體均明言，其創立的關鍵原因，正是香港媒體在國安法下被迫關閉，新聞工作幾近變成犯罪。離散記者不言棄而繼續工作，在海外尋求發展可能，並為港人發聲。他們均致力於為了身處香港或海外的港人提供新聞服務，以對抗受北京控制的海外華文媒體。他們的共同目標，是通過海外的報導工作，連結港人社群，並將訊息輻射回香港社會。

表 8.1｜純文字、純數碼海外香港媒體列表

新聞媒體	創刊日	創辦人	地區	總編輯	社交媒體追蹤者	顧問	定位
追新聞	2022年3月	居於英國的資傳媒人	英國	未有披露	Facebook: 58K 讚 100K 訂閱 Instagram: 47.6K 讚 YouTube: 105K 訂閱	未有披露	專業新聞媒體
稜角	2023年1月	社運人士「攬炒巴」劉祖廸 Finn Lau；來自《蘋果日報》、《香港電台》、《有線新聞》及《壹周刊》的傳媒工作者	英國、加拿大、澳洲、台灣、美國（去中心化編輯室）	未有披露現任總編輯。前任胡凱文 Carmen Wu 於2024年1月1日接替潘麗貞 Jane Poon。	Facebook: 30K 讚 57K 訂閱 Instagram: 54.1K 讚 YouTube: 12.8K 訂閱	Mark Clifford 林慕蓮 Louisa Lim 韋安仕 Steve Vines 鄭敬基 Joe Tay Samuel Bickett	專業新聞／倡議媒體
光傳媒	2023年4月	前《蘋果日報》記者	台灣	梁嘉麗	Facebook: 19K 讚 38K 訂閱 Instagram: 21.6K 讚 YouTube: 2.27K 訂閱	Mark Clifford Josh Rogin 韋安仕 Stephen (Steve) Vines Masih Alinejad 李志德 郭淑媛 陳嘉韻 William Yuan 林慕蓮 Louisa Lim 程翔	專業新聞媒體

註：社交媒體數字截至2025年3月25日，底劃線為共同顧問人士。

(一)《光傳媒》：立足台灣的香港新聞實踐

《光傳媒》由多位前《蘋果日報》記者創立，其中僅主編梁嘉麗公開身份。該媒體憑藉團隊的專題報導經驗，聚焦於深度報導及人物特寫。雖然《光傳媒》以台灣為據點，但鮮少觸及當地新聞，而是將重心放在分析香港及國際時事，呈現出一種「紮根香港」的姿態，彷彿一家專門服務香港新聞需求的跨國媒體，只是恰巧暫棲台灣（Hong Kong Media Bulletin 2023 n.d.; 棱角 2023b; 程寬仁 2023; 袁康妮 2023a, 2023b）。梁嘉麗明言，國安法及廿三條實施後，她見到主流傳媒報導深度大減，愈來愈同質化，只採政府同建制的單邊說法，亦未必再願意聯絡被政府針對的專業人士或前立法會議員，以至被香港政府通緝懸紅的流亡海外人士。海外香港媒體不僅能涵蓋本地主流媒體缺乏的細節，彌補報導上的斷層，亦有更大的自由度「鬆綁」報導，從而為香港人社群充權。

> 光時、香港獨立、《願榮光歸香港》這些歌都在香港境內成為禁語或禁歌……世界各地的遊行集會都見到有不同的人揮旗、唱歌，這些報導都在主流媒體絕跡，我想大家都在摸索階段，都不敢貿然做這些報道和嘗試底線，海外媒體在這方面，就有一個非常非常重要的作用。[6]

6　個人訪問。

> 在香港的氣壓低下,那種「白色恐怖」,令我覺得要自由地報道是很困難,或將被訪者的內容全面報道,坦白說我有自我審查。離開香港後,可以發揮的新聞和言論自由度大些,我們都在摸這條路要怎麼走。(李若如 2023)

> 我想這個角色也會看到補位的作用,因為當香港媒體不再報道的時候,香港的人其實很難知道或看不到海外是否還有人悼念,我想這個也是一個充權的作用。[7]

(二)《追新聞》:聚焦多媒體及調查報導

《追新聞》於2023年3月21日正式創立,由一群位處英國的資深香港記者營運。該平台以服務港人為定位,專注報導海外港人關注議題(呂熙 2022),其三大報導目標:維護新聞自由、捍衛民主人權、維繫全球港人。過去一年,《追新聞》則以專業調查報導作為其特色,其中有關英國GCSE中文課程教材採用中國孔子學院提供的資料,以及披露諾定咸市(Nottingham)跟中國寧波市的姊妹城市協議,更獲英國主流傳媒引用及轉載。《追新聞》的YouTube頻道現存超過800段影片,有超過10萬人訂閱,涵蓋即時新聞、新聞評論、社區生活議題以至文化活動,特別著重其與海外港人社群的連結。

在確立新聞自由及新聞專業主義的核心立場時,《追新聞》

7　個人訪問。

跟《光傳媒》共享明確清晰的新聞記者操守守則（Code of conduct）、道德守則及編採約章下的新聞使命，明言「致力守護民主、人權、自由、法治與公義等核心價值」，並「秉持最高的新聞專業標準，竭力維護新聞自由，以公眾利益為依歸。」

唯《追新聞》的編輯團隊不曾露面，且未公開闡述其新聞方針、目標及使命。其中一名編輯曾私下分享，選擇不曝光及不接受訪問是因應國安法的風險，特別其中有成員仍需來往香港，更有協力調查報導的記者身在香港，因此，最佳做法是全部人以匿名作報導，僅有個別記者及專欄作者選擇公開身份。[8]

（三）《棱角》：離散港人的倡議平台

《棱角》的編輯團隊分布於英國、加拿大和澳洲（Power 2023），前總編輯潘麗貞和胡凱文[9]均以「專業精神」進行「全天候24小時」運作（棱角 2024a），唯現時則選擇不再公開編輯名單。與前文介紹的兩家海外香港媒體不同，[10]《棱角》實際上是由社運人士經營：前總編輯潘麗貞在任期間，一直擔任澳港聯（Australia-Hong Kong Link）的主席（Lam 2023; Green Bean Media 2023）。居於英國的執行總監「攬炒巴」劉祖廸（Finn Lau）因其倡議工作而被香港國安警察指控勾結外國勢力，懸紅港幣100萬通緝，更取消其特區護照（Hong Kong Police Force 2024; Pomfret and Pang

---

8　個人訪問。
9　根據與執行總監劉祖廸個人確認，胡凱文已離任。
10　追新聞及棱角選擇以「媒體工作者」介紹其創辦者。

2023; Abdul 2023)。其顧問團成員亦明顯有別於有別於《光傳媒》以記者為主的陣容，例如《棱角》顧問包括由律師轉型為倡議者的 Samuel Bickett，以及由藝術家轉型為網台主持人的鄭敬基（Joe Tay）等。[11]

相較其他兩家媒體，《棱角》的創刊辭措辭更為強烈，批評某些媒體喪失獨立性或與權力合謀，矢志以港人獨特視角進行新聞報導，[12] 其評論以及報導採取較為大膽的立場：在2023年改組後，引入同樣被香港政府懸紅及通緝的流亡美國及澳洲香港社運人士為專欄作者（見棱角 2024b），容許他／她們利用媒體平台進行倡議工作，此舉儼如公民倡議媒體，類似 Anden-Papadopoulos 與 Pantti（2013）研究的離散社運人士成為「中介者」，決定報導內容和框架的案例——只是他們並非「被迫」成為記者，而是刻意為社運人士提供平台。前主編潘亦表明，編採方針不排除探討香港獨立相關議題。

---

[11] 本文撰寫期間，鄭敬基正角逐加拿大保守黨萬錦─於人村選區候選人提名，最終於2025年3月底被派到多倫多唐谷北區參選。其創辦的《香港台》同樣被視為海外香港媒體。

[12] 其創刊辭寫道：「海外華文媒體一片紅海，能堅守獨立自主的，鳳毛麟角。香港媒體在政權的鐵斧下，安然歸邊，自設紅線，將第四權奉獻換取一夕安寧，香港人靜默難鳴。」（棱角 2023a）

四、個案研究

(一)《棱角》對23條之聲明

本文個案研究涉及《香港基本法》第23條的立法。該條文曾於2003年在香港引發大規模抗議,而香港政府於2024年1月重新提出比2003年版本更嚴苛的議案,禁止叛國、破壞、煽動、竊取國家機密和間諜活動。其中對「外部勢力」的定義和取締「外部干預」的條文,可能是針對在港外國政治團體和組織,欲進一步收緊管控(Torode and Pang 2024)。該法案經過僅僅50天的諮詢、草案起草和逐條審議後,於2024年3月19日獲得通過,各地海外港人組織者於2024年3月23日組織抗議活動反對該法案。

在法案通過翌日,《棱角》發布了一則題為「《棱角》強烈譴責《基本法》廿三條立法」的Instagram帖文,批評諮詢不足、倉促通過、法律含糊不清,以及(保安局局長)鄧炳強製造白色恐怖(棱角 2024c)。

《棱角》強烈譴責《基本法》廿三條立法
團隊堅守崗位無畏無懼　與港人風雨中**抱緊**新聞自由

(2024年3月19日,英國)《棱角》強烈譴責香港立法會通過《維護國家安全條例》、即《基本法》廿三條立法。《棱角》認為整個立法問題百出,條例只會淪為香港政府打壓異己的又一工具。首先,僅一個月的所謂「諮詢期」沒有充份聆聽

公眾疑慮，而且條例草案於立法會由首讀到三讀通過，前後不足兩星期，根本沒有考慮公眾擔憂；第二，當中條文定義**含糊不清**，包括「煽動罪」之中的「發表煽動文字」及「管有煽動刊物」等，《棱角》質疑龍門任由當局擺布，而「竊取國家機密及間諜行為」之中的「國家秘密」字眼，當中紅線亦無從捉摸，威脅新聞和言論自由；最後，保安局局長鄧炳強近日多次「**戰狼上身**」，高調批評具公信力的國際新聞機構，對新聞業界造成**白色恐怖**。

在《國安法》打壓下，香港已經相繼失去了《蘋果日報》、《立場新聞》、《眾新聞》等新聞平台，亦流失了不少新聞界人才，《棱角》作為海外港人媒體，可以做的就是**堅守崗位**，繼續保持**新聞專業**，團隊上下一心，不會就此退縮。在此，感謝各位讀者支持，希望一直與大家風雨中**抱緊**新聞自由。（黑體為作者所加）

表8.2使用加拿大NRC Emotion Lexicon分析用字之批判性、正負面及情緒。具體而言，《棱角》使用「強烈譴責」、「含糊」、「威脅」，以至「戰狼上身」等措辭和情感表達來批評政府，透過牽動情緒，與讀者共感憤怒和仇恨（Wahl-Jorgensen and Pantti 2021），喚起讀者的情感共鳴，並確立媒體的立場，清晰呈現離散媒體作為動員者的角色；Pantti（2010）的研究指出，媒體報導中的這些情感，並不會破壞事實性和客觀性的理據。同時，使用「戰狼」[13]等情感用語來解釋艱深的政治新聞，可加強讀者對政治新聞的理

表8.2｜《棱角》聲明中用字及其支持／批判框架分析

報導框架	用字	立場傾向	情感	情緒
批判	強烈譴責	批判	憤怒	負面
	質疑		-----	正面
	淪為		憎惡	負面
	所謂		-----	負面
	不足		悲哀	負面
	倉卒		-----	負面
	含糊		-----	負面
情感導向	威脅	批判	憤怒、憎惡、恐懼	負面
	白色恐怖		恐懼	負面
	戰狼上身		憎惡	負面
	失去、流失		憤怒、恐懼、悲哀	負面
相互支持	堅守、保持	支持	-----	正面
	無畏無懼		恐懼	正面
	不會退縮		期待、憎惡、恐懼、悲哀、驚訝	負面
	抱緊		期待、喜樂、驚訝、信任	正面
	新聞專業		信任	正面

解，亦為動員一環：該帖文錄得超過4,000個讚好，而根據Robertson等人（2023）的研究，這種運用志同道合的讀者熟悉用詞去推動議題，以及負面情緒的親和力，確能吸引讀者參與行動。

該聲明反映，即使《棱角》聲稱要「維持新聞專業主義」，

---

13 2017年中國愛國主義民族主義電影《戰狼2》上映後，「戰狼」一詞方才廣泛流傳。

實際上仍然採取行動主義新聞方針，並挑戰客觀性維度。《稜角》的執行總監劉祖迪提到，此一聲明是如同《華爾街日報》的編輯部社論，由總編輯撰寫，並為團隊共識決定刊出。[14]

(二)《稜角》和《追新聞》報導海外反23條示威日程表

承上，《稜角》和《追新聞》兩個媒體採用類似策略，在其社交媒體，特別是Instagram帖文中列出所有集會時間、日期和地點（稜角 2024d; 追新聞 2024），而《光傳媒》的網站或社交媒體平台則並無提及相關內容。

兩家媒體在標題用詞上均採用「海外港人」和「發聲」等字眼：《稜角》在主要內容中明確呼籲行動，《追新聞》則採取較為中立的報導語氣，在副標題中綜合《南華早報》的新聞報導、在台灣香港人的反應、副律政司司長張國鈞在聯合國人權理事會的演說，並引述《南華早報》關於建制派議員準備面對制裁，以及香港特別行政區全國政協委員在未來數月將避免訪問美國的報導。然而，《追新聞》比《稜角》更強調香港的恐懼氛圍。

兩家媒體在新聞框架上的區別，體現於其如何「選擇突出特定元素，藉此建構一套論述，以說明問題及其成因、評估和／或解決方案」(Entman 1993: 53)：《稜角》一直強調動員示威和呼籲行動，而《追新聞》則採用涵蓋此新聞議題的多個面向，亦

---

14 個人訪問。《華爾街日報》的編輯部社論引來香港政府抨擊，斥之誤導等，2019年以來港府已31度發信，反駁、回應及澄清，信件均收錄於Brand Hong Kong網站。

表8.3 │ 追新聞與棱角報導示威日程表之用字分別，以及支持／批判框架

報導框架	媒體	用字	情緒
行動	棱角	號召全球港人……以集會、遊行及人鏈方式表達意見，籲國際關注事件	呼籲行動，中性語氣
	追新聞	23條在政權高壓管治下極速完成立法，在港的市民完全不敢有異議	恐懼，負面，情緒語氣
報導	棱角	當日會在多地直擊報道，敬請留意	單向報導
	追新聞	海外港人就群起反對，惡法周六（23日）生效當日，在台灣、英國、美國、澳洲、加拿大將有多場集會及示威反對23條。多名在台港人及民間團體周四（21日）召開記者會，嚴厲譴責港共通過惡法。律政司副司長張國鈞出席聯合國人權理事會會議時則聲稱23條將為香港帶來繁榮穩定。《南華早報》引述消息指，建制派議員已有心理準備受外國制裁，部分港區政協未來數月會避免前往美國。	比對雙方觀點，引用媒體作平衡報導

清晰設定其立場——由於在香港已無人敢異議，海外港人將會發聲——供讀者詮釋和評估新聞議題。相對地，《光傳媒》則沒有這一類報導。

五、討論與分析

海外香港媒體的共同關懷，必然是香港親民主媒體因《國安法》被迫關閉後，需要在海外重建媒體平台，以香港為焦點製作

專業新聞作品，以多元視角為本地及離散港人報導政治敏感議題，補充報導的缺口。運作方式是三個媒體最明顯的分別，他們透過各自的運作方式，一方面應對《國安法》域外效力帶來的風險，一方面又提倡抗爭行動主義，促使整個本土以及海外香港社群更關心議題（Pomfret and Pang 2024）。

《棱角》或因其創辦人及前任總編輯的社運背景，能夠邀請流亡海外社運人士擔任專欄作者，予其平台去倡導他／她們關心的議題，並明確表示不避諱討論香港獨立議題，特別是在香港政府在2024年12月以基本法廿三條取消該些流亡人士的護照後，這種取態相比其他媒體更形明顯。《光傳媒》主編梁嘉麗則坦承，即使媒體已遷移至台灣運作，另一種型式的自我審查仍然存在：例如，對於香港獨立等議題依然避而不談，而在促進跨國倡議和動員海外港人參與抗議活動方面，立場亦相對克制。《光傳媒》的定位並非抗爭媒體，因此不製作抗爭文宣，而是強調中立報導。媒體將重點放在特寫報導上，通過詳細人物專訪，講述受訪者的生命故事，引導讀者產生共鳴，進而以柔性敘事建立離散港人身分認同。

《追新聞》則處於兩者之間，選擇隱藏員工身份，持守新聞專業主義，製作更多需要大量人力、時間投入，及事實查證的調查報導，並提供具體新聞脈絡的較長篇幅報導，盡量確立公信力以捍衛其作品（Tuchman 1972），遵循既有的新聞規範、守則和倫理框架，顯示其報導符合Deuze（2005, 2006）所提出的客觀、多元及自主等新聞專業主義守則。《追新聞》在倡議港人身份認同方

面,並非如《稜角》一般直接鼓勵行動,而是採取情感較疏離的溫和批判報導。當然,《追新聞》亦有一些報導偏向感性,同樣鼓勵行動,也會透過負面用詞去吸引讀者(Robertson et al. 2023),甚至採用別於書面語的粵語成文,務求在各個層面上皆能服務各方讀者。

同時擔任《稜角》及《光傳媒》顧問的資深記者林慕蓮(Louisa Lim)指出,傳統新聞實踐,如多元化報導雙方觀點及客觀報導,已無法跟上快速的社會政治變化,特別是在2019年以及後國安法的香港。她建議,媒體應該闡明其立場而非假裝客觀,讓受眾了解情況及決定該媒體是否值得信任(沈諾基 2022)。

從實務角度來看,三家海外香港媒體根據其新聞角色定位,採取了不同的報導框架。總體而言,專業的媒體會將自己定位為專業機構,遵循其既定的道德守則或編採約章,其報導報導相對客觀且較少情感基調。然而,當海外香港媒體報導的題材可以強化港人身份認同,例如報導海外抗議活動和相關議題時,媒體的語調會傾向於感性和情感導向,混淆專業跟倡議媒體的界線。這種二元性體現在他們如何以新聞報導跟受眾建立聯繫:大多數時間中,媒體以專業報導構建一個權威、可信賴的訊息來源(Georgiou 2006),而在推廣海外抗議運動時,媒體都採用了情感化、帶有負面措辭的方式,來吸引讀者並表明其立場。正如本章二之二節所討論,這些行為可被視為倡議性新聞,而在堅持基於事實的觀點時,倡導意識形態與專業主義工作之間,存在着未解的衝突。

我認為《追新聞》正在嘗試建構一個維繫離散社群的跨國離

散倡議型新聞網絡，既提供客觀、富含脈絡和闡釋的報導（Interpretive Journalism），又鼓勵社會動員及參與，以至從方方面面利用媒體報導，培養香港人身份認同。去年，《追新聞》亦推出布袋、襟章及帽子等商品，在香港人於英國各地開設的短期市集擺賣以籌募資金。此舉按《追新聞》其中一名編輯所言，令到新聞平台可以直接接觸讀者，能夠凝聚讀者群，以至協助營造離散港人社群，已符合跨國離散倡議型新聞網絡的定義。同樣，《棱角》在2025年亦會開始在市集售賣類近的商品募款。

六、結語

海外香港媒體正在開拓一個前所未有的領域。早期在美國及加拿大建立、以營利為本的少數族裔媒體，如《明報》及《星島日報》，是通過刊載香港新聞，去維繫跨國的共同歸屬感（Cheng 2005: 145; Gold 1993）；海外香港媒體則在嘗試在香港土壤之外複製自由、親民主的專業新聞模式，同時維繫一個想像中帶有政治面向的離散社群，唯至今仍在摸索報導方向，以及一個可以持續經營的營利方式。這與離散媒體和流亡媒體有相似之處，可以比對其他處於類似地緣政治條件下的數碼離散媒體。

這些方向，對於未來其他海外香港媒體，以至離散及流亡媒體，提供了極佳的參考案例：處於專業及倡議型媒體之間，成為獨特之存在，在新聞專業主義、抗爭行動倡議，以及公開宣揚香港人身份認同等目標之間取得平衡，組成跨國離散倡議

型新聞網絡。

　　海外香港媒體是特定環境和時代孕育出來的機構。正如Ong（1999）所見，作為跨國群體的港人自1980年代以來的移民潮，係出自對中國共產黨的恐懼，因此他們遷徙到寄居國，後又遷回原居國。然而，那樣的移民潮跟眼下政治壓制和迫害成為現實所導致的移民浪潮截然不同。從幾乎完全自由的城市，迅速轉變為《國安法》下的半威權統治，促使海外港人，特別是記者，共同秉持為留守者持續報導的理念。海外香港媒體一直在努力為未來的政治自由鋪路，並創造數碼化的公共替代空間，在民主運動的低潮期發聲和支持香港（Taylor 1989）。

　　香港的特殊位置，使其處於威權與民主世界的邊界，在相對短的時期內陷入威權統治，因此不少既有的研究框架無法完全適用於香港——香港一直是一個臨界空間，長久以來允許自由，基於民主、專業意識形態的自由新聞業因此得以紮根。然而，香港並未去殖民化，就必須接受急凍殖民體制，直接受到再殖民化；可以說世界上沒有其他地方經歷過這樣的情況（Lai and To 2024）。未來，學者應進行進一步的追蹤和定性研究，以調查海外香港媒體如何在離散和流亡媒體同行中尋求其獨特定位。

參考書目

Green Bean Media，2023，〈香港移民潮：海外港人媒體探索〉。YouTube，9月20日。
Lam Hiuching，2023，〈「澳港聯」引述政府：收緊畢業生簽證門檻「不適用於」香港申請人〉。SBS廣東話，12月22日。
光傳媒，2023，〈關於我們〉。4月11日。
沈諾基，2022，〈專訪林慕蓮：書寫這座不能磨滅之城，但香港卻是一個她回不去的家〉。端傳媒，7月3日。
呂熙，2022，〈疾風中的新聞自由（下）：花果飄零　海外再說「香港故事」〉。自由亞洲電台，5月5日。
李立峯，2019，〈媒體直播——民意對警民衝突的判斷〉。明報，8月22日。
李若如，2023，〈英報告建議為港高危記者提供緊急簽證　港自媒體有多大生存空間？〉。自由亞洲電台，4月25日。
追新聞，2022，〈關於我們〉。3月21日。
——，2024，〈海外港人發聲反對立法　《南早》指建制派議員未來數月避赴美〉。Instagram，3月22日。
香港記者協會，2024，〈數十名記者遭滋擾　家人僱主收匿名不實恐嚇投訴　記協：絕不容忍霸道欺凌行為　嚴重干預新聞自由〉。
袁康妮，2023a，〈前蘋果及立場記者再出發　立足台灣成立《光傳媒》〉。大紀元（香港），4月11日。
——，2023b，〈光傳媒冀填補港媒空白　總編輯：我哋有責任做返呢個位置〉。大紀元（香港），5月2日。
區家麟，2017，《二十道陰影下的自由》。香港：香港中文大學出版社。
棱角，2023a，〈《棱角 The Points》創刊辭〉。
——，2023b，〈前蘋果立場記者組《光傳媒》今創刊　立足台灣望為港人發光〉。4月11日。
——，2024a，〈《棱角》媒體新總編輯正式上任〉。Telegram，1月2日。
——，2024b，〈棱角博客陣容升級　多位美國社運人士加入〉。Instagram，1月10日。
——，2024c，〈《棱角》強烈譴責《基本法》廿三條立法〉。Instagram，3月19日。
——，2024d，〈海外港人全球號召　反23條集會「盡力發聲」〉。Instagram，3月22日。
程寬仁，2023，〈香港新聞人遠走海外　光傳媒台灣啟航追蹤者破萬〉。RTI洞察中國，4月13日。
Abdul, Geneva, 2023, "'I Won't Be Deterred': Hong Kong Activist Finn Lau Vows to Fight on despite Arrest Bounty." *The Guardian*, July 31.

Andén-Papadopoulos, Kari and Mervi Pantti, 2013, "The Media Work of Syrian Diaspora Activists: Brokering Between the Protest and Mainstream Media." *International Journal of Communication* 7: 2185-2206.

Arafat, Rana, 2021, "Examining Diaspora Journalists' Digital Networks and Role Perceptions: A Case Study of Syrian Post-Conflict Advocacy Journalism." *Journalism Studies* 22(16): 2174-2196.

Badran, Yazan and Enrico De Angelis, 2016, "'Independent' Kurdish Media in Syria: Conflicting Identities in the Transition." *Middle East Journal of Culture and Communication* 9(3): 334-351.

Balasundaram, Nirmanusan, 2019, "Exiled Journalists as Active Agents of Change: Understanding Their Journalistic Practices." Pp. 265-280 in *Reporting Human Rights, Conflicts, and Peacebuilding*, edited by Ibrahim Seaga Shaw and Senthan Selvarajah. Cham: Springer International Publishing.

Bennett, W. Lance and Alexandra Segerberg, 2013, *The Logic of Connective Action: Digital Media and the Personalization of Contentious Politics*. Cambridge University Press.

Browne, Donald R., 2005, *Ethnic Minorities, Electronic Media and the Public Sphere: A Comparative Approach*. Cresskill, NJ: Hampton Press.

Budarick, John, 2019, *Ethnic Media and Democracy: From Liberalism to Agonism*. Cham: Springer International Publishing.

Carrico, Kevin, 2023, "National Identity Deconstruction: Revisiting the Debate on Chinese Nationalism via Hong Kong Nationalism." *Nations and Nationalism* 29(2): 768-783.

Castells, Manuel, 2015, *Networks of Outrage and Hope: Social Movements in the Internet Age*. Cambridge: Polity Press.

Chan, Michael, Francis L. F. Lee and Hsuan-Ting Chen, 2023, "Hong Kong." Pp. 128-129 in *Digital News Report 2023*, by Nic Newman et al. Oxford: Reuters Institute for the Study of Journalism.

Cheng, Edmund W. and Francis L. F. Lee, 2023, "Hybrid Protest Logics and Relational Dynamics against Institutional Decay: Networked Movements in Asia." *Social Movement Studies* 22(5-6): 607-627.

Cheng, Hau Ling, 2005, "Constructing a Transnational, Multilocal Sense of Belonging: An Analysis of Ming Pao (West Canadian Edition)." *Journal of Communication Inquiry* 29(2): 141-159.

Cheung, Adam Ka-Lok and Lake Lui, 2024, "The Personal Is Political: Political Attitudes,

Affective Polarization and Fertility Preferences in Hong Kong." *Population Research and Policy Review* 43(2): 22.

Crete-Nishihata, Masashi and Lokman Tsui, 2023, "'The Truth of What's Happening' How Tibetan Exile Media Develop and Maintain Journalistic Authority." *Journalism* 24(2): 295–312.

Deuze, Mark, 1999, "Journalism and the Web: An Analysis of Skills and Standards in an Online Environment." *Gazette (Leiden, Netherlands)* 61(5): 373–390.

——, 2005, "What Is Journalism?: Professional Identity and Ideology of Journalists Reconsidered." *Journalism* 6(4): 442–464.

——, 2006, "Ethnic Media, Community Media and Participatory Culture." *Journalism* 7(3): 262–280.

Entman, Robert M., 1993, "Framing: Toward Clarification of a Fractured Paradigm." *Journal of Communication* 43(4): 51–58.

Feng, William Dezheng, 2017, "Ideological Dissonances among Chinese-Language Newspapers in Hong Kong: A Corpus-Based Analysis of Reports on the Occupy Central Movement." *Discourse & Communication* 11(6): 549–566.

Fong, Brian C. H., 2022, "Diaspora Formation and Mobilisation: The Emerging Hong Kong Diaspora in the Anti-extradition Bill Movement." *Nations and Nationalism* 28(3): 1061–1079.

Frisch, Nicholas, Valerie Belair-Gagnon and Colin Agur, 2018, "Media Capture with Chinese Characteristics: Changing Patterns in Hong Kong's News Media System." *Journalism* 19(8): 1165–1181.

Genovese, Isabella, 2023, "Facing Censorship at Home, Hong Kong Journalists Take to the Diaspora." *International Journalists' Network*, March 7.

Georgiou, Myria, 2005, "Diasporic Media Across Europe: Multicultural Societies and the Universalism–Particularism Continuum." *Journal of Ethnic and Migration Studies* 31(3): 481–498.

Gold, J., 1993, "Ming Pao Man Ready to Set up in Canada." *South China Morning Post*, April 21, 59.

Hanitzsch, Thomas and Tim P. Vos, 2018, "Journalism beyond Democracy: A New Look into Journalistic Roles in Political and Everyday Life." *Journalism* 19(2): 146–164.

Ho, Ming-Sho, 2024, "Hongkongers' International Front: Diaspora Activism During and After the 2019 Anti-Extradition Protest." *Journal of Contemporary Asia* 54(2): 238–259.

Hong Kong Media Bulletin 2023, n.d., "Library Censorship, New Social Media Prosecutions, Photon Media Launches." *Freedom House.*

Hong Kong Police Force, 2024, "Wanted Persons and Reward Notices of National Security Cases."

Kaeding, Malte Philipp, 2017, "The Rise of 'Localism' in Hong Kong." *Journal of Democracy* 28(1): 157–171.

Koo, Alex Zhi-Xiong, 2024, "The Evolution of Self-Censorship in Hong Kong Online Journalism: Influences from Digitalization and the State." *The International Journal of Press/Politics* 29(1): 143–163.

Lai, Carol P. and Andrew Y. To, 2024, *Media, Internet, and Social Movements in Hong Kong: Control and Protest.* London: Routledge.

Lau, Chris, 2021, "'Yellow' Outlet or Trailblazer? The Rise and Fall of Hong Kong's Stand News." *South China Morning Post,* December 29.

Lee, Francis L. F., 2023, "Proactive Internationalization and Diaspora Mobilization in a Networked Movement: The Case of Hong Kong's Anti-Extradition Bill Protests." *Social Movement Studies* 22(2): 232–249.

Lee, Francis L. F. and Chi-Kit Chan, 2023, "Legalization of Press Control under Democratic Backsliding: The Case of Post-National Security Law Hong Kong." *Media, Culture & Society* 45(5): 916–931.

Lee, Francis L. F. and Joseph M. Chan, 2018, *Media and Protest Logics in the Digital Era.* Oxford University Press.

Lee, Francis L. F. and Joseph Man Chan, 2016, "Digital Media Activities and Mode of Participation in a Protest Campaign: A Study of the Umbrella Movement." *Information, Communication & Society* 19(1): 4–22.

Lee, Francis L. F., Gary K. Y. Tang and Chi-Kit Chan, 2023, "Media Self-Censorship in a Self-Censoring Society: Transformation of Journalist-Source Relationships in Hong Kong." *Journalism Studies* 24(12): 1539–1556.

Leung, Dennis K. K., 2015, "Alternative Internet Radio, Press Freedom and Contentious Politics in Hong Kong, 2004–2014." *Javnost - The Public* 22(2): 196–212.

Luqiu, Luwei Rose, 2017, "The Elephant in the Room: Media Ownership and Political Participation in Hong Kong." *Chinese Journal of Communication* 10(4): 360–376.

———, 2021, *Covering the 2019 Hong Kong Protests.* Cham: Springer International Publishing.

Ma, Ngok, 2007, "State–Press Relationship in Post-1997 Hong Kong: Constant Negotia-

tion amidst Self-Restraint." *The China Quarterly* 192: 949–970.
——, 2019, "From Political Acquiescence to Civil Disobedience." Pp. 27–50 in *The Umbrella Movement: Civil Resistance and Contentious Space in Hong Kong*, by Ngok Ma and Edmund W. Cheng. Amsterdam University Press.
Ma, Ngok and Edmund W. Cheng, 2023, "Professionals in Revolt: Specialized Networks and Sectoral Mobilization in Hong Kong." *Social Movement Studies* 22(5–6): 648–669.
Mellado, Claudia, 2015, "Professional Roles in News Content: Six Dimensions of Journalistic Role Performance." *Journalism Studies* 16(4): 596–614.
Ng, Micahel, 2022, *Political Censorship in British Hong Kong: Freedom of Expression and the Law (1842–1997)*. Cambridge University Press.
O'Loughlin, Conor and Pytrik Schafraad, 2016, "News on the Move: Towards a Typology of Journalists in Exile." *Observatorio* (OBS*) 10(1): 45–66.
Ong, Aihwa, 1999, *Flexible Citizenship: The Cultural Logics of Transnationality*. Durham: Duke University Press.
Ogunyemi, Ola, 2015, "Introduction: Conceptualizing the Media of Diaspora." Pp. 1–14 in *Journalism, Audiences and Diaspora*, edited by Ola Ogunyemi. London: Palgrave Macmillan UK.
Oyeleye, Ayo, 2017, "Diaspora Journalism and Conflicts in Transnational Media Circuits." Pp. 19–36 in *Media, Diaspora and Conflict*, edited by Ola Ogunyemi. Cham: Springer International Publishing.
Parker, Olivia, 2023, "On Point: FCC Press Freedom Survey 2023." *The Correspondent*, July 5, 14–19.
Pomfret, James and Jessie Pang, 2023, "Hong Kong Police Issue Arrest Warrants for Eight Overseas Activists." *Reuters*, July 3.
——, 2024, "Hong Kong Passes Security Law Which Critics Say Further Threatens Freedoms." *Reuters*, March 19.
Power, John, 2023, "Making a Point: Hong Kong Journalists Regroup Abroad." *Al Jazeera*, January 31.
Redclift, Victoria, 2016, "The Demobilization of Diaspora: History, Memory and 'Latent Identity.'" *Global Networks* 17(4): 500–517.
Reuters, 2019, "New Hong Kong Police Chief Says Fake News Undermining Reputation of His Force." *Reuters*, November 19.
Robertson, Claire E. et al., 2023, "Negativity Drives Online News Consumption." *Nature*

Human Behaviour 7(5): 812-822.

Schudson, Michael, 2001, "The Objectivity Norm in American Journalism*." *Journalism* 2(2): 149-170.

Shum, Maggie, 2023, "Transnational Activism During Movement Abeyance: Examining the International Frontline of Hong Kong's 2019 Anti-Extradition Bill Movement." *Journal of Asian and African Studies* 58(1): 143-166.

Skjerdal, Terje S., 2011, "Journalists or Activists? Self-Identity in the Ethiopian Diaspora Online Community." *Journalism* 12(6): 727-744.

Sökefeld, Martin, 2006, "Mobilizing in Transnational Space: A Social Movement Approach to the Formation of Diaspora." *Global Networks* 6(3): 265-284.

Taylor, Verta, 1989, "Social Movement Continuity: The Women's Movement in Abeyance." *American Sociological Review* 54(5): 761-775.

Torode, Greg and Jessie Pang, 2024, "Article 23: What You Need to Know about Hong Kong's New National Security Laws." *Reuters*, March 19.

Tsing, Nam Kiu, 2023, *Hongkongers' Fight for Freedom: Voices from the 2019 Anti-Extradition Movement*. Leiden: Brill.

Tuchman, Gaye, 1972, "Objectivity as Strategic Ritual: An Examination of Newsmen's Notions of Objectivity." *American Journal of Sociology* 77(4): 660-679.

Veg, Sebastian, 2017, "The Rise of 'Localism' and Civic Identity in Post-Handover Hong Kong: Questioning the Chinese Nation-State." *The China Quarterly* (London) 230: 323-347.

Wong, Kennedy Chi-Pan, 2021, "From Helmets to Face Masks: How Collective Emotions Sustain Diaspora Mobilization from Homeland Uprising to Global Pandemic among the Hong Kongers." *Social Transformations in Chinese Societies* 17(2): 117-126.

Yang, William, 2023, "Hong Kong Exiles Try to Preserve Culture and Press Freedom." *Deutsche Welle*, March 16.

Yeung, Chris, 2020a, "Stop Hostilities towards Reporters – An Open Letter by the Hong Kong Journalists Association to Commissioner for Police, Chris Tang Ping-Keung." Hong Kong Journalists Association.

——, 2020b, "Freedom in Danger." *Voice of Hong Kong*, July 11.

Yu, Andrew, 2023, "British Values, Hong Kong Voices: Tracing Hong Kong's Britishness and Its Influences on British Immigration Policies." *African and Asian Studies* 22(4): 418-451.

9 溫哥華六四紀念的演變與香港離散政治

周竪峰*

摘要

在反送中運動之後，六四紀念活動在香港離散政治中有何意義？本文以記憶研究和離散研究為框架，以溫哥華港人的六四悼念活動為研究案例，利用田野調研、深度訪談、及報導資料，嘗試探討以上問題。

分析顯示，自反送中以來，溫哥華六四紀念活動大幅「香港化」，演變成同時紀念六四和述說香港抗爭。溫哥華的案例反映離散港人社群已經從香港抗爭視角重構了六四記憶，六四與反送中緊密連結，在社群中跨越時空、世代、派系，引起共鳴及團結港人。這種由共同創傷而引發的共鳴和互解，使得六四紀念活動成為互相合作的基礎，讓香港離散政治中的各方得以擱置分歧，紀念活動亦成為一個

---

* 周竪峰，英屬哥倫比亞大學歷史系博士生（erniechowshuefung@gmail.com）。專攻香港政治史，主力研究香港的社運沿革、殖民身份、以及國族想像等問題。本文最先在2022年12月於中研院會議上發表，並受李立峯教授、周傑榮教授、孔德維教授的回饋啟發良多。一切錯誤由本人負責。

平台，讓離散港人表達民主訴求、延續政治參與。而相對於反送中自身的紀念活動，六四紀念活動的重要性暫時仍無法被取代。

本文在實證上探索反送中後香港離散政治的最新發展，並針對面臨政治劇變和社會運動動員的離散社群，深入分析集體記憶如何被重構，從而超越時間、空間和世代的隔閡，產生帶有強烈身份政治色彩的共鳴，並進一步成為政治動員的基石；本文在理論方面能為記憶研究及離散研究帶來貢獻。

關鍵詞

香港，六四，反送中，離散研究，記憶研究

1989年6月3日深夜至4日黎明，在中國共產黨（中共）的命令下，中國人民解放軍（解放軍）向天安門廣場推進。為鎮壓已曠日五十一天的和平示威，解放軍步兵和坦克在推進過程中向手無寸鐵的學生、示威者、和普通平民開火，據估計殺死約2,600人，徹底撲熄了當時蔓延全中國的八九民主運動。[1] 2019年6月12日，香港警察以催淚彈、布袋彈、橡膠子彈、和海綿彈等鎮壓在金鐘、中環一帶和平示威的市民，多名示威者頭部中槍，激起了

---

[1] 有關八九民運及六四屠殺詳細經過，可參考 Brown（2021）。

其後斷續延綿一年的反送中運動。[2] 相隔整整三十年，這兩場民主運動雖然同樣未遂，但也同樣可被視為香港當代政治史上的重要轉捩點。

有趣的是，當在2010年代圍繞六四屠殺的記憶傳承、歷史意義、和紀念活動的爭辯愈吵愈烈，而新的「雨傘世代」和本土派在六四議題上與老一輩和泛民主派愈加對立，甚至集體杯葛每年在香港維多利亞公園舉辦的六四燭光晚會之際，2019年的反送中卻使得他們選擇重新加入到六四燭光晚會的行列之中。在2020年的維園燭光晚會中，高喊「光復香港」和「香港獨立」的雨傘世代和本土派，與高喊「平反六四」和「建設民主中國」的老一輩和泛民主派，這兩組此前高度對立的口號和群體，竟然能共存於一隅，而且並肩協力與維園外的防暴警察相對峙——這種戲劇性的轉變，是很多人在此前從未想像過的。

自2019年的反送中以來，中國實際上已經透過2020年《香港國安法》的實施，將香港變成一個警察社會（police state）。僅截至2022年底，港府就已因反送中或其他示威而逮捕了超過一萬人。由2019年7月起截至2024年4月，至少有246,665名香港人離開了香港，前往海外尋找更安全和自由的生活環境，還有許多在2019年前已經因各種原由暫時離港的人也因此擱置回港的打算（簡毅慧、柯皓翔 2024）。在這波「逃亡潮」（exodus）中，不少離港者均是反送中的參與者或支持者，他們因而也保留了強烈的、

---

[2] 有關反送中運動詳細經過，可參考馬嶽（2020）。

受反送中所動員的政治化的香港身份認同。他們在海外形成港人離散社群,並在相當程度上繼續參與有關香港的政治活動。持續三十一年的香港維園六四晚會因《國安法》的打壓而在2021年後消失,六四紀念活動卻在海外迎來了新一波的蓬勃發展。2022年6月4日,包括台北、倫敦、華盛頓特區、布拉格和柏林在內的29個城市舉辦了六四紀念活動,其中不少由離散港人主導(余美霞等人 2022)。

本文先提出以下兩條問題:自2010年代以來,六四紀念活動在港人離散社群中面臨甚麼挑戰以及如何演變?在經歷此前的挑戰及演變後,既有港人離散社群的六四紀念活動是如何進一步被反送中之後逃亡潮帶來的新移民衝擊?最終,本文旨在探討以下核心問題:六四紀念在當今的香港離散政治中有何意義?

本文採用質性研究方法,以田野調研、深度訪談、及報導資料為基礎,並以溫哥華港人的六四悼念活動為研究案例。我在2010年代在香港親身參與了其六四紀念爭議和演變,並自2022年起參與溫哥華港人的六四悼念活動;十多年間和不同組織、舉辦者、參與者、和評論者的交流和觀察,成為了本文的第一手基礎資料。[3]

---

[3] 我從中學時期開始一直參加維園六四晚會,直至2014年雨傘革命後不再參加。我在2016年為時任香港中文大學學生會會長,期間中大學生會決定不參加維園六四晚會,並與另外十間大專院校合辦「六四聯校論壇」,我則為其籌辦委員會成員及發言人。我在2019年及2020年為宣傳及延續反送中運動再次參加維園六四晚會。我在2021年自香港移居溫哥華,並自2022年起參與溫哥華港人的六四悼念活動。在2024年,我受邀在多場六四悼念活動中上台分享及演講。

溫哥華一方面既是全球最大的離散港人聚居地之一，另一方面亦自1989年以來每年舉行六四燭光晚會，其活躍而龐大的港人離散社群和三十多年的六四紀念傳統為本研究提供了豐富的資料和複雜的多樣性。本文在實證上探索反送中後香港離散政治的最新發展，並針對面臨政治劇變和社會運動動員的離散社群，深入分析集體記憶如何被重構，從而超越時間、空間和世代的隔閡，產生帶有強烈身份政治色彩的共鳴，並進一步成為政治動員的基石；本文在理論方面能為記憶研究（memory studies）及離散研究帶來貢獻（diaspora studies）。

本文將分為六個部分。第一部分首先闡述研究背景，回顧現存學術文獻，包括六四紀念活動的歷史、記憶研究理論、以及香港離散社群的現況；第二部分簡單闡述2010年代六四紀念活動在香港本土的挑戰和演變；第三部分轉向溫哥華，追溯當地六四紀念活動的歷史和演變；第四部分聚焦分析反送中後港人逃亡潮對溫哥華六四紀念活動的衝擊；第五部分則綜上所論，分析六四紀念活動在如今香港離散政治中的意義；最後，結論部分將總結全文，並討論本文的理論貢獻。

一、研究背景

1989年四月十五日，由於被視為支持改革的前中共總書記胡耀邦去世，北京的高校學生發起了一場持續五十一天的民主運動，後世稱為「八九民運」。北京的抗議者佔領了天安門廣場，

佔領人數在運動的高峰期達一百萬。1989年六月三日深夜至四日黎明，配有坦克的解放軍部隊向天安門廣場推進以鎮壓抗議活動，在此過程中向學生、示威者、和普通平民開火。大屠殺持續到黎明，當解放軍控制天安門廣場時，估計已有約2,600人喪生（Brown 2021: 37-139）。

自八九民運開始以來，香港人一直密切關注事態發展，並對北京的示威者表達強烈支持。畢竟在很多港人心中，既然無法改變一九九七後香港將交由中國統治這一政治現實，那麼，若要保障香港的民主，或許唯有把希望寄託在中國這個未來宗主國能轉型為民主政體。[4] 隨著坦克車的履帶輾過重重屍體，雖然輾碎了港人對中共政權的信心，卻同時頗為悲情地激發了不少港人此後長期支持中國民主運動（Chow 2024: 90-91）。由香港泛民主派政治人物所組成的香港市民支援愛國民主運動聯合會（支聯會）每年均會在香港維多利亞公園舉行六四燭光晚會，以茲悼念死難者。支聯會及其燭光晚會共有五大口號及綱領，包括「平反八九民運」、「追究屠城責任」、「釋放民運人士」、「結束一黨專政」、以及「建設民主中國」。在於2021年被政府取締之前，燭光晚會每年有35,000到180,000人參加（Kung 2022: 182-184），使其成為全球規模最大的六四悼念活動，亦連同七一遊行成為香港最具代表性也最重要的兩大年度政治活動。

與此同時，在海外的香港人離散社群中也不乏六四紀念活

4　可參考香港電台（1989），7:10–8:30。

動。在溫哥華，主要由港人移民所組成的溫哥華支援民主運動聯合會（Vancouver Society in Support of Democratic Movement，下稱溫支聯）一直每年舉行燭光晚會，[5]以悼念天安門事件中的遇難者，並呼籲加拿大政府及國際社會關注中國和香港的人權、民主、和自由狀況。這些活動既是當地香港人離散社群在海外繼續進行政治參與的重要平台，也是他們保持凝聚力的一種方式。[6]

學界對香港的六四紀念活動已有大量成果豐碩的研究。當中不少聚焦維園六四燭光晚會，既有學者深入研究其儀式來由與宗教意涵（Kung 2022），亦有學者剖析其如何塑造港人身體認同（Cheng and Yuen 2019），也有學者宏觀地追溯其自1989年以來的各種爭議、起跌、與轉變（Lee and Chan 2021）。可惜的是，對港人離散群體中的六四紀念活動的研究則相對罕見。我在最近一篇探討2010年代後港人六四紀念活動去中心化的文章中，曾述及溫哥華六四晚會亦呈現權力去中心化和論述多元化的情況，但仍只屬蜻蜓點水式的兼論（Chow 2024a: 104-105）。

上述有關香港六四紀念活動的文獻，多數皆採取記憶研究的理論框架。在記憶研究的理論中，社會學家Maurice Halbswachs（1925）在近一世紀前便強調集體記憶（collective memory）並非客觀

---

5 惟2020年因COVID封城令而被逼停辦。
6 值得注意的是，在「香港人」身份在2010年代被大規模地政治動員起來並與「中國人」身份變得愈加互不兼容之前，雖然一直都有不少海外港人主辦或參加六四悼念活動，但卻不常突出其「香港人」身份標籤。相反，在有關悼念活動的報導以及參與者的訪問中，「海外華人」及「中國人」是遠為更常見的身份標籤。當中實例可參見下文溫支聯的轉變，理論則可參考Fong（2022）。

的歷史事實,而是當下社會對過去歷史的主觀想像,並會隨著當代的政治與社會背景不斷被重構。同時,來自過去的集體記憶亦對當代社會具有巨大影響,惟其影響力並不取決於記憶本身的內容,而在於其能否切合當下的社會與政治脈絡。Lowenthal(1997: 32)也指出,人們會不斷重構集體記憶,將過去重新定義,成為符合當下偏好的模樣,最終服務於眼前的現實需要。然而,Schwartz(1982)闡明,記憶的可塑性終究有限,因為客觀歷史現實本身對記憶的合理重構設下了邊界。Cohen(2014)則展示了當政治環境劇烈變動時,人們如何質疑、重塑既有記憶,甚至拋棄那些無法再回應當下歷史時空的記憶。[7]

如今正面對著政治環境急變的港人離散社會,其自2019年後的發展引來了學界的關注。其中,社會科學學者尤其關心離散港人在反送中期間及之後的政治參與:Fong(2022)剖析了「離散香港人」或「香港離散社群」(Hong Kong Diaspora)這一近年流行在學者間、用來指稱移居海外的香港人的術語。他指出,移居海外的香港人長期以來只是「香港移民」(Hong Kong migrants),直到反送中運動在政治及社會層面上動員並凝聚了這些海外香港人後,他們才從「移民」轉化為「離散社群」。相對於前者,後者對原居地的身份認同和緊密聯繫要強得多。然而,他也警告,香港離散社群仍然處於形成階段,尚未成熟及穩定,並無必然長久

---

[7] 相對於「集體記憶」,Cohen在早期偏好使用「神話」(myth)這一概念來指稱人們為服務當下而基於歷史所創造出的論述。見Cohen(1997)。

存續的保證。他進一步援引Redclift(2016)，指出歷史記憶的建構與重構會對離散社群的存亡產生深遠的長期影響。Wong(2021)、Lee(2022)、Shum(2023)三人則分別研究了共同情感(collective emotions)、動員結構(mobilization structure)、和與原居地的跨國連結(transnationalties with homeland)在離散港人參與反送中運動之中的作用。Ho(2024)以及Ho與Chen(2024)則進一步探討了港人離散社群在反送中動員高潮過後所面對的政治難題，包括如何自我定位、如何延續抗爭、如何將抗爭議題在地化、以及如何在急劇變化的國際局勢中繼續吸引國際社會關注及支持。一時間，眾多探討反送中對香港離散政治影響的研究蔚為風尚，卻少有學術研究留意到六四紀念在2019年後對港人離散政治的持續影響；縱有論及，亦多只作歷史背景的舖陳，或援引作反送中的歷史前事以資比較。[8] 本文將以上述文獻為基石，詳述六四紀念活動在香港及溫哥華的轉變，並分析六四紀念活動在當今香港離散政治中的意義，最終探討此案例對記憶研究及離散研究的理論貢獻。

二、2010年代香港本地六四紀念活動的挑戰與轉變

2010年代可謂是香港政治局勢急劇變化的十年。對外，由於中國在習近平登位後進入了吳介民於本書第二章所言的「再極權化週期」，香港的民主與自由同時受壓，香港人與中共政權及

8　上引Ho(2024)即為一例。

其在港代理人的對立也不斷加劇；在內，香港民主陣營也出現了世代和派系的分裂和對立。我於2024年進行的兩項研究（Chow 2024a, 2024b），曾試圖探析2010年代香港的世代張力和政治轉向如何造成六四紀念活動的挑戰與轉變。在此簡化言之，供作背景，以便理解後文詳述的溫哥華個案。

於世代層面，主權移交後成長的年青一代因社會、經濟、和政治大環境逐步惡化，對自身個人和香港未來的前景均感到焦慮，加上因港中矛盾而對中國強烈反感，上一代泛民主派卻堅持漸進改良路線和中國人身份認同，兩者漸行漸遠。2014年的雨傘運動催生了年青一代獨特的世代意識（generational consciousness）（Ku 2019），並將其塑造為評論者口中的「雨傘世代」。[9] 於派系層面，同樣得益於雨傘革命，「本土主義」和「本土派」急速崛起。[10] 本土派否定泛民主派的溫和中間路線及「建設民主中國」的方針，主張激進抗爭策略、強調香港人身份、並追求香港自決乃至獨立。[11] 這兩個層面的分裂高度重疊，原因可能是雨傘世代比上一輩更高比例認同自己是本土派。2020年6月的一項調查顯示，44%的18至25歲的香港人認同自己是本土派，而只有28%認同自己是泛民主派；相反，在50歲以上的香港人中，只有7%認同

---

[9] 「雨傘世代」自身也接受這個標籤。2015年，香港大學學生會（HKUSU）的刊物《學苑》便將其2015年1月號的標題定為「雨傘世代　自決未來」，倡導以香港獨立為最終目標的反殖民自決運動（陳雅明 2015）。

[10] 有關雨傘革命的詳細經過，可參考 Ho（2019）。

[11] 有關何為本土主義或本土派更詳盡的描述，可參考 Veg（2017）。

自己是本土派，而有34%認同自己是泛民主派（端傳媒2020）。

正是在這樣的時空背景之中，支聯會六四晚會受到了來自雨傘世代與本土派的挑戰。一方面，雨傘世代對1989年的歷史事件缺乏親身記憶，在情感上難以共鳴；另一方面，雨傘世代和本土派拒絕中國人身份，支聯會六四晚會中的強烈愛國色彩令其難以忍受，「建設民主中國」的口號更是受到他們的猛烈抨擊。他們也以「行禮如儀」一詞批評支聯會燭光晚會儀式僵化。然而，本土派和雨傘世代仍清楚認識到六四紀念活動的道德力量、象徵意義、和國際關注。因此在2010年代中期，他們在杯葛支聯會六四晚會之餘，亦同時積極組織自己的紀念活動（Lee and Chan 2021: 123–154, 187–252）。

2015至2017年間，愈來愈多大專院校學生會拒絕參與支聯會主辦的維園晚會，改為舉辦各自的平行活動；這些活動通常聚焦在討論六四對香港政治問題的啟示，而且將六四重新緊扣到香港當代抗爭之上。最諷刺的是，雖則支聯會六四晚會多年來以愛國民主路線掛帥，在2017年的港大六四集會卻有一名大學生表示：「六四對我來說的意義是香港要獨立。」[12] 然而，縱使激烈的爭論和新的平行活動曾一度惹來全城關注，雨傘世代在2010年代後期對紀念六四卻顯得愈來愈興趣缺缺，在2018年甚至沒有任何大學生會主辦或參與任何紀念活動（何雍怡、陳偉堯 2016; 香港電台 2019）。

---

12 此語是他被問及六四對他的意義是甚麼時，所作出的回答，在香港網民間流傳甚廣，惟我在（2024b）中所引用的訪問原片已不可得，疑因國安法緣故被製作的香港有線新聞有限公司從網上刪除。

2019年的反送中運動徹底改寫了這一局面。在經歷了十年的分裂和內鬥後，不同世代和派系於反送中期間，在「兄弟爬山，各自努力」以及「不分化、不割席、不篤灰」的信條下達成了「和勇不分」的團結。在這背景下，不少原本批評支聯會六四晚會的人士也決定將分歧束之高閣。2020年的六四燭光晚會正值反送中運動尾聲，呈現出與之前任何紀念活動都不同的全新景象。那天晚上，逾萬名不同世代和陣營的人們同仇敵愾，無視警方禁令，前來聚集於維多利亞公園。場內「香港獨立」和「打倒中共」的旗幟四處飄揚，比起向來在維園晚會中佔主導地位的「建設民主中國」甚至「平反六四」的標語更加顯眼。「光復香港、時代革命」是當晚最響亮的口號，喊聲在整個初夏悶熱的銅鑼灣清晰可聽。與此同時，支聯會及其支持者固然繼續謹守傳統，堅持燃點蠟燭、播放天安門母親錄影、聲援中國維權人士、嚴肅默哀、莊重悼念，但支聯會主席李卓人在總結致詞時亦高喊「Fight For Freedom, Stand With Hong Kong」（自由時報 2020; BBC News 中文 2020）。

這夜的六四晚會深具「兄弟爬山」、「無大台」、和強烈抗爭色彩，無疑提供了一個六四紀念的新範式。對那些長年來批評六四晚會儀式僵化、將中國民主運動置於香港本土民主進程之上的人來說，這種新範式也給了他們一個滿意的答覆。可惜的是，正如李立峯在本書第五章所指出，香港在政府的威權打壓下正經歷急速的民主倒退，公民社會也進入了社運休整期；如今不單持續31年的六四晚會本身無法舉辦，就連相應的六四事件週年民調

也在《香港國安法》下被逼取消。然而,當燭光在維園熄滅,新範式的六四晚會卻隨著逃亡港人飄洋過海,在美、加、台、英、德等地的離散港人社群中異地重生。

三、溫哥華六四紀念的歷史和演變

與香港一洋之隔,溫哥華是另一個自1989年來每年舉辦六四燭光晚會的城市。背後的主辦者溫支聯在八九民運期間於溫哥華成立,自此迄今35年,每一年都會在溫哥華主辦各種六四紀念活動,從未中斷。除了燭光晚會外,溫支聯也會領行稱為「民主行」的遊行,並會向本拿比科士蘭墓園和卑詩大學校園的兩尊民主女神像獻花,當中卑詩大學校園的民主女神像更是溫支聯於1991年與UBC Alma Mater Society和UBC中國學者學生聯誼會(Chinese Student and Scholar Association, UBC)一同樹立的。[13]另一方面,溫支聯亦致力於文化教育工作,不單自2001年起發行《薪火》雙月刊,也不定期以講座、論壇、綜合晚會、舞臺劇、話劇、和「六四紀念館」等形式宣揚六四歷史真相(溫哥華支援民主運動聯合會 n.d.)。

溫哥華是全球最大的離散港人聚居地之一,而溫支聯由創會至今,成員大部分都是出身香港的移民(冬甩 2022)。雖然名字與香港的支聯會相近,彼此亦保持友好合作關係,但卻是完全獨立

---

13 見卑詩大學校園民主女神像底座之銘文。

的組織，自我定位也相距甚遠。按在1994年至2017年出任溫支聯主席的周盛康於1999年所言，溫支聯的目的是「純粹以加拿大華僑身份支持中國人民去爭取民主」（瞻1999: 4）。而承繼周盛康由2017年至2024年出任主席的李美寶則在不同場合——包括接受我訪問時——多番強調創會成員在為組織改名時不論中英文名均特意不採用「中國」（China）或「愛國」（Patriotic），原因是，他們認同自己加拿大人的身份，認為此組織不應該以中國人的愛國情懷來僅僅關注中國，而是應該從普世價值出發，對世界各地包括中國在內的民主運動予以支持。

其中一個能彰顯這種差異的例子是：溫支聯歷年來多有直接採用支聯會的六四晚會主題（如2018年溫支聯與支聯會晚會的主題都用「抗威權・悼六四」），[14]但當2013年香港支聯會以「愛國愛民・香港精神」為六四晚會主題惹起巨大爭議之時，溫支聯卻由始至終沒有採用其主題。就此，李美寶斬釘截鐵地說：「因為我們是加拿大人，我們不會說愛國（意指愛中國）！」[15]

另一方面，溫支聯雖然在成立後的早期聚焦於支援中國人和中國民主運動，但自踏入21世紀開始，溫支聯便慢慢轉為更關注香港和加拿大的議題：具體例子包括2014年組織在加港人聲援香港雨傘革命（邱心清 2014）；在反送中後與其他支持香港民主的團體聯合舉行集會，抗議如「47人案」等的政治檢控（Liang

---

14 可參考唐風（2018）。
15 李美寶，2023，溫支聯主席（2017–2024），與作者在溫哥華的訪問。10月22日。

2024);甚或是在美國總統特朗普揚言要吞併加拿大成為美國「第51州」後,與在加菲裔和越裔社團一同舉行「守護加拿大民主」的示威(Liang 2025)。而反映到六四紀念活動的語言之中,早期的溫支聯六四晚會,為了照顧及關注作為六四切身受害者的中國人,使用的語言除了廣東話之外,還會加上普通話;但隨後,為了方便其他說英語的加拿大人參與,以及更易讓消息在國際社會傳播,溫支聯的各類六四紀念活動都逐步改為主要以廣東話和英語雙語進行了。[16]

或許正因為從一開始便沒有與中國人國族認同和(中國)愛國民主路線的包袱綁死,雖然溫支聯在成立之初也如香港支聯會一樣採納了包括建設民主中國在內的五大綱領(瞻 1999: 4),但按李美寶的說法,以2014年雨傘革命為轉捩點,溫支聯多數成員對「建設民主中國」的想法開始逐步改變。一方面,雨傘運動激發了海內外港人更加關注香港民主運動,而溫支聯的成員「大部分都是香港移民,我們的心仍然是香港心,在香港長大」,亦自認相比建設民主中國更關心香港民主運動(冬甩 2022);另一方面,隨著中國政治環境變得愈加惡劣,中共加重中央集權鐵腕統治的力度,溫支聯內部認為建設民主中國愈漸變得「遙不可及」,於是決定改為集中力量做眼前可做的事,也就是積極傳播六四真相、支援香港抗爭者、以及為香港在加拿大政界發聲。[17]同時間,2017年李美寶繼任病逝的周盛康擔任主席亦是另一大轉捩點。周

---

16 同上。

盛康一生深念中國民主，一直在溫支聯歷年的六四紀念活動高舉建設民主中國的大旗，甚至於臨終之際，依然囑咐各人支援中國民主運動（劉山青 2017）。相對地，溫支聯於李美寶繼任後則愈發以香港民主運動為活動軸心，建設民主中國——不論作為口號還是綱領——也因而從溫支聯六四紀念活動中慢慢淡出，而李美寶甚至於2022年受訪時坦誠地稱：「時至今日，『建設民主中國』已經不再在我們的使命內，我們的目標已經改變了」（冬甩 2022）。

　　但與香港相反的是，在2010年代，溫哥華六四紀念活動基本上並沒有受到多少異議者或本土派年青人的挑戰。雨傘革命雖然在香港和溫哥華均促使港人更為關心香港時局，但在香港隨之而來的本土派崛起之象，當時卻未見於溫哥華。一方面，溫哥華的政經脈絡與香港大相徑庭，當地港人面對的問題與處境，也與在港港人有所不同；另一方面，當時來自香港的新移民數量有限，本土思潮要植根到新大陸，還需等到反送中後的移民潮出現，才隨人流飄流而來。溫支聯前主席周盛康曾於回應記者提問時抨擊香港本土派青年對支聯會的質疑是「胡言亂語」，而溫支聯本身亦曾於2016年聯署發表《支持香港支聯會繼續紀念「六四」聲明》以聲援香港支聯會反擊本土派的批評（明報加西版 2016；唐風 2016），但此二事似乎並未在當地引起太大迴響。筆者曾詢問多位於2016年前已加入溫支聯的現任成員，他們卻多對此二事表示毫無印象，或僅有極為模糊的記憶。更有成員語氣肯定地指

---

17 同上。

出，溫哥華六四紀念活動並未於2010年代受到過本土派任何衝擊或挑戰——筆者翻查相關新聞，確實未發現類似香港六四爭議之紀錄。儘管本土思潮最終將於2019年後逐漸傳入溫哥華（見後文詳述），但彼時的溫哥華港人社群中，六四爭議僅如遠處傳來的政治殘響，並未曾於本地激起多少漣漪。

一如上兩段所述，建設民主中國之所以淡出，主要屬於溫支聯的內部人心轉向，而非外力挑戰的結果；香港本土派批評六四紀念活動「行禮如儀」的現象，在溫哥華也遍尋無覓。相反，最困擾溫哥華六四紀念活動的，是其出席人數陷入低潮。九七主權移交後，不少本來住在溫哥華的香港移民回流返港，新抵埗的中國移民對六四的興趣又付之闕如，舊人回流新血不來，不單令其出席人數減少，也令活動中難見有年青人出席，那就遑論對台上的論點和儀式發起挑戰了。[18]

四、反送中後逃亡潮對溫哥華六四紀念的衝擊

2019年反送中運動爆發後，港人逃亡潮很快便湧現。在加拿大，單計因「救生艇計劃」（Hong Kong Pathway）而獲批來加簽證的港人在2021年6月至2023年間便有23,684人，加上有不少持有加籍的在港港人「二次回流」重返加拿大定居，於是加拿大在2019年後成為港人第二大移居目的地，僅次於英國（簡毅慧、

---

18 同上。

柯皓翔 2024）。與八、九十年代一樣，溫哥華在這一波逃亡潮中也接收了大量港人新移民。

對溫支聯六四晚會而言，逃亡潮最大的影響是帶來了其久盼終至的年青新血。據估計，在2018年和2019年，晚會的出席人數只有約300和600；這一數字在2021年飛升至1,800人，並在此後三年進一步提高到3,000至4,000人的水平（見表9.1）。即便政治活動的出席人數常常被人為刻意高估，但按相片及錄影，近年人數確實明顯攀升。獨立記者 Galileo Cheng（2023）在晚會現場作隨機問卷調查，所得具體數字可呈現出席者的背景來歷：出

表9.1 ｜ 2018-2024年間溫哥華六四燭光晚會的出席人數

燭光晚會年份	出席人數（按大會估計及大紀元報導）
2018	約300人[19]
2019	約600人[20]
2020	N/A（因COVID-19疫情而停辦）
2021	約1,800人[21]
2022	接近4,000人[22]
2023	約3,000人[23]
2024	約3,200人[24]

19 見唐風（2018）。
20 見余天白（2019）。
21 見曹一存、欣文（2021）。
22 見高曉雯、欣文（2022）。
23 見大紀元（2023）。
24 是年大紀元的報導並未有如往年般給出估計數字或引述大會估計，只籠統稱「數千人」；按作者在現場所聽及集誌社報導，大會估計約3,200人。見Cheng（2024）。

席者中96%來自香港；在過去三年內抵加的新移民佔一半；39歲或以下的青、壯年人亦佔一半。上述結果明證了，除了反送中運動本身能夠動員溫哥華既有離散港人社群，隨之而來的逃亡潮新移民亦是溫哥華六四晚會出席者數目攀升和年青化的一大主因。我自2022年起每年出席溫哥華六四晚會，現場觀察及攀談所得亦與此大致吻合。

逃亡潮對溫哥華六四晚會的另一大影響，便是自2023年起，晚會的場地從中國領事館前移師到林思齊公園。歷年來晚會選在中國領事館前舉行，固然是為了向中共示威；但中國領事館位處陡斜的主要幹道旁，當地政府亦以巴士專線經過為由拒絕完全封路。當出席人數飛升，狹隘的場地便無法有效地容納所有出席者。再者，隨著香港六四晚會在2021年後被取締，溫支聯認為維園燭光對港人特別是曾出席維園晚會的新移民有重要象徵意義，故有意在海外延續在公園點燃燭光悼念的傳統。因此，溫支聯在2023年決定將六四晚會移師至林思齊公園舉辦，並宣言「哪裡有燭光，哪裡就是維園」。[25] 按Cheng（2023）的問卷調查，2023年出席者中曾參加維園晚會者達53.8%，或可側證為何溫支聯認為需要延續維園傳統；而按我當天及事後與不同出席者的攀談，雖然較年青者大多無特別感覺，但絕大多數中、老年人均對能重現維園燭光的場面感到非常感動和高興。

---

25 不同報導中實際字眼略有出入，此處採用作者的自行紀錄，亦可參考大紀元（2023）。

而在重現維園燭光以外，晚會的形式和台上的儀式都並沒有因為新一波移民的到來而有很大的改變。一如此前所述，「行禮如儀」的批評在溫哥華從未出現；而即便在2019年後，恰如上述，要求延續燭光晚會傳統（甚至要繼承香港燭光）的聲音依然一直強勢。事實上，按Cheng（2023）的問卷調查，2023年出席者中有46.2%視靜默燭光為最重要的環節，遠超過其餘各項（見圖9.1），足以支持溫支聯不改變儀式的決定。

台上儀式雖然不變，但台下的展示品、參加者的心態、以至六四晚會的整體定位，都明顯向香港抗爭的方向大幅靠攏。在移師更寬闊的林思齊公園後，會場四周多了不少有關香港抗爭的展板和展覽攤位，不論數量、規模、和受注目度，均完全壓過有關六四和晚會資訊的展板。「光復香港　時代革命」的旗幟四處飄揚。佩戴安全帽和防毒面具，手持雨傘的「香港民主女神像」樹立在草地之上，引來不少人拍照。承繼著香港2020年六四燭光晚會的強烈抗爭色彩，不少新移民，特別是當中的年青人和在反送

圖9.1 ｜對2023溫哥華六四晚會出席者而言，哪一環節最為重要

- 靜默燭光（46.2%）
- 聽民主抗爭歌曲（17.3%）
- 聽主辦方分享（15.4%）
- 聽六四見證人分享（19.2%）
- 閱覽片段及展品（1.9%）

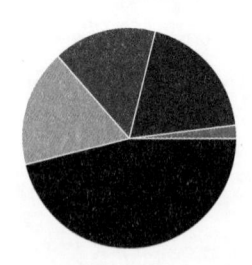

資料來源：Cheng（2023）

中運動中投入較深者,如今將溫哥華六四晚會主要視為香港離散社群海外抗爭的一部分。李美寶坦承,在她接觸的年青新移民中,不少人對六四這一段歷史或記憶本身並沒有多少情感,甚至對香港支聯會頗為厭惡,但在缺乏其他抗爭機會下,依然視溫哥華六四晚會為寶貴機會,能在海外延續香港民主運動、傳播香港抗爭訊息、以及繼續反對中國共產黨,因而選擇出席。[26] 自2022年起每年為溫哥華六四晚會上台演講的前港大學生會會長(2015-2016)馮敬恩便坦言,六四晚會中的「六四」對他而言,已變得像七一遊行中的「七一」一樣,只是一個名目,最重要的是能夠提供一個日期和場合,凝聚反抗的力量一同對抗中共暴政。[27]

現場高喊「光復香港　時代革命」和唱「香港國歌」《願榮光歸香港》的聲浪要遠大於喊「平反六四」和唱傳統民運歌曲《民主會戰勝歸來》的聲音,此外,Cheng(2023)的問卷調查可以再次提供量化證據:2023晚會中94.2%的參加者選擇「爭取香港民主」為他們的參加理由之一,不單遠高於「爭取中國民主」近一倍,甚至比「紀念六四死難者」也要略高1.8%(見圖9.2)。同時,溫支聯自身的取態也出現了類似轉向。一如前述,建設民主中國

---

[26] 由於名字相近,很多港人新移民(包括筆者在內)均曾誤會溫支聯為支聯會在溫哥華的分支,當中不少厭惡支聯會者便因而不願出席溫哥華六四晚會。事實上,李美寶、其他溫支聯成員和義工、以及我本人,均曾遇到過有新抵加的本土派年青人明言對於出席「溫哥華支聯會」的晚會有所保留,要待我們解釋溫支聯與支聯會互不從屬後才應允出席晚會。李美寶與作者訪問,2023。

[27] 馮敬恩,2025,港大學生會會長(2015-2016),與作者在溫哥華的訪問。3月24日。

圖 9.2 ｜ 2023溫哥華六四晚會出席者參加燭光集會的原因

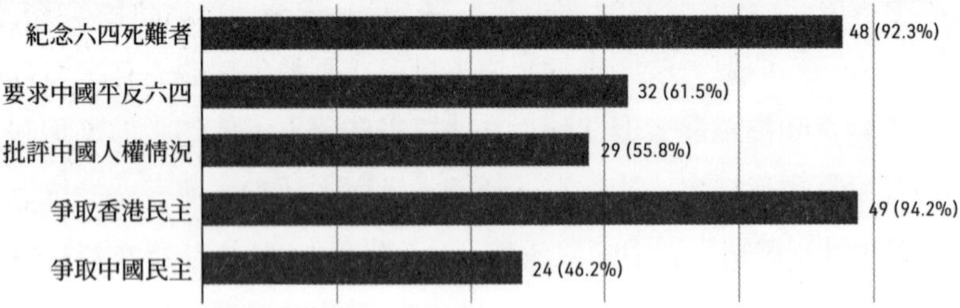

原因	人數 (百分比)
紀念六四死難者	48 (92.3%)
要求中國平反六四	32 (61.5%)
批評中國人權情況	29 (55.8%)
爭取香港民主	49 (94.2%)
爭取中國民主	24 (46.2%)

註：受訪者52人。
資料來源：Cheng（2023）

早就淡出了溫支聯的視野；在台上的宣言中，除了「毋忘六四，決不捨棄」，他們亦大聲疾呼「打倒共產黨，還我自由港」。由年青流亡港人社運領袖創辦的《如水》，其報導稱溫哥華六四集會已由單純紀念六四「香港化」，成為充滿香港政治抗爭的投射，這顯然是台上台下各方合意共同轉向的結果（冬甩 2022）。

五、六四紀念與香港離散政治

一如上述，自2019年起溫哥華六四紀念的轉變，深受反送中後逃亡潮所帶來的新一波離散港人的影響。正因如此，我們可以循此線索進一步深問：六四紀念在如今的香港離散政治中到底尚有何意義？當反送中成為近年港人離散社群中最鮮活的圖騰時，反送中紀念是否已經「騎劫」甚至「覆寫」了六四紀念的重要性？

以過去六年的發展來衡量，與其說反送中紀念「騎劫」或者

「覆寫」了六四紀念,更精確的說法應是兩者緊密連結、揉合融和,並從而共同跨越時空和世代引起共鳴、團結港人。李美寶在接受《如水》訪問時主動說道:「有些會說,我們是否騎劫了『六四』,我覺得不是,我們的宗旨都是倡議民主、自由,為不能發聲者出聲,我們的宗旨沒有改變。在六四集會中,一半是紀念六四,一半是紀念香港的事」(多甩 2022)。在溫支聯的敍事中,他們甚至將反送中運動稱作「六四2.0」,以此在兩者之間建立某種歷史連結,既呼召向來心繫六四者關注反送中,也呼召著眼反送中者回顧六四(rci 加拿大新聞 2023)。在2023年的溫哥華燭光晚會上,有一由出席者帶來的展示板,展示了過去歷年香港燭光晚會的照片,其上卻插著「光復香港,時代革命」的旗幟,可謂六四與反送中有機結合的最佳象徵。事實上,兩者同樣是由年青人所領頭、面對中國共產黨的民主運動,同樣因暴力鎮壓而失敗,亦同樣造成港人逃亡潮,相似之處確實有不少。其中一個例證是,在與我對談時,幾位背景不同的新舊移民都不約而同地主動將六四後拯救中國民運學生出境的「黃雀行動」和如今在反送中後協助抗爭者離港和定居的行動相提並論。再者,溫哥華的既有港人群體中不少本身也是因六四而決定移民或留在加拿大,[28]因此,在面對反送中後的新一波移民時,六四和反送中所帶來的共同創傷,反抗、壓迫、和出逃的共同經歷,得以跨越世代和派系,引起共鳴和促進互解。

---

28 可參考香港電台(1989),2:00–2:20。

這種由共同創傷而引發的共鳴和互解，使得六四紀念活動成為互相合作的基礎，讓香港離散政治中的各方得以擱置分歧。無可否認的是，對於香港抗爭應如何走下去，亦即具體政治光譜上的分歧，在港人離散社群中仍然相當明顯。何曉清教授在2024年三月和五月的兩場六四座談會上分享她對六四歷史的研究，期間多次強調和平非暴力抗爭手法的重要性，獲得在座不少中老年人如雷掌聲，卻讓我身邊的數位青壯年和本土派朋友聽後感到相當納悶。相反，在過去數年的六四晚會均有不少人揮舞「香港獨立」旗幟和高喊「香港獨立」口號，響應及喝彩聲浪不少，但不論揮旗者還是響應者，也都明顯以年青人為主。正因分歧仍在，在六四紀念中，溫支聯便積極廣泛邀請不同世代和光譜的人共同參與。李美寶認為，不同世代以至不同人的經歷不同，政見光譜會有不同也非常正常，但最重要是「不分化不割席」，尊重各自多元立場。她進一步強調，在「打倒共產黨」這一大前提之下，溫支聯對不同論述兼容並包，也會協助其他組織用不同形式「各有各做」。事實上，以2024晚會為例，受邀上台演講的嘉賓之中便有屬於雨傘世代本土派的我和馮敬恩二人、屬於老泛民的「佔中三子」之一的朱耀明牧師、亦有在香港出生的加拿大國會議員關慧貞。同時，2022年由新抵埗港人移民成立的「溫哥華手足」和溫支聯一直保持友好關係，溫哥華手足既有前來參加六四晚會，溫支聯亦有在不同場合宣傳「溫哥華手足」的「六九」、「六一二」反送中紀念活動。六四紀念活動成為了不同派系、組織、和敘事的共存空間，提供了一個可能性，讓香港離散政治走向更

包容和團結;這固然不能忽視反送中期間所確立的「兄弟爬山、各自努力」原則的影響,但也有賴各方以真摯共情所構成的互解作基礎。

以這種在六四和反送中紀念中所得到的真摯共情為契機,溫支聯在近年也嘗試以不同新方式和新活動接觸和串連更多港人新移民。除了一如前文所述更積極地參與香港政治的動員外,溫支聯也有舉辦一些社區活動,當中既有定期邀約假日行山團,也有協助組織「香港人龍舟隊」(在本地賽事奪金),亦有舉辦香港電影的放映會。李美寶透露,雖然有年青新移民是在六四紀念活動中認識溫支聯後才參加他們的社區活動,但也有不少人是在參與他們的社區活動後才進一步參加他們的其他政治活動。[29] 這種政治動員與社區組織互為表裡的模式,或許正正就是其中一個可行模式,能凝聚和鞏固如Fong(2022)所言方興未艾的溫哥華港人離散社群,並進而錨定自我定位、強化身份認同。

另一值得關注的要點是,「維園燭光」重現林思齊公園一事在港人離散社群中收穫了極大好評。事實上,對不少香港人而言,「維園燭光」的重要性,在某程度上已取代了它所紀念的「六四屠殺」本身。換言之,雖然「維園燭光」原本只是一紀念儀式,承載著六四屠殺的集體記憶,然而,如今它本身已跳脫六四記憶,蛻變成象徵性圖騰,是許多香港人對香港的想像中不可或缺的一部分,其重要性未必會低於六四本身或反送中其事。溫

---

29 李美寶與作者訪問,2023。

哥華六四晚會重現「維園燭光」，不僅僅是為催谷出席人數的權宜之計，又或販賣懷舊情感的宣傳操作，而是有意識地嘗試將原鄉的文化和政治象徵移植到移居地來塑造其離散地貌（diasporic landscape）。[30] 恰如早期華人移民到達外地後建成唐人街並延續各種華人節慶儀式，「維園燭光」的移植，或可使新一代港人移民得以在他鄉想像原鄉，從而在空間上重建一種離散社群的地方感（sense of place），進而保留和錨定香港人身份、社群、和文化圖騰的共同想像。[31] 然而，此一象徵性空間最終能在港人離散社群中發揮多大凝聚作用，乃至燭光是否真的能紮根林思齊公園年年亮起，仍待日後觀察。

最後，六四紀念活動在港人離散社群中的重要性暫時仍無法被反送中紀念活動取代。反送中與六四作為記憶而言，我們固然難以量化比較誰者重要性更大影響力更深；而反送中其事之近，也使得我們必須面對Assmann（2011）的質問，探求反送中是否已經由限於一時一地「交流記憶」（communicative memory）轉化成為跨越時空被廣為接納的「文化記憶」（cultural memory）的棘手問題。然而，我們能夠以關注度（在社交媒體上的談論）、曝光率（傳媒報導）、和出席人數，來量化比較六四紀念活動和反送中紀念活動的重要性。弔詭的是，縱使溫哥華六四晚會之所以吸引了大批新血出席，在很大程度上是因為加入了紀念反送中的元素，

---

30 有關移民者如何塑造其離散地貌之一例，可參見Binaisa (2013)。
31 有關探討離散社群地方感之一例，可參見Georgiou（2010）。

但反送中紀念活動本身卻在關注度、曝光率、和出席人數都及不上六四晚會。我在2023年曾參與上述由「溫哥華手足」所舉辦的「六九」紀念活動,其同樣採取燭光晚會形式,在本那比鐵道鎮站(Skytrain Metrotown Station, Burnaby)外舉行,人數雖仍有數百之眾,但卻沒有吸引太多傳媒報導,事前事後在社交媒體上的談論亦不多。

其背後原因,有可能是因為主辦組織經驗、人脈、宣傳資源的差距;也有可能是六四晚會已經累積了數十年的名聲和慣性出席率,反送中紀念需要時日趕上;又或者可能是因為相比於六四屠殺非常清晰便是在六四當天紀念,大家對反送中應在何日紀念仍未有共識;如依Assmann(2011)的理論,則有可能現在反送中記憶尚停留在「交流記憶」的沉澱期,未被廣泛接納;到底如何,有待進一步發展及觀察。不過可以確定的是,在過去五年及短期的將來,六四紀念活動,特別是六四燭光晚會,會繼續作為主要平台,凝結香港離散政治中不同世代和陣營,兼容世界各地離散港人表達民主訴求和延續政治參與。

六、結論與理論貢獻

本文顯示,在2010年代,溫哥華六四晚會並未受到太大質疑,情況不同於香港的支聯會六四晚會,後者因其大中華民族主義及「建設民主中國」的綱領而受年青一代和本土派強烈挑戰;相反,溫哥華六四晚會主辦者以港裔加拿大人自居,主張以普世

價值的角度紀念六四，更在 2010 年代開始主動逐步放棄「建設民主中國」的綱領。自反送中以來，溫哥華六四紀念活動大幅「香港化」，演變成一方面紀念六四，一方面支援、延續、及紀念香港抗爭。溫哥華的案例反映離散港人社群已經從香港抗爭視角重構了六四記憶，六四與反送中緊密連結，在社群中跨越時空、世代、派系，引起共鳴及團結港人。這種由共同創傷而引發的共鳴和互解，使得六四紀念活動成為互相合作的基礎，讓香港離散政治中的各方得以擱置分歧，紀念活動亦成為一個平台，讓離散港人表達民主訴求、延續政治參與。

　　本文雖受篇幅和資料所限，未敢作出過大的宣稱，但我認為文中實證內容對反送中後香港離散政治仍有三項啟示：其一，相較於六四記憶，反送中運動固然無可爭辯地如狂風席捲了香港離散政治的各方各面，但作為集體記憶，其地位、意涵、及紀念儀式仍有待確立，其能否或如何成為「文化記憶」發揮長遠影響，仍有待觀察；其二，港人離散社群已近乎完全擺脫了此前困擾香港民主陣營近十年的中港身份之辯，確立了以港人身份自居及以香港意識為本位的離散政治主軸；其三，香港離散社群內部的世代、陣營、及政治光譜分歧仍在，即便溫哥華六四紀念似乎指向了一條合作共存的蹊徑，但對照其他港人離散社群內部不少喋喋不休或大或小的爭議，港人離散社群前景如何，是否能延續「兄弟爬山，各自努力」的原則，似乎仍言之尚早。

　　本案例對記憶研究及離散研究有兩大意義。首先，對 Fong（2022）所提出的質問——仍然處於形成階段的離散社群如何能確

保長期存續——本文分析了六四記憶的重構和反送中記憶的建構（以及兩者的相互連動），證實了其對港人離散社群的身份確立和持續政治動員的重要正面作用，所得結果確證了 Redclift（2016）所提出集體記憶對離散社群有重大影響之說法。進一步而言，本文針對面臨政治劇變和社會運動動員的離散社群，深入分析集體記憶如何被重構，從而超越時間、空間和世代的隔閡，產生帶有強烈身份政治色彩的共鳴，並進一步成為政治動員的基石，顯示了集體記憶在更廣泛層面上與離散政治和社會運動的互動關係。

　　十二月二十五日原是羅馬人的太陽神節，隨著基督教在羅馬境內散播，基督徒便於同日慶祝耶穌降生。羅馬人最終捨棄了羅馬眾神改信基督宗教，太陽神節湮沒於歷史之中，十二月二十五日亦主客易位，變成了公認的聖誕節。隨著六四大台上愈來愈多談反送中，愈來愈少談六四，六四紀念會否最終被反送中紀念取代，六四記憶最終會否被反送中記憶所覆寫，對香港人以及香港研究的學者來說，並非只是一條新舊代謝歷史潮流的問題，而是一條關乎香港人如何定義自己的核心問題。

參考書目

BBC News 中文，2020，〈六四 31 週年：香港各區現悼念「六四」人潮　維園晚會有人喊「港獨」口號〉。6 月 5 日。

Cheng, Galileo, 2023,〈溫哥華六四燭光集會問卷資料初步分析　質變成香港人香港事為主的燭光集會〉, Substack, 6 月 5 日。

——, 2024,〈溫哥華集會盼再現維園 3200 人出席　移加港人用繪本傳承歷史〉。集誌社，6 月 5 日。

Liang, Yan 2024,〈加拿大香港人團體周六抗議：譴責重判 45 位民主派人士〉。rci 加拿大新聞，11 月 21 日。

——, 2025,〈拒絕成為美國第 51 州：華裔人權組織周日發起"守護加拿大"抗議〉。rci 加拿大新聞，2 月 27 日。

rci 加拿大新聞，2023，〈加拿大多個城市周末紀念"六四事件" 34 周年：期待香港維園燭光繼續〉。5 月 26 日。

大紀元（溫哥華），2023，〈3 千民眾集會悼念　溫哥華重現維園六四燭光〉。6 月 6 日。

冬甩，2022，〈新一波移民潮下，溫哥華港人的繼續抗爭〉。如水，10 月 1 日。

自由時報，2020，〈無懼政府打壓禁制　香港六四燭光「遍地開花」〉。6 月 4 日。

何雍怡、陳偉堯，2016，〈1600 人出席聯校「重鑑六四」論壇〉。香港獨立媒體，6 月 5 日。

余天白，2019，〈溫哥華 600 人遊行燭光祭奠六四 30 周年〉。大紀元（溫哥華），6 月 5 日。

余美霞、李易安、王紀堯，2022，〈不想回憶、未敢忘記：在香港、在台灣、在海外，看到悼念六四的那點光〉。端傳媒，6 月 4 日。

邱心清，2014，〈旅溫港人 6.22 投票支持真普選　溫支聯：關注和推進香港民主發展是每一個海外港人的責任〉。大紀元（溫哥華），6 月 19 日。

明報加西版，2016，〈溫支聯祭奠「六四」死難者　周盛康斥「行禮如儀」觀點「胡言亂語」〉。5 月 30 日，A9 版。

香港電台，1989，〈悲哀的香港人〉，《鏗鏘集》。7 月 13 日。取自 Benny Cheung @ YouTube。

——, 2019,〈大專聯校六四論壇反應淡　浸大學生會估計時事參與度低〉。6 月 2 日。取自 Yahoo 新聞（香港）。

唐風，2016，〈溫哥華六四燭光悼念集會場面感人〉。大紀元（溫哥華），6 月 7 日。

——, 2018,〈悼念六四先烈　揭露中共邪惡　溫哥華紀念六四　薪火相傳〉。大紀元（溫哥華），6 月 6 日。

馬嶽，2020，《反抗的共同體：二〇一九香港反送中運動》。新北：左岸。

高曉雯、欣文，2022，〈溫哥華近四千人集會紀念六四　拒絕遺忘歷史〉。大紀元（溫哥華），6月6日。
曹一存、欣文，2021，〈拒「躺平」　溫支聯燭光悼念六四32周年〉。大紀元（溫哥華），6月6日。
陳雅明，2015，〈《學苑》二零一五年一月號「雨傘世代　自決未來」〉。取自 Info Aggregator, https://tinyurl.com/2b49m8as.
溫哥華支援民主運動聯合會，n.d.，〈關於我們〉。溫支聯網站。
端傳媒，2020，〈香港人、本土派，他們如何理解此城未來？〉。8月20日。
劉山青，2017，〈悼念周盛康先生〉。香港獨立媒體，8月5日。
瞻，1999，〈六四十周年〉。第七卷第六期三月號。https://tinyurl.com/mpjvf3m4
簡毅慧、柯皓翔，2024，〈反送中運動5週年：從人流、經濟、文化數據看香港的改變與走向〉。報導者，6月10日。
Assmann, Jan, 2011, "Communicative and Cultural Memory." Pp. 15–27 in *Cultural Memories*, vol. 4, edited by Peter Meusburger, Michael Heffernan and Edgar Wunder. Dordrecht: Springer Netherlands.
Binaisa, Naluwembe, 2013, "Diasporic Landscape: Theoretical Reflections on African Migrants' Everyday Practices of 'Home' and 'Belonging.'" *Journal of Intercultural Studies* 34(5): 553–568.
Brown, Jeremy, 2021, *June Fourth: The Tiananmen Protests and Beijing Massacre of 1989*. Cambridge University Press.
Cheng, Edmund W. and Samson Yuen, 2019, "Memory in Movement: Collective Identity and Memory Contestation in Hong Kong's Tiananmen Vigils." *Mobilization: An International Quarterly* 24(4): 419–437.
Chow, Shue Fung, 2024a, "Clash of Generations." Pp. 85–114 in *Resist! Democracy and Youth Activism in Myanmar, Hong Kong, and Singapore*, edited by Amy Freedman and Joseph Hei-Lee Tse. New York: Pace University Press.
Chow, Shue Fung, 2024b, *One Massacre, Two Morals : The Umbrella Generation between the Memory and Myth of Tiananmen in Hong Kong*. Master's thesis, Department of History, University of British Columbia.
Cohen, Paul A., 1997, *History in Three Keys: The Boxers as Event, Experience, and Myth*. New York: Columbia University Press.
——, 2014, *History and Popular Memory: The Power of Story in Moments of Crisis*. New York: Columbia University Press.
Fong, Brian C. H., 2022, "Diaspora Formation and Mobilisation: The Emerging Hong

Kong Diaspora in the Anti-extradition Bill Movement." *Nations and Nationalism* 28(3): 1061–1079.

Georgiou, Myria, 2010, "Identity, Space and the Media: Thinking through Diaspora." *Revue Européenne Des Migrations Internationales* 26(1): 17–35.

Halbwachs, Maurice, 1992, *On Collective Memory*. Chicago: University of Chicago Press.

Ho, Ming-sho, 2019, *Challenging Beijing's Mandate of Heaven: Taiwan's Sunflower Movement and Hong Kong's Umbrella Movement*. Philadelphia: Temple University Press.

——, 2024, "Hongkongers' International Front: Diaspora Activism During and After the 2019 Anti-Extradition Protest." *Journal of Contemporary Asia* 54(2): 238–259.

Ho, Ming-sho and Wei An Chen, 2024, "Tactical Choices of Diaspora Movements: Comparing Hongkonger, Thai, Burmese, and Ukrainian Mobilizations in Taiwan." *Ethnic and Racial Studies*. DOI: 10.1080/01419870.2024.2372041.

Ku, Agnes Shuk-mei, 2019, "In Search of a New Political Subjectivity in Hong Kong: The Umbrella Movement as a Street Theater of Generational Change." *The China Journal* 82: 111–132.

Kung, Lap Yan, 2022, "Evocation and the June Fourth Tiananmen Candlelight Vigil: A Ritual-Theological Hermeneutics." In *Memory and Religion from a Postsecular Perspective*, edited by Zuzanna Bogumił and Yuliya Yurchuk. New York: Routledge.

Lee, Francis L. F., 2023, "Proactive Internationalization and Diaspora Mobilization in a Networked Movement: The Case of Hong Kong's Anti-Extradition Bill Protests." *Social Movement Studies* 22(2): 232–249.

Lee, Francis L. F. and Joseph Man Chan, 2021, *Memories of Tiananmen: Politics and Processes of Collective Remembering in Hong Kong, 1989–2019*. Amsterdam: Amsterdam University Press.

Lowenthal, David, 1997, "History and Memory." *The Public Historian* 19(2): 30–39.

Redclift, Victoria, 2017, "The Demobilization of Diaspora: History, Memory and 'Latent Identity.'" *Global Networks* 17(4): 500–517.

Schwartz, Barry, 1982, "The Social Context of Commemoration: A Study in Collective Memory." *Social Forces* 61(2): 374–402.

Shum, Maggie, 2023, "Transnational Activism During Movement Abeyance: Examining the International Frontline of Hong Kong's 2019 Anti-Extradition Bill Movement." *Journal of Asian and African Studies* 58(1): 143–166.

Veg, Sebastian, 2017, "The Rise of 'Localism' and Civic Identity in Post-Handover Hong Kong: Questioning the Chinese Nation-State." *The China Quarterly* 230: 323–347.

Wong, Kennedy Chi-Pan, 2021, "From Helmets to Face Masks: How Collective Emotions Sustain Diaspora Mobilization from Homeland Uprising to Global Pandemic among the Hong Kongers." *Social Transformations in Chinese Societies* 17(2): 117–126.

10 新政治環境下的香港研究

馬嶽

摘要

在國安法實施和新的政治環境下,香港政治的研究出現很大改變。傳統政治重視的研究範圍例如選舉政治、政黨政治、社會運動等都變得不再重要,政府的決策模式改變,而民意、選舉政治和社會行動的影響力大降。媒體和公民社會對社會事務或公共政策提供的討論和資訊亦大大減少,民意很少公開表達,都令研究香港社會的學者難以掌握社會狀況和民情。

新的政治環境下,香港研究的發展,有利好也有不利的因素。香港狀況自2014年後受更多國際關注,而研究圈子擴大,有更多年青學者加入,都會帶來更好的發展前景。另一方面,對學術自由的疑慮,以及和海外學者交流的擔憂,都可以妨礙香港研究的發展。如果缺乏交流和合作,久而久之香港和海外的研究者的研究角度和研究方法、以至問題意識,都可能出現更大的差距。

在新的政治環境下,傳統的政治研究範疇可能已經不再適用,不少與政治有關的行為,都以非政治或「遠離政

治」的方式出現，以「隱蔽的文本」或體制外的行為重新定義政治。香港政治研究可能需要有新的範式，重新理解國家和社會的關係、政權和政治的本質等。這都需要有更多在地的研究者，探索新的研究方法和課題，來研究和書寫新形勢下的香港。

關鍵詞

自由專制、香港政治研究、範式轉移、國安法

前言

本文將回顧近年香港的政治轉變如何影響香港政治研究的發展前景。作為一個研究和書寫香港政治多年，現居香港的香港人，我的觀察是：香港政治研究近年的發展，有正面亦有負面的因素。在國安法下，香港政體的本質改變，連帶影響香港政治的研究環境、研究能力、研究課題和問題意識；但同時，學術和專業環境有所改善，更多年青一代投入香港研究，專業發展條件比以前更好。更重要的是，新時代的香港政治的研究需要一個新的研究範式（paradigm），重新理解政體的本質、政府和社會的關係、社會組成和文化的改變，更進一步觀察制度外的生態和行動。新範式需要更多在地的研究，以及不同新角度的衝擊配合，幫助我們理解轉變中的香港。

香港政治研究的範式

早年的香港政治研究往往認為,在八十年代的非殖化和民主化開始之前,香港殖民地年代政治的特性就是「沒有政治」。這些研究往往過份強調殖民地時代的政治穩定和華人社會的低度政治參與,以及分析殖民地政府的治術如何有效吸納可能的反對力量以及維持穩定等,因而觀察不到表面上的政治鬥爭或行動(Harris 1978; Rear 1971; Lau 1984; King 1975)。近年湧現不少有關戰後時期的殖民地歷史研究,與以前的研究不同,反映殖民地政治的複雜性,有各種隱藏的政治角力,以及殖民政府不為人知的政治角色,顯示早年的香港政治研究過份簡化,過份強調華人的保守的政治文化和香港的政治穩定,因而有所不足(Mok 2023; Chin 2021; Yep 2024; Ng 2022; 曾奕文 2019)。

1984–97年間的政治過渡期,深深影響和催化了香港政治研究的發展。這是香港研究的重要發展時期,也是一個主要的政治化階段:隨著非殖化,政制改革成為主要政治議程,香港社會對政治的討論和動員參與大增,催生了民主運動、選舉政治和政黨政治。這時期的香港政治的研究範圍較多聚焦於中英鬥爭、政制發展、民主化、以及香港如何可以繼續保持自由和自主等議題(Kuan 1991; Chan 1991; So 1999; 鄭宇碩 1987)。這個研究傳統可以說是從冷戰的範式出發。香港政治由八十年代開始的發展之所以吸引西方學術界,主因在於香港和中國這兩個完全相異性質的體系要走向統一,一邊是細小、資本主義、自由繁榮的香港,一邊是龐

大、專制而發展水平較低的共產主義中國，兩者統一後如何可以在「一國兩制」這個嶄新的概念下發展，香港能否保持自由、繁榮、法治和自主，以至如何達致民主等，都是西方學術界主要感興趣的問題。九七年後的香港政治研究，繼承了這一學統和範式，有關民主化和一國兩制下的自治狀況等，仍然是主要課題，也有更多的研究是關於社會運動、國家和社會關係、自由和自治的狀況、以及其他影響政治發展的社會變遷等（Chiu and Lui 2000; Ma 2007; Lee 1999; Lau 2000）。

九七後的香港政治研究範式，我會稱之為「自由專制」範式。在這範式下，香港的政體特質是其自由和法治媲美西方自由民主政體，但政府和整個立法會並非由民主普選產生（Kuan and Lau 2002; 劉兆佳 2017; Fong 2017）。基本法承諾了特首和立法會最終將全面由普選產生，因而，民主化的議題和相關的政治角力，一直是重要的研究課題和政治背景，也是自八十年代以來影響香港政治的最大因素。反對黨可以自由存在、批評及挑戰政府，以及在部分民主的選舉中大致自由和公平的競爭議會席位，但制度安排令他們沒有可能執政或掌握任何行政權力。媒體面對一定的政治壓力，但仍然可以自由報道及批評政府而不會受刑責，而公民社會和社會運動都相當活躍，能夠運用各種社會行動推動政策或社會改變。可以說，九七年後香港政治的研究，以至不少相關的社會科學研究，或多或少都假定了上述政體特質，即香港社會大致上是自由的，是一個半民主的政體，並且走在民主化的軌跡上，憲制目標是最終邁向全面民主。而民間社會的行動，對這非民主

或半民主的體制,一直有相當的影響力。

這個「自由專制」範式下的研究,往往聚焦以下幾方面:
1. 公民社會與反對派如何利用體制內的自由空間,推動各種社會改革以及爭取民主;相關的社會運動、新聞媒體、民間自由和法治等研究,其前提亦是香港是自由的,其自由體制可媲美西方自由民主政體,民間社會可以用各種社會動員來爭取政治和政策改變。
2. 香港反對派如何在既有憲制框架下,利用各種政治行動包括選舉、街頭運動及政治遊說,與北京互動以爭取民主。
3. 這個混雜政體(hybrid regime)如何處理自由專制政體下的一些基本矛盾,例如兩制間的矛盾、管治困難、正當性的危機、部分民主政體的制度張力,政府和社會的關係,包括非民選的政府如何面對民意壓力、反對派的挑戰、公民社會的動員等。
4. 北京的不同政治控制手段,包括如何在一國兩制框架下嘗試令親政府的力量在選舉中贏得更多議席、影響新聞媒體、統戰不同政治力量等。相關研究的前提假設是「高度自治」,即根據基本法北京不應介入香港的內部事務,以及應該尊重香港本來的法治和自由,縱使北京希望加強對香港的控制,其操作都要在這個框架下進行。

這個範式,正配合近年政治學討論混雜政體和民主倒退的研究趨勢,因而不少相關理論和概念,以至其他國家的經驗,都會

被應用來分析香港的具體情況（Levitsky and Way 2002; Bermeo 2016; Fong 2017; Luhrmann and Lindberg 2019）。和混雜政體的研究一樣，這範式假設不同的政治力量在這自由專制的憲政框架下角力，北京有相當的誘因保持這混雜政體／自由專制的特質，即保持香港自由城市的形象，以及容忍有限的民主和反對派，但不希望香港走向像西方民主政體般的全面民主，也不希望變成全面專制，因為這樣最符合中國的國家利益。換言之，一國兩制的框架和基本法的憲制承諾、西方對香港政治事件的關注和反應，以至香港的國際形象，都有一定的制約力，能左右中國政府和其他政治力量選擇的行動和策略。

國安法對香港研究在香港的影響

自 2019 年發生的政治變化，根本地改變了這一切。港區國安法 2020 年中在港頒布。在 2021 年間的初選案下，主要的反對派領袖和社運人士被拘捕、反對派和公民社會的主要政黨和聯盟被逼解散、《蘋果日報》和《立場新聞》先後關門以及高層被捕，以至立法會選舉制度的改變，都令人覺得政權的性質已經改變。在西方政府和傳媒的眼中，香港不再「自由」，而隨著選舉制度的改變，香港也不再走在民主化的軌跡上，反對派已經不能在各級議會參選，街頭的抗議差不多絕跡。過往在自由專制而部分民主的體制下，政府施政時需面對民意壓力，原因是民間和傳媒可以自由批評及抗議，政府如果民望不佳的話，會有助反對派的選

情,令建制派盟友的選舉利益受損,立法會內建制派的議席可能減少,加深政府的管治困難。政府因而會步步為營,就算政府本身並非由普選產生,各項決策施政也會在意民意反應。在國安法和選舉制度改變下,香港的部分選舉的政治功能和以前已經完全不同。國安法下,公開抗議和社會行動差不多完全絕跡。除了少數網上自媒體和海外媒體外,媒體批評特區政府施政的情況比前大為減少。整個政體的運作邏輯,在2021年後已經完全改變。

這些改變對香港政治的研究當然有很大的影響。不少在原有「自由專制」範式下受到重視的研究範圍變得不再重要:包括選舉政治、抗爭政治、政黨和議會政治、反對運動及其策略,以至整個民主化的議題。國安法帶來的寒蟬效應,以至傳媒和公民社會組織的解散,令社會中對各類公共政策和政治議題的討論大大減少。除了個別媒體外,一般媒體差不多是沒有深入調查的報道,因而要獲得「公共」資訊,很多時亦比以往困難。民意調查研究比前減少,同時,由於受訪者可能認為政治議題較為敏感,針對政治問題與政治態度的調查,其結果的可信度亦難免受到質疑。過往,就不同社會政策議題,民間社會各種團體都可能會自己做研究發表報告提出倡議,增加民間資訊,推動公眾多加討論,而近年這些都大為減少。在新的政治氣氛下,我的經驗是無論要找建制派或反對派的政治人物作訪談,都比以前困難了。香港多年來都是資訊非常自由的地方,但在國安法下,各種社會問題的公開資訊和公開討論辯論都大為減少。這令一般社會研究者更難有效客觀的評估民情和社會狀況,要獲得各種研究資訊亦比以前困難。

最重要的是：在新常態下，我們過往對香港政治的一些假設已經不再成立。過往我們假設北京在意香港的國際形象，因而國際／西方的反應能夠制約他們的行為和對港政策。2019年後的事態反映，北京非常重視政治控制和國家安全，比香港的國際形象和相關的經濟利益更重要。過往我們假設香港雖然不是民主政體，但民意和媒體批評對政府決策和施政有一定制約力，因為政府需要維持公信力和重視民望，以及低民望會影響親政府陣營的選舉利益，而北京仍然希望在有限民主的選舉中佔上風。如今在國安法下、在新的選舉制度下反對派無法參選，過往的假設似乎變得無關宏旨。過往，對於各種政策或政治決定的來龍去脈，背後的政治考量和政治過程等，媒體都會有相當的報道和資訊討論，但近年特區政府的政策過程和原則已經改變，社會中的研究者並沒有很好的資訊，能夠知道現在香港政府的政治和政策決定是如何作出的。

一直以來，香港的研究者都用多種方法觀測民情：大小規模的抗議行動、不同立場的媒體的自由討論、反對派和公民社會的行動、選舉的結果、定期的民意調查等等，一直都是民情的可靠指標，也是研究者觀測社會現象的重要根據。例如每年七一遊行的參與人數等於是對政府滿意度的指標，港大民意研究計劃會定期調查及公布特首和主要官員民望、政黨和議員的支持度，各類社會行動的參與人數可以反映議題受到關注的程度和團體的動員能力等。這些差不多現在都不再存在。然而，沒有了公開反對的政治和社會行動，並不代表港人變得一面倒的支持政府，只是不

滿政府的情緒沒有公開宣洩的渠道而已。在新的政治環境下,如何探測民情,對社會研究的學者是一大挑戰。

正面和負面的因素

另一方面,我們不難找到近年香港研究發展的正面因素。首先是國際學術界自2014年雨傘運動和2019年的反送中運動後,對香港問題的興趣大增(不限於香港政治)。現在以香港為主題及個案的論文,要在國際學術期刊發表比以前容易。這裏一個相關因素是香港研究的學術圈子比前擴大,除了香港人外也有很多不同國籍的學者研究香港,有更多熟悉香港情況以及認同香港重要性的人,會關注及發表有香港的研究,因而在期刊評審時,香港研究的論文往往可以得到較合理和正面的回饋。

上一代的香港社科學者,很多都選擇做中國研究,除了出自本身的學術關懷,也有身份認同的因素,以及因為中國研究比香港課題容易在國際期刊出版。但近年多了年青香港學者選擇做香港研究。原因可能是他們個人的身份認同,也可能是專業前景改變了。不少年青香港學者的香港身份認同較強烈,而中國研究的範疇競爭激烈,要做中國政治和社會的研究近年亦面對一定困難,於是多了年青香港學者選擇做香港研究。個人的看法是,不少年青學者基本訓練都很強,語文能力往往比上一代更好,畢業於著名學府,對進入學術界職場的心理和專業準備也比以前的世代好(例如履歷表會比較亮麗,畢業前已經發過不少期刊文章),

因而在職場的競爭力亦會較強，更有機會進入較好的大學任職，會有較好的發展前景。我們亦可以預計隨著很多年青香港學生在這幾年移民外國，他們在大學階段已經會進入某些歐美的名校就讀，[1]如果他們有志從事學術研究的話，下一階段他們進入較好的學校唸研究所的機會又會更高，再過幾年後就可以有另一批有很好背景和訓練的人投身香港研究。

以上把香港學術界描述得很樂觀正面，可能和現在外界對香港的觀感和香港民間的情緒不符。在香港和香港以外的人都很容易指出一些不利香港研究發展的因素。例如，這幾年間不少學術工作者離開香港，再者，不少赴海外求學的博士生可能暫時選擇不回香港發展，而如果在人文或社會科學的範疇，香港對國際傑出的學者的吸引力也有所減退。這些都會影響整體在香港的研究能力（research capacity）。

對於學術自由和政治審查的憂慮，自然會影響香港研究的發展，但按理，不同的學科和不同的研究課題，政治敏感的程度會不同，受政治影響的程度也不同。在目前的環境下，有不少人文學科和社會科學的研究仍然可以繼續正常進行，尤其是不屬於傳統民主政治或抗爭政治的範疇，例如歷史、經濟、人文和文化研究等，這些範疇的學術自由並沒有直接受威脅。但在新的政治狀

---

[1] 這裏的一個假設是，相對於留港升學，在外國升學的學生會有多點機會選擇人文社會學科（在香港升學者較大可能會選專業科系，例如醫科法律），而我個人偏見的假設是，很多香港學生到外國升學，仍然會用心讀書，會有不俗的學術成績，因而可以進入一流的學府。

況下，沒有人能很清楚的說出哪一些東西會觸犯紅線，如此一來自然會影響研究課題的選取。另一方面，國際的學術交流亦會受影響。部分外國學者對來香港訪問、參加會議、做研究和作其他交流都有一定的疑忌（遑論正式受聘了），短期內不是很容易消除。國安法和2024年通過的《維護國家安全條例》（俗稱「廿三條立法」）都明確禁止「境外勢力干預」及「勾結外國勢力」，而有關的定義亦頗為廣泛。這令香港的學者在選擇和海外的學者和機構交流和合作研究時，特別是接受香港以外的資金資助任何學術研究時，都要小心翼翼的避免觸及國安法，有些比較謹慎的便會減少或索性避免相關的交流、合作或資助，這些都會影響學術研究的發展。

一點數據分析

就香港研究的現況，我作了一個小型而簡單的數據分析。幾名香港學者在2017年帶頭成立了「香港學會」（Society for Hong Kong Studies），主旨是希望令「香港研究走向世界」，在香港和其他地方推動香港研究，令有關香港的研究更容易被人看見，作為一個平台，讓做香港研究的學者和學生可以交流，以及令香港研究更容易在國際領域發表，如國際學術會議和國際期刊等。學會每兩年和「國際亞洲學者協會」（International Convention for Asian Scholars, ICAS）合辦一個香港研究的最佳論文獎，人文（humanities）和社會科學（social science）兩範疇各一個獎。在2023年，我們收

到86篇論文，都是在2021-2022年間已在國際期刊發表的（全為英語）。作為行政委員會成員，我們需要篩選文章供評審委員會作決定。在閱讀論文時，我才發覺有相當多有質素的香港研究已在國際期刊發表，不少文章觸及有趣而多元的課題，但可能由於學科和專業上比較分散，使大部分人感覺不出香港研究竟然有這麼多論文。

我把論文作者根據他們申報的大學或研究機構作來源地分析，有32篇文章（37.2%）是由在港的學者寫作（個人或多於一人合作），49篇是海外學者（57%），而只有5篇（5.8%）是由在香港和在海外的學者聯名合作的。如果就期刊的學科作一分析，則是非常多元化的。有幾個學科的期刊較多：社會學、歷史、區域研究（area studies）、政治／政策研究、傳媒／傳播，但沒有一個學科範圍佔超過一成。其餘學科包括教育、人類學、電影、以及人文學科的其他範圍，都有一定數目的論文發表。

香港學會每年也會舉辦年會。2023年的年會是2019年後第一次實體會議（雖然也容許網上參與，但大多數人還是到港大現場與會）。籌辦初期我們收到50項論文摘要申請和13個小組（panels）建議書（包括大約另外50篇論文）。50篇單獨論文的作者差不多是香港和海外各半，而13個小組建議書有六個完全是由在港學者組成，兩個完全是由海外學者組成，其餘五個是在港和海外學者混合。如果計算各小組建議書中的大約50篇論文，則大約七成是由在香港的學者撰寫的。

經篩選後的論文組成了一天半的年會，包括16個小組一共

62篇報告,範圍涵蓋殖民歷史、文學、移民、人權、房屋、地理、社會信任、電影、獨立音樂、文化和記憶等。我坐足一天半的感受是很多題目都相當有趣(也不限學院中人感到有興趣的題目,例如我覺得有關香港獨立音樂的小組很有啟發性),有堅實的研究、多元化的選題、嶄新的思考和研究角度,參與者不少都相當年青,討論熱烈,令人感覺時間很不夠。

到了2024年的年會,我們收到28篇單獨論文,以及八個小組共30篇論文的申請。其中單獨論文有17篇的作者來自香港,9篇來自海外,而兩篇是香港和海外作者合作的。小組申請的30篇論文則香港和海外作者各佔一半,而香港和海外作者合作撰寫的論文則一篇也沒有。論文的內容和學科,同樣相當多元化。

這兩個簡單的樣本分析當然不能代表現在香港研究的全貌,但我就這些分析和相關的參與經驗,有幾項觀察。第一,無論在香港還是海外,仍然有許多人從事香港研究,涵蓋多個學術範疇,內容和題目多元化;在港的學者與研究生參與其中者依然眾多,其中也不少人相當年青。第二,在港學者和海外學者的協作不多。第三,縱使在政治範疇,傳統的政治研究範疇例如政黨政治、選舉、民主化等,已經差不多沒有文章。雖然仍有不少論文題目和政治有關,但不是傳統的政治範疇如選舉、議會政治等。這種多元化的趨勢,其實會加深我們對香港社會不同層面的了解,以及對於國家和社會關係的思考,有助糾正過往太偏重政制發展或民主化政治研究的問題。例如近年多了有關殖民地歷史和政治的研究,讓人可以多方面反思香港政治發展、反思所謂的香

港成功故事、反思主流論述（例如劉兆佳等過往有關政治文化或殖民管治的看法）。自過渡期開始的香港政治研究，其實都相當強調憲制發展、民主化和制度內的參與和角力，現在的多元化視角可以為我們提供更深層、立體和多面化的理解。

香港研究：香港 vs. 海外

以上回顧反映，就算在新的政治狀況下，香港研究正是方興未艾。當多了香港研究者居於海外時，香港仍有不少學者會繼續在港進行研究。這裏自然帶出的問題是：在香港和在海外做香港研究，有甚麼質性上的不同？

最直接的答案當然是，很多有關香港社會的第一手資料都要在香港才可以取得。我們需要人在香港進行民意調查、到政府檔案找資料、作田野考察和作訪談等。縱使現代科技使我們可以遙距控制和操作不少研究工序，很多資料搜集的過程還是要有人在香港實地進行。

我想強調的是，在香港生活的人，跟已離開香港的人比較，對香港社會脈搏和民情的敏感度往往不同，對社會現況有不同的感覺，對社會的運作有不同的看法和體會，因而可能兩者間的研究問題也會不一樣。國安法下的香港是一種獨特的社會存在和政體。國安法實施近五年，生活在香港的我仍然覺得難以把握及描述社會和政治運作的邏輯。政治上的沉默並不代表民意大幅轉向，沒有公開的抗議和異見並不代表大部分港人變成支持政府。對大

部分香港人來說，個人生活和經濟層面的自由大概不受影響，但社會氣氛和前很不同，只是沒有公開的自由表達和討論以至書寫，令人難以掌握分析。這是一種特殊的威權政體：以國際標準來說，鎮壓性並不是特別高，但已足以令大多人噤聲。從賀舒文（Albert Hirschmann）的「離開、發聲或盡忠」（exit, voice, loyalty）的三層選擇論來說，近幾年的政治變化驅使很多香港人離開、令大部人不再發聲，但卻沒有帶來大量的政治忠誠（Hirschmann 1970）。

在港生活的人會知道，香港社會實況和西方傳媒描述的全面高壓有一定距離。個人的觀察是，香港政治和社會事件受海外傳媒報道時，不成比例地是負面和自由受損的個案和新聞，因而海外人士對香港現況的觀感都會很差。不過，對在香港每一天生活的人來說，這些事件發生的「頻率」並不高，因而感受和體驗並不相同。在新的政治狀況下，有關社會狀況的可靠公共資訊可能愈來愈難獲得，如此一來，如果海外的研究者主要倚賴二手或公開資訊來做研究，或者只能接觸海外的港人或者資訊來源，他們對香港的理解和感覺可能會和現實相差愈來愈遠。

另一方面，不在香港的學者當然可以較少擔心政治敏感的問題，不受政治審查的壓力。他們可以研究和書寫一些在國安法下被視為敏感甚至危險的題材，有些題目需要不在香港的人才能做，例如流散者的行動、海外的政治行動和異見人士的遊說工作等。然而，這意味著若干年後，在地和海外的香港研究，可能在角度、資料來源、理論背景和假設的選取、選題以至範式上都會有不同。時間愈久，這兩者的差距可能會愈來愈大。

這裏帶出的重要問題是：在國安法時代的香港研究，會不會因為研究者所在地的不同而發展出不同的範式和角度？一段時間後兩者會不會愈走愈遠？較理想的發展，當然是香港和海外的學者在研究上可以有較多的合作和整合，互相交換資料和角度，但這裏同樣要顧慮上述國安法「勾結外國勢力」的問題。香港一直是國際資訊和思想交流和促進合作的重要中心，思想和資訊自由流通一直是香港最重要的存在意義之一，但在國安法下，各式各樣的跨境交流，以至和海外某些人士和機構接觸，都可能比較敏感甚至令人覺得危險。如此將在現實上減少香港對外的學術交流以及和境外學者的合作，削弱香港在這方面的角色。

　　生活在香港，我們看不到大規模的民意展現，但我們知道公民社會中有不少活動和日常的經營，能反映民眾真實的生活和取向，就像哈維爾所說的「小型工程」（small-scaled works）（Havel 2018）或者史恪所說的「每天的抗爭」（everyday resistance）（Scott 1987），其中很多隱蔽的文本（hidden transcripts）（Scott 1990），都有一定的政治意義。但我們不能輕率的把這些行為概念化、紀錄或書寫，因為若把任何東西歸類為「抗爭」，都可能令這些行為被視為「軟對抗」，結果是很快這些「研究對象」都會不能再被研究。另一方面，這些不在主流政治體制以內發生的事情，往往重要而需要被紀錄書寫，但是對在地的香港研究者來說，要去研究、紀錄和書寫，也有一定困難。

結語：找尋新的範式

拙著《反抗的共同體》的總結章中提到，2019年反送中運動中不少抗爭者提出「攬炒」的概念，想法是要令本來的「自由專制」賽局「破局」。支持「攬炒」者認為，與其看著香港慢慢倒退惡化、喪失自治和自由，不如放手一博，試圖打破「自由專制」／「一國兩制」的賽局，令北京付出代價（馬嶽 2020）。多年來，北京政府、特區政府、香港的建制派和反對派，公民社會行動者，都可以在「自由專制」的賽局中找到自己的位置和策略。當這個賽局被打破，用之多年的賽局規則和角色被破壞，不同方面都必需重新找尋自己的位置和策略。

這包括北京和香港政府。他們仍希望「說好香港故事」，說服西方國家一國兩制未受影響，香港仍有充份的自由和法治等，但似乎到目前為止，真正認同這說法的西方國家並不多。近兩年的政治情況，西方社會對香港的觀感，以及外資撤離等，明顯並不符合中國的利益。當「自由專制」的範式被打破後，北京需要找尋一個新的政治方程式，可以在控制和容忍之間取得平衡，容許他們緊控權力而又可以在西方眼中為香港保持一個自由的形象，雖然這個明顯並不容易做到。

香港人多年來習慣擁有言論自由、表達自由、反對政府的自由、以及傳媒表達和思想的自由。對於「自由專制」政體裏，「自由」的一部分竟會消失，他們並沒有做好心理準備，沒有想過如果自由消失的話應該怎樣自處。仍然留在香港的人需要一些

時間去摸索在現在的政治環境下，甚麼是可以做、甚麼是不可以做的，甚麼是高風險而甚麼是安全的。當政府在摸索要控制些甚麼、要容忍些甚麼的時候，人民也在摸索甚麼可以做。這是個大家正在學習玩的新賽局，不少東西都在變動中。對學術界亦是一樣：不同研究者在摸索甚麼研究可以做，哪一些範圍或課題因為環境的改變已經不再重要或者不再可行。如果舊的研究問題已經不再重要，應該問甚麼問題？舊的研究方法如果已經不可行的話，應該用甚麼方法？這些都需要一些時間去摸索和嘗試。

從香港研究的角度看，我們需要一個新的範式來理解現政體的本質、政府的決策過程和主要考慮、國家和社會的關係、社會文化和價值、民眾思想和行為上的改變，以及在現體制下的各種可能性等等。過往多年，香港政治研究所關注的不少政治體制，包括選舉、政黨和議會、行政立法關係、中港關係等，如今已不是研究重點。同時，體制外的一般政治參與，例如街頭抗爭、反對派的行動、傳媒和公眾批評，以及不少的公共生活，都已式微。在新的政治形態下，不少搜集資料的方法可能不再可行。我們不好掌握政府如何作出決策，決策受甚麼政經因素影響，執政者的管治策略是甚麼。而人民在不能公開表達反對意見下的想法是怎樣，日常的抗爭如何進行，相關的紀錄甚少。

傳統政治的研究課題的消亡，對香港政治研究來說也許並不是壞事。我們需要用新的角度去觀察香港政治和社會、社會文化、政治價值和國家社會關係。在新政治形態下，很多人和事和行動都嘗試逃離政治（stay away from politics），有不少具有政治意

義的事情,都發生在政治體制以外:無論是公民生活、文學、電影、歷史、流行文化等等,這些領域原本與政治有距離,民眾卻從這些領域重新定義政治。很多的隱蔽文本,本來就不易觀察,特別是對香港以外的人,更是困難。新範式的建立,也許需要更多在地的研究觀察,以及不同新角度的衝擊配合,才可以讓我們對新形態有較好的理解。

參考書目

馬嶽，2020，《反抗的共同體：2019年香港反送中運動》。新北：左岸。
曾奕文，2019，《革新會及公民協會：香港最早期政黨及民主鬥士》。香港：中華書局。
鄭宇碩，1987，《香港政制及政治》。香港：天地。
劉兆佳，2017，《回歸後香港的獨特政治形態：一個自由威權政體的特殊個案》。香港：商務。
Bermeo, Nancy, 2016, "On Democratic Backsliding." *Journal of Democracy* 27(1): 5–19.
Chan, Ming K., 1991, "Democracy De-Railed: Realpolitik in the Making of the Hong Kong Basic Law, 1985-90." In *The Hong Kong Basic Law: Blueprint for "Stability and Prosperity" under Chinese Souvereignty?*, edited by Ming K. Chan and David J. Clark. Hong Kong: Hong Kong University Press.
Chin, Angelina Y., 2023, *Unsettling Exiles: Chinese Migrants in Hong Kong and the Southern Periphery During the Cold War*. New York: Columbia University Press.
Fong, Brian C. H., 2017, "In-between Liberal Authoritarianism and Electoral Authoritarianism: Hong Kong's Democratization under Chinese Sovereignty, 1997–2016." *Democratization* 24(4): 724–750.
Harris, Peter, 1978, *Hong Kong, a Study in Bureaucratic Politics*. Hong Kong: Heinemann Asia.
Havel, Václav, 2018, *The Power of the Powerless*. Vintage Classics.
Hirschman, Albert O., 1970, *Exit, Voice, and Loyalty: Responses to Decline in Firms, Organizations, and States*. Cambridge, MA: Harvard University Press.
King, Ambrose Yeo-chi, 1975, "Administrative Absorption of Politics in Hong Kong: Emphasis on the Grass Roots Level." *Asian Survey* 15(5): 422–439.
Kuan, Hsin-chi, 1991, "Power Dependence and Democratic Transition: The Case of Hong Kong." *The China Quarterly* 128: 774–793.
Kuan, Hsin-Chi and Siu-Kai Lau, 2002, "Between Liberal Autocracy and Democracy: Democratic Legitimacy in Hong Kong." *Democratization* 9(4): 58–76.
Lau, Siu-kai, 1984, *Society and Politics in Hong Kong*. Hong Kong: Chinese University of Hong Kong.
——, ed., 2000, *Social Development and Political Change in Hong Kong*. Hong Kong: Chinese University of Hong Kong.
Lee, Eliza W. Y., 1999, "Governing Post-Colonial Hong Kong: Institutional Incongruity, Governance Crisis, and Authoritarianism." *Asian Survey* 39(6): 940–959.

Levitsky, Steven and Lucan A. Way, 2002, "The Rise of Competitive Authoritarianism." *Journal of Democracy* 13(2): 51-65.

Lührmann, Anna and Staffan I. Lindberg, 2019, "A Third Wave of Autocratization Is Here: What Is New about It?" *Democratization* 26(7): 1095-1113.

Lui, Tai-lok and Stephen Wing-kai Chiu, eds., 2010, *The Dynamics of Social Movement in Hong Kong*. Hong Kong: Hong Kong University Press.

Ma, Ngok, 2007, *Political Development in Hong Kong: State, Political Society, and Civil Society*. Hong Kong: Hong Kong University Press.

Mok, Florence, 2023, *Covert Colonialism: Governance, Surveillance and Political Culture in British Hong Kong, c. 1966-97*. Manchester: Manchester University Press.

Ng, Michael, 2022, *Political Censorship in British Hong Kong: Freedom of Expression and the Law (1842-1997)*. New York: Cambridge University Press.

Rear, John, 1971, "One Kind of Politics Rekindled." Pp. 55-140 in *Hong Kong: The Industrial Colony*, edited by K. Hopkins. Hong Kong: Oxford University Press.

Scott, James C., 1987, *Weapons of the Weak: Everyday Forms of Peasant Resistance*. New Haven: Yale University Press.

——, 1990, *Domination and the Arts of Resistance: Hidden Transcripts*. New Haven: Yale University Press.

So, Alvin Y., 1999, *Hong Kong's Embattled Democracy: A Societal Analysis*. Baltimore: Johns Hopkins University Press.

Yep, Ray, 2024, *Man in a Hurry: Murray MacLehose and Colonial Autonomy in Hong Kong*. Hong Kong: Hong Kong University Press.

左岸政治　400／左岸中國因素系列　32

巨浪後　國安法時代的香港與香港人

策　　畫	中央研究院社會學研究所香港主題研究小組
	國立清華大學當代中國研究中心
主　　編	梁啟智、吳介民
作　　者	孔誥烽、吳介民、陳健民、陳玉潔、李立峯、
	梁啟智、鄭祖邦、鄭樂恒、周豎峰、馬　嶽
總 編 輯	黃秀如
特約編輯	王湘瑋
行銷企劃	蔡竣宇
美術設計	黃暐鵬
出　　版	左岸文化／左岸文化事業有限公司
發　　行	遠足文化事業股份有限公司（讀書共和國出版集團）
	231新北市新店區民權路108-3號8樓
	電話：(02) 2218-1417　傳真：(02) 2218-8057　客服專線：0800-221-029
E - Mail	rivegauche2002@gmail.com
左岸臉書	facebook.com/RiveGauchePublishingHouse
團購專線	讀書共和國業務部 (02) 2218-1417 分機1124
法律顧問	華洋法律事務所　蘇文生律師
印　　刷	呈靖彩藝有限公司
初版一刷	2025年7月1日
定　　價	500元
Ｉ Ｓ Ｂ Ｎ	978-626-7462-76-8
	978-626-7462-75-1（PDF）
	978-626-7462-74-4（EPUB）

有著作權　侵害必究（缺頁或破損請寄回更換）
本書僅代表作者言論，不代表本社立場

巨浪後:國安法時代的香港與香港人／
吳介民, 孔誥烽, 陳健民, 陳玉潔, 李立峯, 梁啟智, 鄭祖邦,
鄭樂恒, 周豎峰, 馬嶽作；梁啟智, 吳介民主編
—初版.—新北市：左岸文化出版：
遠足文化事業股份有限公司發行, 2025.07
　　面；　公分.—(左岸政治；400)(左岸中國因素系列；32)
ISBN 978-626-7462-76-8（平裝）
1.CST: 中國大陸研究　2.CST: 地緣政治
3.CST: 政治發展　　　4.CST: 香港特別行政區
574.107　　　　　　　　　　　　　　　114007950